**AS DONAS DA P**** TODA**

**Coordenação Editorial**
Juliana Serafim

# AS DONAS DA P**** TODA

© LITERARE BOOKS INTERNATIONAL LTDA, 2021.
Todos os direitos desta edição são reservados à Literare Books International Ltda.

**PRESIDENTE**
Mauricio Sita

**VICE-PRESIDENTE**
Alessandra Ksenhuck

**DIRETORA EXECUTIVA**
Julyana Rosa

**DIRETORA DE PROJETOS**
Gleide Santos

**RELACIONAMENTO COM O CLIENTE**
Claudia Pires

**EDITOR**
Enrico Giglio de Oliveira

**REVISORES**
Samuri Prezzi e Ivani Rezende

**CAPA**
Juliana Serafim

**DESIGNER EDITORIAL**
Victor Prado

**IMPRESSÃO**
Gráfica Paym

---

Dados Internacionais de Catalogação na Publicação (CIP)
(eDOC BRASIL, Belo Horizonte/MG)

D674　As donas da p**** toda: um livro escrito por mulheres empoderadas para inspirar outras mulheres / Coordenadora Juliana Serafim. – São Paulo, SP: Literare Books International, 2021.
16 x 23 cm – (As donas da p**** toda; v. 1)

ISBN 978-65-5922-217-9

1. Literatura de não-ficção. 2. Empoderamento. 3. Feminismo. I. Título.

CDD 305.42

Elaborado por Maurício Amormino Júnior – CRB6/2422

---

**LITERARE BOOKS INTERNATIONAL LTDA.**
Rua Antônio Augusto Covello, 472
Vila Mariana — São Paulo, SP. CEP 01550-060
+55 11 2659-0968 | www.literarebooks.com.br
contato@literarebooks.com.br

# SUMÁRIO

9        PREFÁCIO
            **Juliana Serafim**

11       NÃO CONTROLAMOS TUDO
            **Juliana Serafim**

19       PERMITA-SE O ORGASMO
            **Adriana Candido**

27       A VIDA QUE ESCOLHEU PARA SI MESMA
            **Adriana Pontin**

35       ÓI O TREM
            **Ana Cláudia Peixoto**

43       COMO O AUTOCONHECIMENTO IMPACTOU MEUS RESULTADOS
            **Angela Batisti**

51       OS SEGREDOS DA MULHER QUE VOA
            **Bárbara Simões**

59       MANISFESTO DE UMA MÃE NA SOCIEDADE PATRIARCAL
            **Berenice Homobono Balieiro**

67       VOCÊ TEM CORAGEM PARA SER UM SUCESSO? LEIA ESTE CAPÍTULO, P****!
            **Beth F. Kassis**

75       DO CHINELO DE BORRACHA AO PRADA
            **Bianca Silva de Farias**

81       GESTÃO DA VIDA & SUCESSO
            **Camila Theobald**

89       PELO QUE VAMOS AGRADECER HOJE?
            **Carolina Mello**

| | | |
|---|---|---|
| 95 | O SABOR AGRIDOCE DA LIBERDADE | |
| | **Clarissa Bottega** | |

| 101 | TODA MULHER É UM SHOW! |
|---|---|
| | **Claudete Ivanchichen Klayme** |

| 109 | COMPARATIVOS ENTRE O EMPREENDEDORISMO FEMININO NO BRASIL E NOS EUA |
|---|---|
| | **Daniela Seixas Moschioni** |

| 121 | CAMINHOS DO SUCESSO |
|---|---|
| | **Daniella de Oliveira Santos Leal** |

| 129 | SORORIDADE CORPORATIVA |
|---|---|
| | **Débora Priscila André** |

| 137 | CÉREBRO EDUCADO® – UMA METODOLOGIA PARA EDUCAR A SUA MENTE |
|---|---|
| | **Elaine Coelho da Silva Von Hohendorff** |

| 145 | O PRIMEIRO PASSO PARA O SUCESSO É SONHAR |
|---|---|
| | **Fernanda Cruz Vieira Ferreira** |

| 153 | A C.H.A.V.E. DO SUCESSO |
|---|---|
| | **Flavia Leonardo** |

| 161 | UM CAMINHO DE LEVEZA |
|---|---|
| | **Franciane Péterle** |

| 169 | PRESENTE |
|---|---|
| | **Julia Falci** |

| 175 | MULHERES PODEROSAS E SUAS DORES EMOCIONAIS |
|---|---|
| | **Juliana Paulon** |

| 181 | EMPREENDER É UMA DECISÃO |
|---|---|
| | **Kelen Turmina** |

| 189 | A IMPORTÂNCIA DA AUTOESTIMA NO MUNDO DOS NEGÓCIOS |
|---|---|
| | **Leydiane Nascimento** |

| 197 | ESTEJA ATENTA! |
|---|---|
| | **Liliane Aleixo** |

| 203 | O COMEÇO DE TUDO |
|---|---|
| | **Marcia Povoa** |

| | | |
|---|---|---|
| 211 | EMBAIXADORA DA ERITROMELALGIA E DA MINHA PRÓPRIA VIDA | |
| | **Marilia Carini** | |
| 219 | O CAMINHO SE FAZ AO ANDAR | |
| | **Mônica Moraes Vialle** | |
| 227 | RECOMEÇOS | |
| | **Patrícia J. Santana** | |
| 235 | OBSERVANDO O EMPODERAMENTO FEMININO CORPORATIVO | |
| | **Perla Tatiany Rocha Silva** | |
| 243 | MATERNIDADE EMPREENDEDORA | |
| | **Priscila Sarmento Germano** | |
| 249 | UM SALTO PARA A VIDA | |
| | **Quelen Jaqueline Silva Rodrigues** | |
| 257 | COMO UMA MULHER EM DEPRESSÃO REVOLUCIONOU A VIDA | |
| | **Simone S. Santos** | |
| 265 | O SEGREDO DO SUCESSO ESTÁ DENTRO DE CADA UM DE NÓS | |
| | **Vanessa Giannellini** | |

# PREFÁCIO

Na história da humanidade sempre tentaram apagar nossos feitos. Muitos tentaram nos calar por meio de regras, dizendo o que era ou o que não era coisa de mulher.

Mas foi por causa de mulheres corajosas em cada época que fomos conquistando a nossa liberdade.

Ainda não consigo aceitar que mulheres eram queimadas por "bruxaria" por pensarem diferente ou quererem viver uma vida diferente.

Este livro é uma dessas lutas de época, da nossa época, e em pleno século XXI ainda temos muito o que conquistar, ainda temos muito pelo que lutar.

*As donas da porra toda* veio para mostrar que todas as mulheres têm esse poder de revolucionar e transformar a sua realidade, independentemente de sua origem, sua raça, sua crença, condição social, pois aqui estão mulheres que transformaram a sua realidade para viver um futuro melhor e de aceitação.

*Ajusto-me a mim, não ao mundo.*
Anaïs Nin, Autora Francesa

Por isso convido você a ler cada uma dessas histórias incríveis de transformação, pois esta é uma obra feita por mulheres empoderadas para empoderar outras mulheres.

Uma mulher transformada, transforma a outra.

Boa leitura!

**Juliana Serafim**

# 1

# NÃO CONTROLAMOS TUDO

O dia que eu pensei ser o fim da minha carreira. Neste capítulo, vou descrever pela primeira vez um dos piores pesadelos vividos dentro do empreendedorismo. E não tinha como eu prever, planejar ou sequer sonhar com algo dessa natureza em minha vida. Convido você a ler e refletir sobre acontecimentos os quais teremos que saber lidar, e decidir se eles vão nos paralisar ou nos impulsionar.

JULIANA SERAFIM

**Juliana Serafim**

É fundadora e CEO da Butiá Digital. Desde 2011, tem ajudado clientes a conquistarem grandes resultados por meio do *marketing* digital. É idealizadora dos métodos "Segredo da Butiá" e "Novo Universo Digital", que conta com cursos *on-line* de planejamento, *marketing* e publicidade. Atua como Mentora e Consultora de *marketing* digital e possui mais de 20 anos de experiência na área de *marketing*. Em 2017, teve sua empresa Butiá Digital premiada como *case* de sucesso Nacional do BNDES. Em 2018, lançou a obra *Marketing – manual dos 5 passos de como montar um planejamento estratégico de marketing e peças publicitárias com aplicação do neuromarketing*; em 2019, *Plano de marketing para as redes sociais em 8 passos*; e, em 2020, *Funil de vendas – como vender no automático*.

**Contatos**
livro@julianaserafim.com.br
www.julianaserafim.com.br
www.butia.com.br
Facebook: osegredodabutia
Instagram: @juliana._.serafim

Estou muito feliz por você estar lendo o meu capítulo neste livro. Eu sou Juliana Serafim, fundadora da Butiá Digital. Como todas as empresas, passamos por altos e baixos o tempo todo. Mas eu nunca imaginei, nem tinha como prever, esse acontecimento em minha vida.

A Butiá foi fundada em 2011, mas começamos a atender muitos clientes a partir de 2015, e quase todos os anos para frente estávamos crescendo muito rápido.

A história que vou contar aqui começou em 2017, que era para ser um ano muito promissor, pois estávamos vivendo um dos melhores anos, com certeza. Equipe crescendo, clientes mais consistentes aparecendo, convites para palestras, eventos etc. Estávamos ficando cada vez mais populares.

Viramos *case* nacional do BNDES.

Mas eu tinha um problema. Como estávamos crescendo muito rápido, o gerenciamento de clientes e equipe estava me desgastando. Foi aí que comecei a perceber que o gerenciamento não ocupava um espaço de destaque na minha personalidade. Na minha vida, não gosto de ficar repetindo e pedindo a mesma coisa várias vezes. Mas voltando à história, mesmo colocando sistemas que ajudassem, ainda assim era complicado gerenciar tudo todo o tempo. Em conversa com uma profissional de recursos humanos na época, ela observou todos os nossos processos e disse que estava tudo perfeito, pois não tinha o que mudar neles, mas sim em mim.

Ela me disse uma coisa que trago até hoje: 'você trata seus funcionários como filhos e, quando você cobra algo, eles não levam a sério. E quando você é mais firme, você se torna a vilã da história.'

E como mudar isso?

Como eu poderia mudar totalmente com essa equipe?

Eu passava algumas semanas bem angustiada, pensando no que eu poderia fazer.

E eu juro para vocês que eu pensava: 'poderia todo mundo se demitir, aí eu contrataria uma equipe nova e não replicaria mais esse meu comportamento.'

Mas não tinha como isso acontecer, só se eu demitisse.

Aqui eu quero que você releia o que desejei no meu pensamento, e quero deixar um alerta: cuidado com o que deseja. Você consegue, só que não do jeito que espera.

Então, depois de muito desejar isso, eis que no dia 27 de julho de 2017 bate o GAECO (Grupo de Atuação Especial de Combate ao Crime Organizado) na agência, às 7 horas da manhã, pega todos os nossos computadores, confisca nossos celulares, entrevista todos os nossos funcionários, nos leva para prestar depoimento, e tudo isso pelo motivo de estarem investigando um cliente que atendíamos na época por fraude contra o governo. E nós, naquele momento, nos tornamos suspeitos de formação de quadrilha.

O quê???????!!!!!!!!! É isso mesmo, gente.

Foi o que eu pensei logo que eles começaram a ler o papel dos meus direitos e começaram a me fazer perguntas sem cabimento. Dizendo que eu estava ficando milionária às custas de desvio. Eu, na época, sabia que em nossa conta havia sempre uma verba para girar o fluxo de caixa do início do mês seguinte, mas não chegava a 7 ou 8 mil reais, e isso sem considerar que semana seguinte viriam as contas de salários, impostos, aluguel... Aí fiquei me perguntando: milionária? Cadê esse milhão na minha conta? Ou onde estacionei meu 'carro importado' que não me lembro?

Eu não estava entendendo nada. E quem era o financeiro na época, e ainda é, era o meu marido. E eu comecei a pensar: será que é ele que está ganhando esse dinheiro e guardando em uma conta fora? Ele faz parte disso?

Só sei que ficaram horas me fazendo muitas perguntas e depois mais perguntas para o meu marido no momento seguinte, separados. Eu não sabia o que estava acontecendo, pois eles começaram a plantar muitas coisas na minha cabeça e eu já estava quase convencida de que meu marido estava fazendo algo de errado com esse cliente na época.

Só sei que a primeira coisa que eu falei para ele quando eu o vi foi: 'se tu estiveres envolvido nisso, nosso relacionamento acaba agora mesmo'.

Eu vi a cara dele de pânico e constrangimento ao mesmo tempo. Ele tentou me explicar, levantou todas as contas. Mesmo assim, eu não estava convencida.

Esse momento foi o pior do nosso relacionamento nos 16 anos juntos. Eu nunca tive motivo para desconfiar dele em nada. Mas naquele momento eu não conseguia colocar a minha cabeça em ordem.

Depois desse dia, só foi aumentando o problema.

Todos os dias havia pessoas difamando e nos condenando nas redes sociais. Quem já passou por discurso de ódio na internet sabe do que estou falando.

E nós não poderíamos fazer nada, só olhar. Eram falas do tipo:

"O Santiago ainda não está preso?"

"Eu já sabia que eles não prestavam."

"Quando tem escândalo de verba pública, sempre tem uma agência no meio."

"Por isso que ficaram ricos da noite para o dia."

A maioria dos ataques eram de concorrentes, ex-funcionários que foram demitidos tempos atrás, jornalistas sem ética nenhuma ou outras desavenças que tivemos no passado.

O advogado disse para gente ir tirando *prints* dessas ofensas e esperar o julgamento para depois ver o que Faríamos.

Lembra que falei alguns parágrafos atrás: "cuidado com o que você deseja"?

Pois bem, comecei a receber os pedidos de demissão de quase todos da equipe. Eu fiquei muito brava na época, mas é porque eu não estava vendo com clareza.

Eu não posso culpá-los por acharem que a gente é culpado, se eu também estava desconfiando do meu próprio companheiro.

A raiva e o desespero me cegaram.

Eu não conseguia ver nada com clareza.

Além disso, para piorar, alguns clientes também encerraram o contrato de uma hora para outra. Por mais que tentássemos segurar e pedir um voto de confiança, nada fez com que a gente conseguisse segurar.

Eu estava sobrevivendo um dia após o outro apenas. Sem nenhuma perspectiva.

E como se já não tivesse ruim o bastante, meu avô, o pai da minha mãe, estava internado no hospital e acharam que ele ia morrer a qualquer momento.

Estava sem meio de comunicação, pois o GAECO levou todos os nossos celulares, computadores. E eu fiquei mais desesperada ainda.

E eu ouvia do meu advogado: "eles podem destruir a tua vida e nada vai acontecer com eles. Já vi isso várias vezes. Eles tiram tudo do suspeito, inclusive a dignidade, mesmo você sendo inocente."

Olha que pesado isso. Agora me diz o que você faria no meu lugar.

**A morte do meu avô**

No mesmo dia da operação deflagrada, meu avô faleceu e minha mãe não sabia o que estava acontecendo, pois ela nem lê notícias ou fica na internet. Ela estava desesperada tentando me achar, pois ela estava em Tubarão, onde meu avô estava internado.

Eu me lembro de pedir, por favor, para eu ficar com o meu celular, pois meu avô estava internado e a qualquer momento minha mãe poderia me ligar. Ela não está na cidade. Mesmo assim, um deles só me olhou com um ar de deboche como se eu fosse uma criminosa e disse que não.

Minha mãe ligou para uma amiga dela que veio até nós várias vezes, mas como a gente estava lá no depoimento, ela não nos achava. Até que veio à noite e nos deu a notícia. Fomos para Laguna no mesmo momento, pois meu avô seria enterrado lá, onde ele morava.

Muita tristeza. Eu amava o meu avô, ele era muito divertido. Até quando estava reclamando, ele era engraçado. Nunca me esqueço de que ele olhava a quantidade de remédio que a vó tomava (que era muito e ainda é) e falava: eu não tomo um remédio, não tenho problema de nada. Mas quando veio a doença, ela não o deixou lutar com remédios.

**Recomeçar**

Com a morte do meu avô, fiquei reflexiva sobre a vida: ela não dá uma pausa para você chorar. Eu não tive escolha a não ser planejar os meus próximos passos em relação à minha empresa. Parei de chorar, de culpar o mundo, de ser vítima, e fui trabalhar.

Percebi que eu poderia ter um lucro ainda maior com os clientes que estavam na agência e com menos mão de obra, a qual tornava todo o processo caro. Em resumo, resolvi criar um sistema de agência enxuta. Se você quiser saber mais sobre esse assunto, é só me seguir nas redes sociais. Já fazendo um *merchan* aqui para você que está lendo.

Passei para o meu marido essa ideia e começamos a implementar. Tiramos os clientes que não davam muito lucro ou eram difíceis de lidar. Criamos uma nova política de equipe dentro da empresa. E começamos a trabalhar.

Por algum tempo, já nem me lembrava mais desse episódio, só quando o advogado aparecia para mostrar nossa defesa.

## O julgamento

Então chegou o temido dia, o do julgamento.

Ficar cara a cara com o cliente foi muito difícil, pois eu realmente e, sinceramente, gostava do trabalho dele, achava que ajudava muito as pessoas. Mas não cabe a mim julgar. Eu não contarei aqui nada além do que aconteceu comigo e os meus pensamentos em relação a isso.

Eu lembro que foi muito demorado. A gente chegou no horário marcado, mas esperamos mais de 4 horas pela nossa vez. Tinham mais pessoas acusadas de participar da 'suposta quadrilha'. Então havia muita gente apavorada, chorando, com raiva, pois ali era um dos piores lugares para se estar. Todos os sentimentos ruins estavam ali, naquele andar do fórum.

Eu lembro que um advogado ou promotor passou por mim e disse: Juliana, fique calma, o de vocês vai ser bem rápido e está tudo certo.

Nesse momento, eu senti um pouco de paz, mas sabe como é uma cabeça que está cheia de neurose: "será que já fui condenada? Acho que ele disse que não fui condenada. Ou será que sim. Ai, que difícil! Vou parar de pensar."

Logo depois me chamaram. Era uma sala apertada, cheia de gente, e eu nem sabia quem era o juiz, pois eles não usam aquelas roupas que a gente vê no cinema nem o cenário era igual. Para eu conseguir sentar-me na cadeira, tinha que passar espremida por várias pessoas.

Perguntaram-me várias coisas que eu já tinha respondido na apreensão das nossas coisas. Percebi que, em algumas perguntas, parecia que o cliente da época balançava a cabeça para eu ver o que era para eu concordar. Mas fiquei com a minha verdade, e em nenhum momento falei algo diferente do que fazíamos como nossa responsabilidade de agência. Eu só queria que aquilo acabasse e que eu pudesse dormir tranquilamente de novo, sem ter medo.

Saí de lá com o dever cumprido e esperando a sentença do julgamento.

## A sentença

Ao final de quase quatro meses de acompanhamento, saiu a sentença, com muitas palavras difíceis, não entendíamos nada. Então veio o nosso advogado ajudar a gente a decifrar. Nós já estávamos com números novos e outros celulares. Eu nunca mais quis ver a cor daquele celular, nem o número. Queria me livrar de tudo o que me fez sofrer.

Quando o advogado foi lendo a sentença, ele disse a frase que nos libertou: Juliana e Santiago saíram de suspeitos para testemunhas de acusação. Ou seja, a gente não tinha nada a ver com aquele circo midiático todo que fizeram.

Foi um alívio, pois pareceu uma batalha ganha, e nós não fizemos nada de errado. Mas e a sequela disso? Quem arruma? Quem vai arrumar a desconfiança que tive do meu marido? Quem vai devolver o dinheiro que perdi nisso? Quem vai lhe curá-lo desse trauma?

Esse questionamento é para você que julga as pessoas sem saber pelo que elas passaram ou ainda passam. Que sejamos mais tolerantes com o próximo e não acreditem nessas operações midiáticas, pois nem todo mundo é culpado.

Ah, lembram aquela frase que coloquei sobre os '*prints*' que as pessoas difamaram nosso nome? Pois é, processamos os mesmos e ganhamos. Fica aqui o alerta para vocês tomarem cuidado com esse tipo de 'profissional' ('jornalistas', blogueiros e formadores de opinião) que, por vezes, se preocupa apenas em levar a informação adiante em troca de serem os primeiros e não os VERDADEIROS informantes dos fatos.

**A dona da porra toda**

Eu nunca desisti.

Eu cheguei ao fundo do poço. E só tem uma resposta para quem está lá embaixo: escale e se esforce para sair dele.

Não só melhorei o ganho da empresa como fui fazer intercâmbio no Canadá, escrevi três livros, me aperfeiçoei ainda mais em *marketing* digital para ajudar as pessoas a começarem a vender na internet, presto consultoria e mentoria de como ganhar dinheiro na internet de forma digna e honesta, além de outros projetos.

E convido você para não deixar que a opinião dos outros paralise.

Não espere o momento para começar qualquer projeto, pois o mundo é caótico. Então, saiba lidar com os problemas evitando parar no tempo para sentir pena de si mesma.

Não espere a aprovação de alguém, apenas faça.

O sucesso não vem do conforto e sim do que você aguenta sem desistir.

Espero que este livro tenha ajudado de alguma maneira, pois não é só a minha história que pode inspirá-la. Aqui existem mulheres incríveis que sabem bem o poder de nunca desistir. O sucesso tem várias caras, pode ser ganhar mais dinheiro, conquistar um cargo, construir a própria família, abrir uma empresa. Apenas continue, você está no caminho certo.

# 2

# PERMITA-SE O ORGASMO

O *coaching de relacionamento e sexualidade* desenvolve a comunicação assertiva entre duas pessoas. Para isso, é necessário se conhecer. Convido você para participar dessa experiência de autoconhecimento. Garanto muitas risadas e até comparações da vagina com o almoço de domingo. Permita-se ser satisfeita sexualmente, conheça seu corpo e faça da sua vagina a melhor amiga, e do orgasmo, o melhor amigo.

## ADRIANA CANDIDO

**Adriana Candido**

Criativa por natureza e apaixonada pelas pessoas e pelas suas histórias, Adriana Candido é escritora; mas também é esposa e mãe de duas filhas. É executiva de Saúde e Educação, avaliadora da Organização Nacional de Acreditação, palestrante em diversas áreas, analista comportamental, consultora em saúde e *professional & leader coach*, com reconhecimento internacional do World Coaching Council (WCC) e chancelada pela Sociedade Portuguesa de Coaching Profissional. É Graduada em Enfermagem (UMC), especialista em Docência do Ensino Médio, Técnico e Superior (Fapi); em Auditoria dos Serviços de Saúde (Unicsul) e em Gerenciamento dos Serviços de Enfermagem (Unifesp). Atualmente é mestranda em Gerontologia na Universidade de Aveiro, em Portugal, onde reside. Como se não bastasse, nas últimas décadas, fez-se estudante e aprendiz da arte do relacionamento e da sexualidade; e tudo isso sem esquecer a maquiagem e o salto alto.

**Contatos**
enf.dri@hotmail.com
11 99726 5120

**Permita-se um mergulho de cabeça em si**

> *Agradeço e homenageio, neste texto, Rose Marie Murano, escritora, intelectual e feminista brasileira, defensora da igualdade de direitos para as mulheres, reconhecida pelo Governo Federal como Patrona do Feminismo Brasileiro. Escreveu mais de 40 obras sobre gênero, entre elas A Sexualidade da Mulher Brasileira, e é graças a ela que escrevo hoje.*

*Permita-se* foi a palavra da vez numa formação em *coaching*. Lá, ouvi-a pela primeira vez. Depois, ela foi-me colocada em situações em que fez total sentido. Hoje utilizo-a para exatamente tudo o que realizo, inclusive para escrever este texto.

Escrevo-o como *professional coach*, aquele que tem como objetivo principal fornecer ferramentas e meios para ajudá-la a alcançar o que deseja. Com essa missão, venho, ao longo da última década, aplicando as ferramentas do *coach* em prol do benefício e do entendimento do relacionamento e da sexualidade.

Este capítulo é dedicado principalmente ao público feminino, mas também a todos os que desejam aprender como funciona o corpo fervente de uma mulher resolvida.

*

Cara leitora, para que você, mulher, entenda o que significa o *permita-se*, primeiro tem de se autoconhecer, por dentro e por fora, dos pés à cabeça, incluindo a vagina. Então, vamos brincar de médica? Providencie um pequeno espelho... Eu espero. Então, num momento em que você estiver com tempo e disposta, vá se descobrir.

Fique nua e agache com cuidado (de preferência perto de um apoio, para facilitar quando for se levantar e não correr o perigo de travar suas pernas e ter que chamar alguém para te socorrer). Pegue o espelhinho e o posicione entre as pernas. Não fique chocada. É assim mesmo.

Gosto de associar a vagina a uma lasanha. Uma lasanha, sim, senhora! Pense naquela lasanha deliciosa que preparamos para um almoço de domingo. É formidável... enquanto ninguém tira o primeiro pedaço. Basta cortar um pedaço e ela já fica meio sem jeito. Depois da metade então, fica meio torta, quase desbeiçada. No fim, já nem percebemos que era uma lasanha.

Da mesma forma, a nossa vagina era tão bonitinha antes de a usarmos, e depois... A verdade é que não tem nada de jeitosa se comparada à versão virgem. Mas não tem problema, fazemos de tudo para deixá-la bonitinha, e ainda trata-se da sua vagina. Perceba que cada vagina é única, assim como as pessoas. Por isso, apresente-se a ela. Dê a ela um nome bonitinho, carinhoso e sedutor.

> **Sugestões de nomes para a sua vagina**
>
> perereca, kikita, péka, bucetinha, docinho, área vip, ninho de rola, pombinha, pichoca, garagem da frente, lindinha, perseguida, gulosinha, fruto proibido, ximbica, tesouro de pobre, flor da mulher, aranha, banguela, bacalhau, repartida, xoxota, popoca, tomba macho, xota, toca do amor, sirica, joia, xana, pata de camelo, sulipa e chuchuca.

Depois, olhe para sua vagina e a explore. Se for necessário, e quase sempre é, pode dar uma esticadinha para conseguir ver melhor. Então, toque, é importante ter intimidade com o próprio corpo. Não tenha pressa; se desejar, pode até brincar com ela.

Perceba que ela é sua amiga, sua superamiga, sua *best friend*. Conheça-a, cuide dela, dê a ela atenção, repare em sua coloração, se ela tem pintinhas ou marquinhas. Você só tem a ganhar sendo amiga da sua vagina e ela te retribuirá com inúmeros benefícios.

Depois de ter apreciado a sua vagina, gostaria de te parabenizar. Fico muito feliz por você conhecer a sua vagina; afinal, muitas mulheres não conhecem tão intimamente assim a própria vagina. Lembre-se de que se você conhecer muito bem a sua vagina, além de ganhar uma melhor amiga, saberá quando algo não corre bem ou não está normal, e procurará orientação médica rapidamente.

Terminou de apresentar-se para a sua vagina? Isso significa que você está no caminho certo. Mais uma vez, PARABÉNS!

*

Conhecer o seu corpo é fundamental. Depois que terminar de se divertir com essa descoberta, respire fundo, porque tem mais.

Acredito que, durante a leitura deste capítulo, você já tenha se tornado íntima e melhor amiga da sua vagina. O próximo passo é descobrir do que realmente gosta e como gosta no sexo: qual posição te agrada; em qual lugar prefere a penetração, se tem alguma fantasia, com brinquedinhos sexuais ou não, se gosta de fazer e/ou receber... Enfim, diversas questões que muitas vezes pensamos e não falamos.

Vivemos constantemente em grupo. Seja na família, na escola, na igreja, com as amigas, na academia, no grupo de tricô... Sempre ouvimos murmúrios sobre determinados assuntos, principalmente os sexuais. Por exemplo: tal orifício dói; assim é mais gostoso que assado; de tal jeito é nojento e sujo; é mais prazeroso em posição tal; mulher que faz isso ou aquilo é profissional da noite. Eu acho muito difícil fazer a gestão de todas essas informações, não concorda?

Quando nascemos, nosso cérebro está vazio, como a memória novinha de um computador. Com o passar dos anos, vamos armazenando informação, algumas sem nem perceber, são colocadas pelos grupos em que estamos inseridos.

O *permita-se* surge nesse contexto, defendendo que, antes de assumir qualquer opinião como verdade, *permita-se* experimentar, de corpo e alma. Caso não, estamos, muitas vezes, vivendo histórias de outras pessoas enquanto deveríamos estar escrevendo nossa própria história, no livro da vida.

Um exemplo é o sexo anal. Ah, o grande tabu feminino chamado sexo anal. Uma dica? *Permita-se* pelo menos conhecer mais sobre o assunto antes de o descartar, só assim poderá decidir se te agrada ou não.

Mais uma dica relacionada a um tabu? Lá vai: se realmente deseja mergulhar de cabeça no autoconhecimento, no que diz respeito à sexualidade, arrume um vibrador. Se for comprar, escolha o que realmente deseja nos seus sonhos. Sem medo, sem pudor e sem ficar imaginando o que as pessoas da loja estão pensando. Se achar constrangedor ir até o *sex shop*, escolha e compre o vibrador pela *internet*.

Particularmente, ir até uma loja e pegar o vibrador ao vivo e a cores é muito mais realista do que ficar o imaginando pela tela do computador. Aqui em Portugal é possível adquirir esses brinquedinhos até mesmo nos supermercados, no mesmo corredor das pastas de dente e cotonetes. Tudo muito normal, e em um país mais conservador.

Seja como for, escolha sem pressa. É um investimento e será muito utilizado. *Permita-se*: grande ou pequeno, grosso ou fino, colorido ou desbotado, que vibra ou não. Existe uma imensidão de vibradores, você vai achar o(s) seu(s).

Ah! Muito importante! Se o vibrador precisar de pilhas, compre as superalcalinas, elas duram mais. Imagine querer usar seu brinquedo e lembrar-se de que não tem pilhas ou descobrir, no meio da brincadeira, que as pilhas estão ficando fracas?

Também não deixe de fora das compras um lubrificante (outro tabu), porque vai precisar. Não importa a sua idade, se tem lubrificação ou não, se está na menopausa ou não. Garanto com embasamento: é muito mais gostoso e divertido brincar com lubrificante. Fica escorregadio, molhadinho, quente ou frio. Para comprar um bom lubrificante, a recomendação da minha ginecologista é colocar na vagina só o que se colocaria na boca. Eu sigo esse conselho e recomendo que você também o siga. Já aproveite e escolha um sabor.

Agora você já tem todas as ferramentas. Mãos à obra! Escolha um momento e lugar em que se sinta segura e à vontade. Então, comece: deixe o vibrador encostar no seu corpo, sinta a sensação, no pescoço, nas suas curvas, nas mamas, nos mamilos, na barriga, no meio das pernas, em lugarzinhos escondidos... não precisa ir direto ao ponto. *Permita-se* usar seu vibrador na vagina, coloque o consolo no meio de suas pernas e deixe-o vibrar. Apenas concentre-se na sensação.

Para ter prazer, não é necessário ter penetração. Então, use seu vibrador do lado de fora da vagina, em todas as regiões. Existe ali um pedacinho muito delicado chamado clitóris, uma estrutura criada pelos deuses, um verdadeiro oásis no meio do deserto. Massageie sutilmente essa estrutura, deixe seu vibrador se esgotar exatamente aí. Para que o orgasmo aconteça, é necessário todo o estímulo sensorial. Leve o tempo que precisar, não tenha pressa.

Nem tudo precisa acontecer no mesmo momento. Em outra oportunidade experimente colocar o vibrador na portinha do ânus, por que não? *Permita-se* experimentar com a mente vazia. Vai perceber que talvez não seja ruim como dizem. Tire suas próprias conclusões, *permita-se*. Autoconhecimento é isso, é descobrir por você e não pelo que já ouviu dizer. Então, deixe-se levar pela sua imaginação e goze, goze muito!

*

    O orgasmo é considerado a linha de chegada de uma corrida, e o trajeto nem sempre é apreciado como deveria. Tratamos o orgasmo também como a finalização de uma tarefa, quando deveríamos tratá-lo como o início de tudo. Pense no orgasmo como um amigo fiel, aquele que não te abandona, não te decepciona, não te deixa na mão. Depois de o experienciar, a sensação é maravilhosa, te deixa o resto do dia bem-humorada, se sente realizada e feliz, assim como a visita de um bom amigo.
    Tudo isso ocorre devido a uma reação do sistema nervoso que faz com que os músculos se contraíam, que os hormônios sejam liberados e que uma imensa sensação de prazer tome o seu corpo. É tudo muito objetivo e científico, mas poucos homens e mulheres conhecem como é o orgasmo feminino.
    Após tantas revoluções femininas, como a criação da pílula anticoncepcional, a mulher passou a ter mais espaço para expor seus pensamentos e sentimentos, além de ganhar mais espaço para ela. Com isso, a curiosidade de se conhecer, de conhecer seu próprio corpo e de descobrir do que gosta passa a ser possível.
    Mesmo assim, quando o assunto é sexualidade, a atenção maior é voltada para o homem, muito por conta de as pesquisas se concentrarem no desenvolvimento de medicações que resolveriam as impotências masculinas. Assim o foco estava voltado para a finalização de uma relação sexual, para a ejaculação, para o gozar masculino. Enquanto isso, a sexualidade feminina era vista como meio de reprodução e de constituição familiar. Cientificamente, foi preciso mudar esse cenário.
    Hoje existem esforços para o estudo da sexualidade feminina com outra perspectiva. Exemplos são as pesquisas realizadas pelo Projeto Sexualidade da Universidade de São Paulo (ProSex – USP). As notícias não são boas. Um dos estudos identificou que 50% das mulheres brasileiras não estão satisfeitas sexualmente (FERREIRA, 2016). O fato de não chegar ao orgasmo com certeza representa grande frustração.
    Para melhorar esses números e sua satisfação sexual, é importante que você, além de entender do que gosta e como gosta, comunique-se com seu parceiro. Nós, às vezes, achamos que, por meio de telepatia, a outra pessoa envolvida no ato saberá o que queremos. Não é bem assim! *Permita-se* também expor-se para a pessoa em quem confia.

*

    Quando permitir-se a essas e outras coisas, como mergulhar de cabeça em si, descobrirá sensações talvez nunca sentidas. Aprenderá que sua felicidade e satisfação sexual só dependem de você. Desfrutará do gosto da vitória em ter percorrido uma maratona e ter finalizado, não se importando com a colocação, porque o importante nessa história é você, mulher, única, deslumbrante, que irradia beleza e desejo para quem te admira. Então, mergulhe em si, *permita-se* e torne-se o que deseja.

**Referência**

FERREIRA, I. *Perfil sexual dos brasileiros revela diferenças entre homens e mulheres*. Jornal da USP, 2016. Disponível em: <http://www.jornal.usp.br/ciencias/ciencias-da-saude/perfil-sexual-dos-brasileiros-revela-diferencas-entre-homens-e-mulheres/>. Acesso em: 23 abr. de 2020.

# 3

# A VIDA QUE ESCOLHEU PARA SI MESMA

A vivência em *marketing* de experiência e a profunda ligação à inovação social moldaram a mulher que hoje atua para encorajar pessoas a trilharem um caminho com propósito pela liderança transformadora. Neste capítulo, caro leitor, você encontrará um breve relato sobre quem decidiu viver a partir das próprias escolhas e que busca diariamente deixar a sua marca no mundo, tornando-o um lugar melhor.

ADRIANA PONTIN

**Adriana Pontin**

Estrategista com mais de 15 anos de atuação em *marketing* de experiência e amplo conhecimento em inovação social. Além de fornecer consultoria e treinamento empresarial, à frente da AP Consultoria Empresarial e do Hub de Negócios Mulheraço Brasil, utiliza ferramentas de comunicação integrada para a promoção de eventos híbridos com o propósito de transformar conexões em negócios e ações em resultados. Teóloga por paixão e ativista das causas sociais, sua vida acadêmica inclui MBA em *Marketing* e Propaganda pela Universidade Estadual de Londrina, graduações em Teologia e Secretariado Executivo e cursos de extensão em Filosofia Política e Jurídica e Metodologia do Ensino. Nas áreas de turismo e eventos, tem forte cooperação como presidente da Adetunorp, a Agência de Desenvolvimento Turístico do Norte do Paraná, que é uma instância de governança ligada à Paraná Turismo e à Secretaria do Desenvolvimento Sustentável e do Turismo do Paraná, responsável pela gerência dos municípios localizados no norte do estado.

**Contatos**
www.adrianapontin.com.br
www.mulheraco.com.br
contato@adrianapontin.com.br
Redes sociais: @adrianapontin / @mulheracobrasil
43 99962 6687

*Eu sou aquela mulher a quem o tempo muito ensinou a amar a vida e não desistir da luta, recomeçar na derrota, renunciar a palavras e pensamentos negativos. Acreditar nos valores humanos e ser otimista.*

CORA CORALINA

A experiência ao trilhar um caminho que tem como compromisso impactar vidas e transformar comunidades vai muito além da jornada profissional. É um processo de decisão interna de movimentar-se na busca perseverante e diária para ser excelente enquanto aceita-se o desafio de errar, refletir, aprender, recomeçar e não desistir. Esse caminho requer sair da acomodação e da mediocridade para se dedicar a realmente cumprir os objetivos da maneira mais fiel aos princípios e valores que o regem, intermediando diálogos e oportunizando melhorias na sociedade como um todo.

Em tempos atípicos como o que vivemos, em decorrência de uma pandemia mundial, na experiência de ter uma vida com propósito, ressalta-se a autenticidade de ser quem você é e olhar para o outro enxergando a vulnerabilidade que existe em cada ser.

Nos últimos 20 anos, empresas têm assumido pautas de responsabilidade socia corporativa e trabalhado em prol de causas relevantes. Nesse ensejo, sobretudo desde a virada da década, os efeitos da comunicação assertiva despontam como ferramenta ainda mais essencial para o fortalecimento de marcas e desenvolvimento de negócios.

Hoje não basta ser competente apenas no que se faz, é preciso chamar atenção, cativar a audiência e manter a relação cada vez mais estreita e significativa.

Considerando o que Melo Neto (2001) enfatiza em seus escritos, com toda a dificuldade da vida real, uma das opções para reduzir o estresse e enfrentar a rotina do dia a dia são os eventos que acontecem proporcionando emoções e experiências agradáveis. Seja para se comunicar interna ou externamente em uma empresa, os eventos são parte de uma comunicação eficiente que proporciona integração, consolida vínculos e fortalece relações profissionais e pessoais.

Para oferecer estratégias focadas em *marketing* de experiência e garantir intervenções efetivas, no segundo semestre de 2008, iniciei o desafio empreendedor com a criação da Excelência Mkt & Eventos. Responsabilidade, transparência e comprometimento com a palavra e com os resultados são meus valores pessoais e também os da empresa, que, em 2021, atendendo à solicitação dos clientes, se transformou na AP Consultoria Empresarial.

No meu negócio, não existe rotina. A regra é planejar ações criativas e funcionais utilizando as ferramentas de comunicação integrada, especialmente para a promoção de eventos híbridos, com propósito de transformar conexões em negócios e ações em resultados. Assim, meus princípios seguem afinados aos da companhia e ao propósito de contribuir para a transformação de um mundo melhor.

Com essa consciência, fundei, em 2010, o Hub de negócios Mulheraço. Ali projetos são desenvolvidos sob medida para atender às necessidades das empresas enquanto permanecem atrativos para as mulheres, responsáveis por 90% das decisões de compra, segundo centros internacionais de pesquisa. As soluções oferecem benefícios como ativação de marca, novos caminhos para conversão de vendas e clientes, integração de colaboradores, inteligência de dados, captação e geração de *leads*, *networking* e qualquer outro ponto estratégico que possa ser abordado pelo *marketing* de experiência. Mas a engenhosa missão de satisfazer as necessidades do mercado consumidor não está ligada apenas à estratégia de fidelização, a consultoria e treinamentos para liderança, a gestão empresarial e o empoderamento feminino são outros pontos de destaque em nossa atuação.

O propósito do Mulheraço é oportunizar trocas inteligentes e motivadoras para que escolhas assertivas sejam feitas e levem ao caminho de sucesso desejado, mas sempre pensando em inspirar e encorajar mulheres a buscarem uma versão mais equilibrada, saudável e que esteja de acordo com o seu projeto de vida.

### *Marketing* de experiência

Com a crescente globalização e avanços tecnológicos, as mudanças e transformações acontecem em tempo real diante de milhares de olhos curiosos. Por isso, tão importante quanto manter uma boa reputação e ter o reconhecimento do público de interesse, é se tornar parte inesquecível dessa trajetória, com fatos que surpreendam, impactem e despertem emoções e sentimentos.

Pela atuação da Excelência Mkt & Eventos, já foram realizadas mais de trezentas e cinquenta ações de experiências únicas, com mais de vinte mil horas de conteúdos que alcançaram participantes em cinco estados brasileiros. Oferecendo serviços de estratégias de *marketing*, eventos híbridos, comunicação integrada e mentoria de marcas e negócios, o diferencial do nosso empreendimento está na *expertise* em realizar conexões com profissionais especializados em cada área, além de ampliar as relações com instituições, associações, parceiros e clientes.

Para o desenvolvimento e execução de cada projeto, atenção especial ao que faz diferença: a contribuição de competentes profissionais. A experiência de mercado combinada ao trabalho, alinhado, de especialistas nas áreas de publicidade, relações públicas, *design*, *social media*, programadores, cinegrafistas, fotógrafos e jornalistas gera soluções e constrói marcas. A *expertise* está presente também no estilo de liderança, pois oportunizar que cada integrante apresente suas ideias, projetos e anseios garante a participação efetiva de toda a equipe. O caminhar colaborativo e que considera o impacto social causado é vivido na prática por meio das reuniões que, de acordo com cada intento, proporciona um olhar analítico e auxilia na tomada da melhor decisão. Nesses encontros de trabalho, além da conhecida pauta de reunião – que busca melhorar o aproveitamento do tempo destinado –, é imprescindível viver momentos de descontração em que se pode interagir e integrar todos os envolvidos nos projetos.

**Qualidade no que entregamos** – Em reconhecimento ao trabalho desenvolvido com a Excelência, em 2017, fui honrada com o *Prêmio Sebrae Mulher de Negócios do Paraná*, numa parceria entre o Serviço Brasileiro de Apoio às Micro e Pequenas Empresas, o SEBRAE, a Secretaria de Políticas para as Mulheres e a Federação das Associações de Mulheres de Negócios e Profissionais do Brasil. Com apoio técnico da Fundação Nacional da Qualidade (FNQ), essa premiação tornou possível visualizar o quanto havíamos avançado em nosso propósito, mas também ajudou a nos impulsionar em direção ao quanto ainda poderíamos inovar e aperfeiçoar.

Por isso, com afinco e maestria, trabalhamos todos os anos, desde que foi lançado pela mesma entidade que nos premiou, para também obter o Selo de Qualidade no Turismo do Paraná em reconhecimento aos serviços prestados.

Com um criterioso processo de avaliação, que inclui questionários, visitas e entrevistas, seguindo as normas técnicas do Modelo de Excelência em Gestão da FNQ e um diagnóstico do Turista Oculto, obtivemos os selos nos anos 2016, 2017 e 2018. Em 2019, além de garantirmos a aprovação conferida pelo selo, conquistamos o Troféu Qualidade no Turismo do Paraná, sendo reconhecida como uma das melhores empresas do Paraná em planejamento e organização de experiências inesquecíveis.

Considerando os ensinamentos dos mestres Kotler e Keller (2012, p. 561), "fazer parte de um momento relevante na vida pessoal dos consumidores por meio de eventos e experiências pode ampliar e aprofundar o relacionamento de uma empresa ou marca com o mercado-alvo". Com a fidelização dos clientes da AP Consultoria Empresarial ao longo desses anos e todos os resultados alcançados, a alegria e satisfação de viver a vida que escolhi me acompanham a cada novo dia, pessoal e profissionalmente.

**Inovação social e reconhecimento**

Ações estratégicas voltadas para negócios socialmente responsáveis fazem parte do plano orientador de quem reconhece o seu impacto perante a sociedade. Essa preocupação, presente na rotina da AP Consultoria Empresarial e do Hub de negócios Mulheraço, agrega valor ao nosso portfólio de trabalho e tem gerado resultados que beneficiam, prioritariamente, as comunidades em que as ações acontecem, além de aproximar e integrar o público interno das organizações.

Anualmente, com o envolvimento de parceiros e fornecedores, desenvolvemos atividades de responsabilidade social que se tornaram marcas registradas e pertencem ao nosso calendário e ao de nossos clientes. Com o olhar voltado aos temas de saúde e segurança, realizamos a ação "No trânsito, o sentido é a vida", em concordância com o Maio Amarelo e reforçamos a importância da doação de sangue com a campanha "Gotas de vida". Em repúdio à violência doméstica e familiar, nos manifestamos pelo "Mulheraço contra a violência" e somamos esforços para colocar em prática a ação "Doar faz bem ao coração", que faz campanha pela doação de órgãos e tecidos, e "Juntas pela vida", do movimento Outubro Rosa.

Pensando em sustentabilidade, um assunto em pauta no mundo atual, também sugerimos e promovemos ações ecologicamente responsáveis. Seja pelo plantio de árvores, cuidados e manutenção de estruturas físicas em comunidades, substituição de itens de uso diário – como copos plásticos – cuja decomposição é demorada por bens mais duráveis, e, principalmente, com o estudo de impacto no meio ambiente.

Nossas ações são referências no Paraná, sendo divulgadas em fóruns e congressos realizados no estado, garantindo honrarias cedidas por órgãos e instituições respeitáveis. Em 2014, recebemos o Selo Paraná Pela Vida, da Secretaria do Estado do Paraná, pela coordenação da campanha de doação de órgãos. Além de, anualmente, recebermos certificação do Sesi Paraná com o Selo de Objetivos do Desenvolvimento Sustentável do Milênio (ODS). Quatro anos depois da primeira celebração, em 2018, o projeto "Gotas de Vida" nos garantiu o Troféu Menção Honrosa no Prêmio Sesi promovido pela FIEP.

Além do cuidado com o meio em que vivemos e com as pessoas com quem nos conectamos, o surgimento de um novo vírus mortal exigiu que repensássemos todos os trabalhos e ações que desenvolvemos ao longo dos anos. Colocando as nossas angústias em evidência, o convidado indesejado, que leva o nome de Covid-19, chegou alterando a forma como nos relacionamos e a maneira como encaramos a vida. Obrigatoriamente tivemos que utilizar a tecnologia com maior empenho e olhá-la como aliada. Levando nosso compromisso e propósito para espaços digitais, em que apenas ações *on-line* são possíveis, o enfrentamento a essa fase pandêmica se traduz em inovação, planejamento e foco, características intrínsecas da nossa atuação desde o início.

**Liderança transformadora**

Para quebrar paradigmas e enfrentar o grande desafio humanitário causado pela pandemia do novo coronavírus, entra em cena a liderança transformadora. Atuando de forma urgente e necessária, para que corporações sejam bem-sucedidas, é imprescindível que a liderança repense comportamentos e mude a mentalidade para conseguir inspirar e reter talentos que, agora, possuem maior senso de propósito e pertencimento.

Nossa consultoria empresarial engloba diagnóstico completo com soluções e estratégias orientadas para a gestão eficiente do negócio e da equipe. A *expertise* de AP Consultoria Empresarial está presente na análise das práticas realizadas em todos os níveis da corporação, identificando as oportunidades de melhoria em qualquer ciclo de vida empresarial para definir ações que resultem em progresso corporativo. As mentorias e treinamentos para o desenvolvimento humano são formatadas de acordo com a necessidade do cliente, sempre com foco nos três pilares da liderança transformadora: governança corporativa, cultura de excelência com exercício da liderança e desempenho da organização.

**Adriana Pontin: por mim mesma, nas palavras, nos negócios, na vida**

Esse é o título do meu capítulo no livro *Mulheres que empreendem e transformam*. Publicado em 2019, tive a honra de ser a única representante paranaense na edição que contou com 21 mulheres do Brasil e compartilho um trecho também com quem me lê agora:

> Meu nome escrito no bom "Times New Roman" é Adriana Dias Pontin. Meu nascimento em 1982, no município de Arapongas – PR, já foi um feito, na época, pelos meus quatro quilos e 52 centímetros. A primogênita de um casamento cheio de amor e bons exemplos, de uma mãe cabeleireira e um pai garçom que se conheceram no restaurante onde minha avó era *chef*

de cozinha. Ainda no norte do Paraná, minha avó Arlinda inspirou uma trilha que seria definitiva para meu futuro. Na cidade vizinha, em Astorga, meus pais iniciaram trabalhando na cozinha de um clube social, criando os filhos com humildade e prioridade para os estudos. A datilografia surgiu nesse tempo e com esse pensamento, com outros cursos – de graça – que seguiam em paralelo à escola, sempre pública. Tínhamos que ter boas notas e sermos os melhores, ensinavam meus pais; e talvez, daí, estivesse nascendo uma Adriana detalhista e perfeccionista em tudo o que faz até hoje... Eu gosto de dizer que os projetos são desenhados no coração de Deus e para minha alegria e satisfação são executados pela minha empresa, a Excelência Mkt & Eventos.

Com essa trajetória de vasta experiência, tenho certeza de que avançamos muito em processos e comportamentos, principalmente durante os períodos em que somos compulsoriamente direcionados a nos reinventar.

A mulher daquele capítulo não imaginava que a vida pudesse se tornar ainda mais efêmera e que um inimigo invisível fosse capaz de tirar tudo do lugar. A pandemia, o distanciamento e medo, o adeus que fomos obrigados a dizer a distância, os problemas pessoais, a convivência forçada ou a suspensão compulsória, as atribuições no trabalho e a rotina interrompida transformaram algumas certezas que pareciam absolutas. A Adriana que compartilhou as memórias lidas há pouco não permanece a mesma, afinal somos seres em transição, mas ela se reconhece como a pessoa que escolheu a vida que gostaria de viver. Ainda que isso signifique assumir riscos, calculados ou inconscientes, daqueles imprevistos que não conseguimos imaginar e que fazem parte da experiência humana.

Na jornada diária em busca da excelência, permaneço fiel aos princípios que me desafiam a lutar por uma sociedade mais justa e igualitária, com a inspiração e coragem que nascem da força mais potente do mundo, como se diz em Coríntios, no mais importante livro da humanidade: "Assim, permanecem agora estes três: a fé, a esperança e o amor. O maior deles, porém, é o amor".

**Referências**

KOTLER, P.; KELLER, K. L. *Administração de marketing, Kotler e Keller,* 14. ed. São Paulo: Person Education do Brasil, 2012.

MELO NETO, F. P. de. *Marketing de eventos.* Rio de Janeiro: Sprint, 2001.

PONTIN, A. et al. *Mulheres que empreendem e transformam.* São Paulo: Editora Gregory, 2019.

# 4

# ÓI O TREM

Nas próximas páginas, vamos embarcar em diferentes jornadas, todas percorridas ao longo de 22 anos de carreira profissional. Uso a metáfora do trem, pois todos os trajetos que me levaram a estações diferentes, que me ajudaram a tomar consciência de mim mesma, também serviram de guia na construção da pessoa e da profissional que sou hoje e que desejo ser amanhã. Bem-vinda a bordo!

## ANA CLÁUDIA PEIXOTO

**Ana Cláudia Peixoto**

Jornalista, especialista em *Marketing* Estratégico, *Neuromarketing*, Inteligência Competitiva e *Business & Executive Coaching*. Com mais de 20 anos de profissão, já desenvolveu trabalhos nas áreas de TV, Rádio, *Marketing* Político e Eleitoral, Comunicação Empresarial, *Marketing* Estratégico e *Neuromarketing*. Há oito anos atua como palestrante e consultora credenciada ao Sebrae, tendo ajudado milhares de empreendedores de pequenas e médias empresas a alavancarem seus negócios nos segmentos de Alimentação, Agronegócio, Turismo e Varejo. Possui formação pelas universidades UFJF (Universidade Federal de Juiz de Fora), FGV (Fundação Getulio Vargas), UFF (Universidade Federal Fluminense), Estácio de Sá e IBC (Instituto Brasileiro de *Coaching*). Professora de pós-graduação da UNIFAA (Fundação Educacional Dom André Arcoverde), é doutoranda em Ciências Empresariais e Sociais pela UCES, Buenos Aires/Argentina, onde desenvolve pesquisa de tese sobre estratégias de *Neuromarketing* para pequenos negócios.

**Contatos**
anacpeixoto@elevarbrasil.com.br
Instagram: @anaclaudia._.peixoto
LinkedIn: www.linkedin/in/anaclaudiapeixoto

*Ói, ói o trem, vem surgindo de trás das montanhas azuis, olha o trem*
*Ói, ói o trem, vem trazendo de longe as cinzas do velho éon*
*Ói, já é vem, fumegando, apitando, chamando os que sabem do trem*

RAUL SEIXAS

Acredito que somos resultado de todas as experiências e oportunidades que a vida proporciona. Estamos todos em uma estação de trem, aguardando a hora de embarcar em jornadas diferentes. A cada momento, podemos mudar nosso destino de acordo com as escolhas que fazemos. Pode-se embarcar em diferentes trens, conhecer trajetos maravilhosos ou horrorosos, e a cada estação decidir permanecer ou embarcar rumo a outra experiência. Há também a opção de permanecer aguardando pela viagem perfeita. Mas é preciso estar atenta, porque geralmente a locomotiva da oportunidade passa uma vez só. Não embarcou, perdeu.

Sou daquelas que fica pouquíssimo tempo na estação. Claro que perdi alguns trens que eram importantes. Foi assim que aprendi que esperar muito pode deixar escapar experiências incríveis. Com o tempo, fui reconhecendo melhor a "vida útil" de cada jornada, o momento de descer na estação e pegar outro trem.

### Embarcando no trem do Sebrae

Em 2013, a locomotiva do Sebrae parou em minha estação. Estava em outro trem, confortavelmente acomodada no banco do passageiro, eu diria. Trabalhava com *Marketing* Político e Eleitoral há 10 anos. Conhecia muito bem o segmento, era respeitada, já tinha inclusive passado pelo gerenciamento de crise de uma CPI do Congresso Nacional (mas isso é assunto para outro livro).

Sentia-me por demais acomodada, necessitando de um desafio. Assim, a comichão da novidade falou mais alto e decidi embarcar nesse que seria o início da minha jornada perfeita.

Participei do credenciamento para prestadores de serviço do Sebrae Rio de Janeiro, um processo longo e exigente, composto por avaliações de conhecimentos, habilidades e competências.

O empreendedor, no geral, já ouviu falar do Sebrae, mas talvez não conheça com detalhes seu trabalho. O Serviço Brasileiro de Apoio às Micro e Pequenas Empresas, chamado Sebrae, é uma entidade privada que promove a competitividade e o desenvolvimento sustentável dos empreendimentos de micro e pequenas empresas[1].

Cada um dos 27 estados possui uma unidade que atende desde potenciais empreendedores até pequenas e médias empresas atuantes no mercado e que buscam soluções em gestão empresarial, como consultorias, mentorias, cursos, palestras, oficinas, serviços tecnológicos, ou seja, orientação de forma abrangente.

**Pagar pedágio é ruim, mas algumas vezes necessário**

Basicamente o que chamo de pedágio seria o "preço" que se paga para usufruir de um benefício ou atingir determinado objetivo. Como na estrada mesmo. Para ter uma via bem asfaltada, sinalizada e iluminada, que ajude a chegar com segurança ao destino, você paga um determinado valor em algum ponto do caminho.

Anos antes paguei pedágio quando migrei do Telejornalismo para o *Marketing Político*. Passei de Coordenadora de Produção de uma emissora de TV para Auxiliar de Comunicação em uma Assessoria Parlamentar.

É comum pagar pedágio quando fazemos qualquer tipo de mudança. Existe o tempo e o esforço de adaptação, é preciso criar outros hábitos e rotinas. Quando a modificação envolve um segmento, função e empresa diferentes, pode trazer consigo também uma necessidade de buscar novos conhecimentos e desenvolver novas competências. A transição para o Sebrae exigiu de mim adaptabilidade e dedicação para desvestir o papel de assessora e assumir o de consultora.

**Sai a assessora e entra a consultora**

É comum as pessoas confundirem assessoria e consultoria e pensarem que são sinônimos. Mas não são. A assessoria é como uma assistência, na qual o profissional executa as estratégias e ações demandadas pelo cliente. É mais operacional e tem caráter contínuo. Já a consultoria é mais pontual. O profissional faz uma análise das necessidades do cliente, sugere soluções e orienta as ações de melhoria, porém não executa.

Seria como alguém que vai ao médico e ele prescreve o tratamento: fazer dieta e exercícios. O médico seria o consultor, que fez o diagnóstico e prescreveu o tratamento. Mas ele não vai montar cardápio, cozinhar ou fazer a matrícula na academia. É o paciente/cliente quem deve executar essas ações. Ele pode contratar um cozinheiro para preparar as refeições e um *personal trainer* para criar e acompanhar a rotina de exercícios. Eles seriam assessores, pois executam tarefas de forma contínua para o paciente/cliente. Perceba que, no final das contas, sem a dedicação do paciente/cliente, o tratamento dificilmente trará resultados positivos.

**Supersincera**

Trabalhei durante 10 anos como assessora parlamentar e, no Sebrae, aprendi a ser consultora. Em pouquíssimo tempo me adaptei aos processos, às metodologias e ao ritmo de trabalho. Apenas um detalhe me incomodava.

---

1 De acordo com *site* da instituição: https://www.sebrae.com.br/sites/PortalSebrae/canais_adicionais/conheca_quemsomos

Como assessora, eu mantinha contato mais próximo e longo com os clientes, a ponto de conhecê-los bem e ter a liberdade de dizer "isso está certo", "aquilo não dá resultado", e por aí vai. Nesse tipo de relação, a franqueza é um ativo importante. Gera confiança. Entretanto, como consultora, os períodos de intervenção nas empresas são geralmente curtos, o que não proporciona uma relação próxima. Em alguns casos, essa distância pode deixar o empresário desconfiado com recomendações dadas, digamos, com muita franqueza e tecnicidade. Em alguns segmentos, principalmente os dominados por homens, o fato de ser mulher contribui para o descrédito. Como uma boa aquariana, o olhar de condescendência me mata!

Em 2016, conheci o *Coaching* e a Neurociência Aplicada ao *Marketing*, também chamado de *Neuromarketing*. Naquele momento, percebi que trabalhava os temas de gestão, especialmente dentro do *Marketing* Estratégico, com uma postura de especialista, olhando para a necessidade da empresa, porém nem sempre entendendo a real dor do empresário.

Cerca de 90% dos meus atendimentos têm em aspectos comportamentais a origem do problema. Redirecionei minha atuação, passando a incorporar o conhecimento da Neurociência nos atendimentos, trabalhando tanto estratégias de *Marketing* para empresas quanto aspectos comportamentais dos empresários, e vi resultados incríveis. O fantástico trem do *Neuromarketing* passou na minha estação e eu pulei dentro!

**A bordo do trem do *Neuromarketing***

Minha primeira palestra sobre *Neuromarketing* foi em fevereiro de 2018, em Volta Redonda, minha cidade natal, e atraiu mais de 150 pessoas. Ninguém esperava. As palestras geralmente eram realizadas no Escritório Regional do Sebrae, que tem salas com capacidade para 30 pessoas. Foi necessário transferir o evento para o salão da associação comercial, mais espaçoso.

Entre março e novembro daquele ano, ministrei mais de 30 palestras e cursos sobre o tema em todo o estado do Rio, em eventos do Sebrae e particulares. As pessoas estavam curiosas para saber o que raios era o tal do *Neuromarketing*. Havia uma escassez de informação sobre o tema no Rio de Janeiro. Os cursos, congressos e eventos eram realizados principalmente em São Paulo, Curitiba e Brasília. Era para estas três capitais que eu viajava em busca de conhecimento. E tive a sorte de contar com o maior autor do tema no Brasil como mentor, o professor Pedro Camargo.

Se você também está curiosa em relação ao *Neuromarketing*, explico: é um campo recente da ciência que une a Neurociência ao *Marketing* com objetivo de estudar os processos de tomada de decisão relacionados ao consumo. Busca entender os desejos, impulsos e motivações das pessoas pela análise das reações neurológicas a determinados estímulos externos.

A área engloba conhecimentos de Neurociência, Antropologia, Biologia, Sociologia, Psicologia, Comportamento, entre outras. As pesquisas de *Neuromarketing* utilizam equipamentos de diagnóstico por imagem como eletroencefalograma (EEG), ressonância magnética (IRMf), eletromiografia facial (EMGf) e medições biométricas para verificar o processamento cerebral e as reações do corpo para entender quais são os efeitos das ações de *marketing* (CAMARGO, 2012).

O *Neuromarketing* pode ser aplicado a várias áreas de estudo de mercado como análise de produtos e serviços, posicionamento estratégico, construção de reputação, inteligência competitiva, atendimento ao cliente, *design* de ponto de venda, *branding* sensorial, entre outros. As pesquisas tentam orientar melhor as empresas acerca das emoções que a marca provoca nos consumidores, procurando entender o processo e os pontos de influência na tomada de decisão de consumo.

### *Neuromarketing* nas pequenas empresas, é possível?

O campo da Neurociência Aplicada aos Negócios é muito vasto. Em especial, sua aplicação ao *Marketing* atrai a atenção de empresários e empreendedores de todos os segmentos e portes, incluindo pequenas e médias empresas. Muitos buscam no conhecimento científico formas de compreender melhor o comportamento do consumidor e posicionar-se bem no mercado.

Os grandes *players* já utilizam tais recursos há anos, realidade não compartilhada com os pequenos negócios, que geralmente não dispõem de recursos financeiros suficientes para investir nesse serviço de alto custo. De forma geral, a capacidade de investimento em inovação das micro e pequenas empresas (MPEs) no Brasil ainda é muito pequena, apesar de sua relevante participação na economia.

Levantamento do Sebrae mostra que 99% dos negócios estabelecidos no país correspondem à MPEs. São mais de 17 milhões de empresas, das quais 7,3 milhões são MEIs (Micro Empreendedor Individual)[2]. Juntos, os MEIs respondem por pelo menos à metade dos empregos gerados pelo setor empresarial. A participação no PIB (Produto Interno Bruto) das MPEs, porém, não ultrapassa 25%.

Apesar das dificuldades, temos casos bem-sucedidos de pequenos negócios que incorporaram o conhecimento científico em suas estratégias. São empresários que ousaram desenvolver ações tendo como base dados obtidos por meio de estudos realizados por grandes empresas ou instituições de ensino, adaptando-os para sua realidade.

Em 2019, uma padaria localizada em Petrópolis, Rio de Janeiro, triplicou as vendas de sanduíches e lanches a partir de modificações no cardápio e no ponto de venda. O empresário enxugou o *mix* de produtos, deixando no cardápio os itens que tinham mais saída e outros considerados estratégicos, por estimular outras vendas. Além disso, produziu menu com fotos dos lanches e instalou na parede. Os fatores visual e facilidade de decisão fizeram com que as vendas triplicassem nos primeiros dois meses.

No início de 2021, uma marca de toucas para cabelo dobrou as vendas com adequações de estratégia e discurso nas redes sociais. Com sede em Angra dos Reis, Rio de Janeiro, a empresa comercializa uma touca especial para cabelos cacheados. O produto é patenteado e vendido por *site* próprio para todo país. Uma pesquisa netnográfica apontou características de comportamento e preferências das consumidoras, orientando a criação de linhas editoriais assertivas e estratégias de produto.

A marca mudou seu posicionamento, passando a "falar a mesma língua" que sua consumidora, e a trabalhar a emoção. As vendas dobraram e continuam aumentando mês a mês, conforme aumenta o engajamento nas redes sociais.

---

2 Disponível em https://datasebrae.com.br/

Os dois casos são exemplos simples de como o conhecimento científico pode ser adaptado à nossa realidade. A partir dessa visão, senti a necessidade de aprofundar o estudo e desenvolver outras competências no campo acadêmico.

Assim, em 2019, comecei um doutorado em Ciências Empresariais e Sociais na UCES (*Universidad de Ciencias Empresariales y Sociales*), em Buenos Aires, na Argentina, com tema de pesquisa focando em estratégias de *Neuromarketing* para pequenas empresas. Em função da pandemia, sigo em compasso de espera para finalizar o curso e a tese.

## Cérebro, pandemia e o trem do impossível

*O que nós precisamos é de mais pessoas especializadas no impossível.*

THEODORE ROETHKE

A pandemia do novo coronavírus (SARS-Cov-2) trouxe profundas mudanças em todo o planeta. As relações sociais, profissionais e de consumo foram e continuam sendo intensamente afetadas. Novas necessidades, novos parâmetros, novos comportamentos, novas tecnologias. Uma verdadeira revolução ocorrendo em todos os segmentos do mercado.

Previsões e planejamentos de médio e longo prazo deram lugar ao acompanhamento em tempo real e necessidade de respostas cada vez mais rápidas e assertivas. Tais desafios impostos pela nova realidade podem encontrar na Neurociência Aplicada uma aliada. Conhecimento que, bem aplicado, ajuda a encontrar soluções, a facilitar tarefas, a realizar o impossível.

Todos nós estamos compartilhando o vagão do coronavírus e o conhecimento científico acerca do comportamento humano pode ajudar-nos a passar por essa nova e indesejada jornada. Não apenas em relação a aspectos mercadológicos, mas também em relação ao autoconhecimento e à saúde mental. Afinal, agora estamos todos no mesmo trem.

## Referências

CAMARGO, Pedro. *Neuromarketing: a nova pesquisa de comportamento do consumidor*. São Paulo: Atlas, 2012.

SEBRAE. Serviço *Brasileiro de Apoio à Micro e Pequena Empresa*. Quem somos. Disponível em: <https://www.sebrae.com.br/sites/PortalSebrae/canais_ adicionais/ conheca_quemsomos>. Acesso em: 15 mar. de 2021.

SEBRAE. Serviço *Brasileiro de Apoio à Micro e Pequena Empresa*. Quem somos. Disponível em: <https://datasebrae.com.br/>. Acesso em: 15 mar. de 2021.

# 5

# COMO O AUTOCONHECIMENTO IMPACTOU MEUS RESULTADOS

Passei muito tempo me cobrando para ser extrovertida, gostar de falar em público e não ter receio de me expor. Acreditava que, para ser jornalista, devia desenvolver essas habilidades e me encaixar em um padrão que eu considerava ideal. O que a vida me mostrou, em vez disso, é que precisava viver a minha essência, entender quem eu sou e potencializar meus pontos fortes, usando-os a meu favor.

ANGELA BATISTI

**Angela Batisti**

Graduada em Comunicação Social com Habilitação em Jornalismo pela Universidade do Oeste de Santa Catarina (Unoesc, 2012); pós-graduada em Comunicação Estratégica e Redes Sociais pela Faculdade de Pato Branco (Fadep, 2014), e em *Design* e Gestão da Marca: *Branding* pela Universidade Comunitária da Região de Chapecó (Unochapecó, 2019). Há mais de 13 anos, atua com assessoria de comunicação e *marketing*, integrando, atualmente, o respectivo setor na Sicredi Alto Uruguai RS/SC/MG.

**Contatos**
angelabatisti.jor@gmail.com
Instagram: @angebatisti
Facebook: angela.batisti
LinkedIn: www.linkedin.com/in/angela-batisti/
49 99925 1325

Nunca tive a intenção de estar à frente das câmeras ou atrás dos microfones. Mesmo assim, aos 45 do segundo tempo, decidi que faria Jornalismo. Estava com 17 anos, finalizando o ensino médio, e tinha começado a trabalhar como secretária operacional na Câmara de Dirigentes Lojistas e Associação Empresarial de Maravilha (CDL/AE), cidade localizada no Extremo Oeste de Santa Catarina, onde nasci e morei até poucos meses.

Para muitas pessoas, a escolha de um curso superior parece algo simples – elas crescem sabendo que querem ser médicas, advogadas, engenheiras ou dentistas. Comigo não foi bem assim. Quando chegou a hora da inscrição para o vestibular, peguei um *folder* da universidade mais próxima na mão e corri o olho pelas graduações disponíveis, até parar no curso de Comunicação Social com Habilitação em Jornalismo – logo eu, que sempre fugi de qualquer tipo de exposição.

Acredito que fui influenciada pelo fato de gostar muito de escrever e ter certo interesse pela área do *design* (na verdade, quando criança, brincava de desenhar plantas baixas de casas, sonhando em ser arquiteta). Antes de tudo, eu sabia que precisava escolher um curso que me permitisse trabalhar durante o dia e estudar à noite, indo e vindo todas as noites e morando com minha família, pois não tinha como me sustentar em outra cidade.

Então, lá fui eu estudar para ser jornalista. Meus pais, Angelo (trabalhador da construção civil) e Elenice (dona de casa), nunca interferiram nas minhas escolhas profissionais; sempre me apoiaram e deram bons exemplos. Penso até que eles ficaram surpresos com a minha decisão e já começaram a me imaginar na bancada do Jornal Nacional (uma referência em jornalismo na época).

Mas onde esta conversa vai nos levar? Quando fui convidada a escrever sobre minha trajetória, pensei sobre o assunto e percebi que, ao longo da minha jornada, foram meus pontos fortes que se sobressaíram em diversos momentos e me permitiram ter sucesso na profissão e chegar até aqui, mesmo com um perfil mais introvertido e reservado. Ou seja, por mais que eu não gostasse da exposição que o jornalismo pudesse exigir, acabei desenvolvendo outras habilidades (como a da escrita), valorizando aquilo que fazia parte da minha essência e não tentando mudar quem eu sou para me encaixar num padrão que eu imaginava ser o ideal ou correto.

Isso faz sentido para você? Se a resposta for sim, te convido a continuar a leitura e a viajar comigo nessa descoberta.

### Um pouco da minha trajetória

Desde criança, levei muito a sério os ensinamentos e as cobranças de meus pais sobre a importância de estudar, ser uma boa pessoa, trabalhar e construir o meu futuro. Sempre fui bastante responsável e via todo o esforço da minha família para não faltar nada, então me sentia na obrigação de fazer a minha parte também. Na adolescência, tinha uma grande vontade de começar a trabalhar e, aos 12 anos, após fazer um curso de pintura em tecido, comecei a ganhar meu dinheirinho vendendo toalhas e panos de prato. Nos anos seguintes, continuei me capacitando, mesmo menor, pois queria aproveitar a primeira oportunidade que aparecesse para entrar no mercado de trabalho. Fui babá e, aos 17 anos, ingressei no meu primeiro emprego com carteira assinada, na CDL/AE, mesma época em que prestei vestibular e comecei a graduação.

Logo no primeiro semestre de Jornalismo, quando eu ainda não fazia ideia de como era a profissão, surgiu a oportunidade de agregar mais tarefas e trabalhar com o que viria a ser o setor de comunicação dentro da CDL/AE. Eu tinha acabado de completar 18 anos e me sentia com uma grande responsabilidade, pois era tudo muito novo. Ainda estava me adaptando com a rotina de estudo/trabalho e me envolvia em todos os projetos desenvolvidos pelas entidades, pois meu perfil sempre foi proativo. Com isso, dediquei muitas horas extras e finais de semana para que meu trabalho fosse executado e eu mantivesse meus estudos em dia. Apesar de todas as dificuldades da época (quando também estava passando por problemas familiares), eu agradeço muito por tudo o que aprendi, pelas pessoas que acreditaram em mim e pelas oportunidades que aproveitei para me desenvolver. Penso que a minha disciplina falou mais alto e não me deixou pensar em desistir, pois eu estava tendo a chance de aprender tudo na prática – e assim foi, durante toda a graduação.

De 2007 a 2015, período em que trabalhei na CDL/AE, conseguimos, de fato, estabelecer um setor de comunicação e eventos e nos tornamos referência para outras entidades no estado. Algo que me orgulha foi produzir quase 100 edições da revista Líder Empresarial, que era entregue mensalmente aos mais de 500 associados. Também me recordo com carinho dos eventos, reuniões e ações que ajudei a desenvolver. O desejo de agregar mais conhecimentos sempre esteve presente e isso me levou a inúmeros lugares, me fez conhecer pessoas e histórias inspiradoras e mudou meu olhar sobre as coisas. Posso dizer que sou apaixonada pelo associativismo até hoje. Mais recentemente, fui coordenadora do Núcleo de Jovens Empreendedores de Maravilha, participei da diretoria do Conselho Estadual de Jovens Empreendedores de SC (Cejesc) e atuei na equipe de comunicação do Conselho Estadual da Mulher Empresária de SC (Ceme).

Quando saí da CDL/AE, passei a trabalhar como MEI, prestando assessoria para empresas, entre elas, o Grupo Oliveira. Eu já era microempreendedora individual desde 2015, porém, ainda hoje me vejo mais como uma intraempreendedora, profissional que busca empreender e inovar dentro das empresas em que atua. Assim como nas entidades, dentro do Grupo Oliveira pude dar início a um novo setor, de *marketing*, criando rotinas, procedimentos e ações para que ele se estabelecesse e conquistasse seu espaço – e assim foi. Em paralelo, sempre desenvolvi outros trabalhos, como forma de complementar a renda e atender a uma necessidade do mercado.

Continuei estudando, fiz especializações, finalizei meu curso de inglês e estava pronta para dar mais um grande passo: meu tão sonhado intercâmbio. Foram meses de planejamento, até que, 15 dias antes de embarcar para a Irlanda, a pandemia fechou todas as portas. Já tinha vendido meu carro, estava me desligando dos meus clientes e entregando meus móveis para sair do apartamento onde morava. Foi uma situação que me marcou bastante, pois exigiu minha adaptação a uma nova realidade e, aqui, não posso deixar de mencionar o apoio que recebi da família, de amigos próximos e colegas de trabalho. Quando deixei meu apartamento, morei, temporariamente, na casa de duas amigas. Nesse período, pensava que a pandemia duraria poucos meses e logo eu poderia retomar os planos da viagem. Porém, como o cenário de instabilidade se manteve, eu, aos 30 anos, voltei para a casa dos meus pais, com uma carga de sentimentos e a sensação de impotência, como se eu tivesse fracassado. Mas eu sabia que não era certo me enxergar assim.

Eu nunca tinha deixado de trabalhar e sempre fui independente. Desde o início da pandemia, aderi ao *home office* e, aos poucos, fui agregando clientes e iniciando novos trabalhos para os que eu já tinha. Era tudo novidade e aproveitei o tempo para estudar mais, fazer cursos e me qualificar como MEI. Passei a trabalhar, principalmente, com a produção de conteúdo para *blogs* e mídias digitais, atendendo a clientes de diferentes segmentos, portes e regiões. Comecei a desvendar o *marketing* digital e aprender uma nova forma de escrever, saindo do texto jornalístico para uma linguagem mais comercial, focada no perfil de cada *persona*. O que me ajudou a escrever para diferentes públicos foi o fato de eu sempre gostar de ler muito, estudar, viajar e manter meu interesse e curiosidade pelas coisas ao meu redor.

Em resumo, 2020 foi um ano de muita resiliência, em que reorganizei minha vida pessoal, precisei me reinventar no trabalho e, acima de tudo, amadurecer para aceitar e entender as mudanças. Posso dizer que essa experiência com a frustração me fortaleceu, me ensinou a valorizar as pequenas coisas, saber que não tenho o controle de tudo e viver um dia de cada vez, sem criar tanta expectativa com o futuro.

E aí, quando eu pensei que tudo estava entrando nos eixos, em meados de 2021 veio mais uma mudança, de trabalho e de cidade: a oportunidade de integrar o time de Comunicação e *Marketing* da Sicredi Alto Uruguai RS/SC/MG. Um desafio que mexeu com meu coração e me fez dar um novo giro, consciente de que nada é por acaso e tudo vem com um propósito. Apesar do frio na barriga, me sinto entusiasmada, pois esse novo ciclo está me impulsionando, trazendo mais aprendizados e, acima de tudo, me permitindo exercer o que acredito ser o meu talento.

**Onde entram meus pontos fortes em tudo isso?**

Contar histórias com palavras é algo que me inspira, mas elaborar esse artigo foi um dos maiores desafios até hoje. Quando comecei a pensar no que escrever, me veio à mente uma mentoria que participei em 2020, na qual fiz o teste *CliftonStrenghts - Descubra seus pontos fortes1* e tive maior clareza de características dominantes da minha

---

1 Acessei o teste por meio do livro *Descubra seus pontos fortes 2.0*. Tom Rath e Instituto Gallup; tradução de Livia de Almeida. Rio de Janeiro: Sextante, 2019.

personalidade. Numa lista de 34 consideradas pela metodologia, cinco se destacaram como meus pontos fortes e vou apresentá-las nos próximos parágrafos.

Durante minha carreira, sempre escrevi para os outros. Foram centenas de discursos, cerimoniais, matérias e informativos que produzi, buscando repassar a essência de quem ia dar voz àquelas palavras, sejam pessoas ou instituições. E eu adoro esse trabalho dos bastidores, no qual me envolvo, vibro e comemoro vendo ideias, textos e palavras ganhando repercussão.

Acredito que a profissão me fez aguçar um olhar mais observador e curioso sobre o mundo, onde, na minha concepção, nada é raso, tudo precisa ser sentido e fazer sentido. É por isso que só me envolvo em um projeto se realmente acredito nele, e aí vou até o fim, defendo como se fosse meu. Isso está ligado ao meu primeiro ponto forte, a **intelecção**. É a minha tendência para olhar as coisas com profundidade, entender as entrelinhas, ser mais introspectiva, gostar de ficar sozinha, estudar e pensar (tenho uma mente inquieta e ansiosa).

O segundo ponto é o senso de **responsabilidade**. Basicamente, é cumprir aquilo que prometo, assumindo a responsabilidade em tudo o que me envolvo, com aquele sentimento de dono. O ponto negativo é ter dificuldade em delegar, me arriscar e dizer "não", mas, por outro lado, representa uma quase obsessão por fazer a coisa certa e ser alguém confiável e comprometido.

Então, aparece o *input*. Um ponto que justifica minha necessidade de estar sempre aprendendo algo novo ou, simplesmente, colocando informações na cabeça. É meu lado curioso, que mantém a mente aberta para assimilar diversos conteúdos, lê bastante, se interessa por coisas novas, adora viajar e entender o mundo (e seus pontos de vista).

Agora, vou pular o quarto ponto para abordar a quinta característica do meu perfil, a **disciplina**. Ela está muito presente no meu dia a dia, pois gosto de rotina e estrutura, de planejar com antecedência, ter atenção aos detalhes e trabalhar em um ambiente organizado, em que eu tenha a sensação de controle (o que me torna impaciente com erros e surpresas no meio do caminho). Esse ponto forte ajuda a me manter na linha, ao mesmo tempo em que dificulta lidar com imprevistos.

Deixei por último o quarto ponto forte, pois ele é um pouco diferente dos outros, não é tão racional e me torna mais emocional, mais humana: é o **relacionamento**. Essa característica me faz muito autêntica e verdadeira em meus relacionamentos, apreciando vínculos genuínos, próximos e duradouros. Acredito que esse ponto forte foi importante para eu chegar até aqui, pois o que sempre me impulsionou no trabalho foram os relacionamentos que construí, com base na lealdade e confiança. Percebo isso porque todos os clientes que tive até hoje foram por indicação de quem já me conhecia e recomendou meu trabalho. Nunca me senti à vontade para me expor e me "vender", mas minha sorte foi contar com essa característica entre as dominantes.

Depois de muitos anos, entendi que eu não precisava mudar quem eu sou, não devia me cobrar para ser alguém diferente do que eu era. O que precisava era enxergar meus pontos fortes e usá-los a meu favor – e é o que estou ainda aprendendo. Nada é permanente e, se tudo é mudança, desejo que possamos compreender as lições que a vida nos traz em cada fase, nos tornando pessoas melhores e vivendo nossa natureza com verdade e amor. Ainda não sei o que o futuro me reserva, mas sei que estou no caminho. O que pretendo continuar fazendo é me manter aberta e disposta, me permitindo viver desafios como este e extraindo os melhores aprendizados das minhas experiências, sem deixar de lado a minha essência, a Angela menina, com seus sonhos e planos, que continua viva em mim.

**Referência**

CLIFTON, D.; RATH, T. *Descubra seus pontos fortes 2.0*. Rio de Janeiro: Sextante, 2019.

# 6

# OS SEGREDOS DA MULHER QUE VOA

Esta é a trajetória de uma mulher que despertou e desabrochou para a vida em sua plenitude, deixando o seu potencial levá-la aonde só podia ir no mundo dos seus sonhos. Para tanto, buscou o autoconhecimento e investiu pesado em formações que potencializassem os seus talentos. Voou para bem longe, mas voltou para buscar as outras mulheres, mostrando-lhes novas perspectivas.

## BÁRBARA SIMÕES

**Bárbara Simões**

Contadora e administradora graduada pela Faculdade Anhanguera. *Coach* financeira. *Life coach* e *practitioner* em PNL certificada pelo Instituto Coaching Financeiro (ICF). Formada em Psicologia Positiva, Inteligência Emocional e Liderança Positiva pelo Instituto Invictus. Código da Prosperidade e Riqueza, pela Academia Vida Divina. Treinada pela equipe de T. Harv Eker (EUA), autor do livro *Os segredos da mente milionária*. Sócia do escritório de contabilidade HS Brasil Assessoria Contábil e proprietária da empresa HB5 Desenvolvimento Comportamental. Considera-se um exemplo de mulher, pois chegou para fazer sucesso e esbanjar sorrisos, simpatia e determinação por onde passa. Dedica-se a auxiliar outras mulheres a desenvolverem competências e habilidades para gerirem suas vidas e suas finanças, vivendo a sua melhor versão.

**Contatos**
www.barbarasimoes.com.br
www.hsbrasilcontabil.cnt.br
barbara@hsbrasilcontabil.cnt.br
barbara@barbarasimoes.com.br
Instagram: @barbarasimoesoficial
Instagram: @hsbrasilcontabil
11 97028 9383
11 4177 4469

Bem-vindos ao meu mundo... Sou sonhadora, determinada e imparável, empreendedora e miss de coração, idealizadora do projeto Mulheres que Voam®. Comecei a voar desde muito cedo, iniciei a minha jornada como mulher de negócios por meio da venda direta de cosméticos até alcançar as minhas metas e realizar os meus sonhos. Tenho trinta e sete anos, sou divorciada, moro em São Bernardo do Campo, São Paulo.

Casei-me em abril de 2014 aos trinta anos e, aos trinta e quatro, me divorciei. O tempo em que estive casada foi o meu período de despertar e desabrochar pelo autoconhecimento, que me abriu novas perspectivas de vida. Passei a enxergar uma Bárbara que é corajosa, otimista e tem sede de aprender. Por muitas vezes, me perguntei se seria possível ter, ao mesmo tempo, sucesso como empreendedora no cenário econômico dos últimos anos e saúde financeira no casamento. Trabalhei por quinze anos no mercado corporativo e, em paralelo, vendia produtos de beleza para tirar um extra e bancar as minhas necessidades femininas.

Em 2012, já formada em administração e recém-formada em contabilidade, decidi abrir o meu escritório de contabilidade, conciliando com o meu contrato em regime de CLT e as vendas. Eu e o meu ex-esposo nos conhecemos na faculdade e, depois de sete anos e meio de namoro, decidimos oficializar a nossa união, o que envolveu cerimônia religiosa, festa, lua de mel etc. Mas além desses ritos de passagem que, sem dúvida, são momentos inesquecíveis para o casal, é importante avaliar e planejar a vida a dois, principalmente no que tange ao aspecto financeiro.

Eu acreditava que, ao nos casarmos, uniríamos nossas rendas e o dinheiro seria um só, mas isso não ocorreu. Sem percebermos que havia grande possibilidade de termos um casamento falido por falta de diálogo, persistimos. Pode parecer pouco romântico, mas falar sobre dinheiro, orçamento, finanças... deve sim fazer parte da vida conjugal. Quando voltamos da lua de mel, foi o momento em que decidimos tocar no assunto. A conversa não foi nada harmônica. Nossos julgamentos e crenças em torno do dinheiro eram gigantescos e diversos. A partir daí, comecei a trabalhar para ter mais dinheiro, pois não queria que o aspecto financeiro fosse um empecilho na vida conjugal, menos ainda ser submissa financeiramente. Dois anos e meio depois, deparei-me com o dilema de estar ganhando muito dinheiro, sem ter a estabilidade que imaginava alcançar na vida conjugal.

A vida que eu levava passou a não fazer mais nenhum sentido e, mesmo com um bom salário (há controvérsias), meu sonho sempre foi empreender. Naquele momento, pensei: tenho o meu escritório com três clientes, tenho as vendas, minhas amigas dizem que sou boa em finanças pessoais, tenho força de vontade e coragem. Afinal, o que me impedia de prosperar? Eu não precisava passar o resto da minha vida presa a um salário que limitava a minha capacidade de crescer. Seria mais confortável e aparentemente seguro, mas eu simplesmente não queria mais. Decidi sair da zona de conforto e, em um ano empreendendo, eu já faturava o valor que recebia como assalariada.

Você conhece alguém assim? Uma pessoa para quem a liberdade é um valor primordial, mas que permanece amarrada a um emprego para manter um holerite no final do mês? Era eu e, finalmente, ao ser apresentada a um negócio que poderia levar em paralelo, passei a ressignificar o que era segurança para mim. Antes, a ideia de segurança estava ligada ao baixo salário que eu recebia, a ter uma renda "garantida", mas que me limitava. Foi quando percebi que o limite estava na minha mente. Como eu percebi isso? Pelo meu processo de desenvolvimento pessoal. Na medida em que ia obtendo resultados com a psicoterapia e me dedicava ao meu desenvolvimento pessoal e profissional, minha mente se expandia e eu não queria mais voltar àquele mundo que me limitava.

Em contrapartida, o meu casamento estava arruinado. Eu e o meu ex-companheiro não tínhamos mais interesses em comum, estávamos vivendo em mundos diferentes. Eu buscava o autoconhecimento e ele apenas queria "curtir a vida". Não havia mais conexão e harmonia entre nós. Eram alguns dias de felicidade e o resto da semana em conflito. Lembro-me como se fosse hoje: às vezes entrava no banheiro para responder às mensagens das clientes, pois ele não aceitava o meu trabalho. No mapa mental dele, ter um trabalho era possuir um contrato em regime de CLT. Não nos restou outro caminho senão o da separação. Naquele momento, o meu mundo desabou. Eu me sentia de mãos atadas. Fui devolvida aos meus pais. Todos me julgavam, pois eu era tida como a causadora da separação.

Mas passado esse choque inicial, inúmeras portas começaram a se abrir. Tudo que eu queria começava a dar certo. Fui convidada para ser colunista da *Revista Rica* e da revista do Portal Chuva de Arroz. Recebi uma proposta para ser sócia em um escritório de contabilidade, um dos meus sonhos.

Foi então que resolvi me dedicar à causa de auxiliar outras mulheres a desenvolverem as competências e habilidades de que necessitam para gerirem as suas vidas e os seus negócios, entrando num ciclo de prosperidade e abundância. Para isso, apresentei-lhes ferramentas de alto nível, mas com praticidade e simplicidade, pois compreendi que o que era óbvio para mim estava longe de ser óbvio para os outros.

Percebi que as pessoas têm dificuldade com finanças. O brasileiro em média não tem educação financeira. Estou falando alguma inverdade? Você, leitor ou leitora, se conecta com o que acabei de dizer? A minoria das pessoas sabe qual é o seu fluxo de caixa. Aliás, termos como "fluxo de caixa", "renda passiva", "faturamento mensal e anual", "segurança, independência e liberdade financeira", entre outros, são coisas de "arrepiar os cabelos" para a maioria das pessoas e o meu papel é simplificar tudo isso, tornando mais acessíveis esses princípios, que, embora elementares no mundo das finanças, podem fazer toda a diferença para inúmeras mulheres, tanto em suas vidas pessoais como em seus empreendimentos. Afinal, se você mesmo não conhece os seus números, a sua vida financeira e os seus negócios estão fadados ao fracasso.

No final de 2019, iniciei a minha carreira como modelo fotográfica, inscrevi-me no concurso Miss São Paulo, porém, com a pandemia, tudo paralisou e o concurso foi cancelado. Tive que passar por um processo de seleção *on-line*, mas consegui: fui coroada Miss São Paulo e já estava determinada a participar do Miss Brasil em dezembro de 2020.

Tudo corria dentro do planejado, até que, em agosto de 2020, saindo do escritório para fazer aula de sapateado, caí da escada e quebrei o meu pé, correndo o risco de ficar sem andar pelo resto da minha vida. Mas Deus é tão bom que colocou o Dr. Rafael Marun no meu caminho. Ele olhou todos os meus exames e disse que somente 1% da população quebra o pé naquele local. Disse que o meu caso era raro e precisaria de cirurgia urgentemente. Fiquei sem andar por três meses, dependendo dos meus pais para tudo, até para ir ao banheiro.

Por um instante, achei que o meu sonho de ser miss tinha acabado, mas a minha disciplina e vontade de vencer foram tamanhas que não me permiti parar. Durante os três meses em que fiquei de repouso, estruturei a ação social que precisaria apresentar no concurso e consegui o apoio de muitos patrocinadores. Faltando algumas semanas, eu tive que reaprender a andar e a desfilar. Participei do concurso e obtive o segundo lugar no Miss Brasil Planet. Meu sonho virou realidade. Sinto-me hoje uma mulher realizada, amada e em paz comigo mesma, busco auxiliar outras mulheres a voarem também e a alcançarem o sucesso.

Enquanto sofria, me questionava sobre o porquê de as coisas terem acontecido daquela forma na minha vida. Agora entendo que tudo aquilo tinha o propósito de me preparar para ser a mulher que sou hoje, que as adversidades surgem na nossa caminhada para nos mostrarem o caminho certo.

Mesmo tendo formação e vasta experiência profissional no ramo das finanças, isso não significa que eu sempre tenha tido um bom relacionamento com o dinheiro. Não gostava de falar de dinheiro, orçamento, finanças. Tinha uma mentalidade de escassez. Em um mundo onde as coisas nem sempre são favoráveis para as mulheres, buscar o autoconhecimento e investir em educação financeira podem ser os diferenciais que faltavam para você aprender a lidar melhor com o seu dinheiro e alcançar a tão sonhada liberdade financeira.

> O dinheiro está entre uma das principais causas de divórcios e brigas entre famílias, e como grande fomentador de inimizades. O dinheiro é tão importante que existem muitas pessoas presas por furto, tráfico ou assassinato devido a questões monetárias.
>
> (NAVARRO, 2019, p. 12)

Veja que a nossa relação com o dinheiro vai além de ser uma questão meramente econômica. É também de ordem psicológica, emocional e está longe de ser uma questão simples como se costuma pensar, bastando "gastar menos do que ganha". Muitos de nós falamos ou até pensamos que não temos problemas nesse sentido ou que somos desapegados do dinheiro, porém, quando conhecemos alguém, as primeiras perguntas são: qual é o seu nome? O que você faz? Somos valorizados pelo que produzimos, sobretudo profissionalmente.

Tenho convicção de que essa mudança de mentalidade passa pela liderança, que o mundo precisa de melhores líderes, ou seja, pessoas autorresponsáveis, arrojadas, ousadas, e tudo isso está ligado ao meu propósito, que é exatamente fazer com que mais mulheres descubram o seu potencial de liderança, já que boas líderes são, sem dúvida alguma, pessoas mais prósperas em suas vidas e empreendimentos. Observando e analisando as necessidades das clientes, amigas e as minhas próprias, identifiquei alguns pontos que seriam essenciais para ter sucesso nas finanças.

Muito se fala sobre conquistar a liberdade financeira, mas antes disso é preciso conhecer o caminho para sair da escassez e chegar à tão sonhada prosperidade. O primeiro passo é conquistar a segurança financeira, quando você consegue pagar suas contas básicas. O segundo é a independência financeira, quando você possui investimentos cujos juros satisfazem as suas necessidades de segurança, mesmo que queira ou precise parar de trabalhar. O terceiro é a liberdade financeira, quando você tem autonomia e toma decisões com tranquilidade, como optar ou não por comprar algo independentemente do valor. Agora, que tal fazer uma autoavaliação da sua vida financeira?

- De 0 a 10, qual é o seu nível de satisfação com a sua vida financeira hoje?
- O que você vê de errado na sua vida financeira?
- O que a deixa mais feliz financeiramente hoje?
- Qual tem sido a sua maior preocupação?
- A qual aspecto da sua vida financeira você precisa dar mais atenção agora?
- Como esses problemas estão influenciando os seus relacionamentos?
- Que visão as pessoas mais próximas têm de você em relação ao dinheiro?
- Essa visão é verdadeira?
- Descreva o seu autorretrato financeiro.
- Em relação às compras, você planeja anteriormente ou compra sem planejamento?
- Onde você quer estar daqui a cinco anos?
- Como será a sua vida daqui a cinco anos se a sua vida financeira continuar como está hoje?
- Você acredita que é capaz de resolver os nós da sua vida financeira sozinha?
- Você recebe ajuda financeira de outras pessoas?
- Se sim, como se sente a respeito disso?
- Como você se vê depois que essa questão for resolvida?
- O quanto alcançar isso é importante para você?
- Para alcançar esse objetivo, você depende de alguém?
- De 0 a 10, o quanto está comprometida em fazer o que for importante e necessário para mudar essa situação?
- O que você pode começar a fazer hoje para mudar essa situação?

Depois de avaliar como anda a sua saúde financeira, que tal mapear os ralos financeiros, pois não existe liberdade financeira com "furos financeiros na caixa d'água". Esses furos financeiros são pequenos e repetidos gastos que, somados, acabam comprometendo o seu orçamento mensal, passando despercebidos sem que se lembre no final do mês como gastou o seu dinheiro. Sendo assim, aprender a administrar as suas finanças é a forma mais efetiva de alcançar a liberdade financeira.

Para se tornar uma mulher que voa, trace metas para os seus objetivos e esteja disposta a ir até o fim para atingi-las. Não apenas em relação ao dinheiro, mas em todos os aspectos da vida, a melhor estratégia para realizar um objetivo é planejar e visualizar aquilo que deseja conquistar.

O momento de mudar é agora, esse é o segredo. Em se tratando de finanças, é necessário dar o primeiro passo para solucionar os problemas e o momento certo para começar é agora. Deixe de lado as desculpas e comece já a trabalhar em prol da sua estabilidade, tranquilidade e liberdade.

Planeje, aja, prospere e lembre-se: você merece ser uma MULHER QUE VOA, merece ser feliz e viver a vida que sempre sonhou.

**Referência**

NAVARRO, R. *Coaching financeiro: estratégias e soluções para seu sucesso financeiro.* São Paulo: Semente, 2019.

# 7

# MANISFESTO DE UMA MÃE NA SOCIEDADE PATRIARCAL

O Patriarcado é onipresente e é também o principal responsável pela vulnerabilização das mulheres.

BERENICE HOMOBONO BALIEIRO

**Berenice Homobono Balieiro**

Bacharel em Direito pela UERJ (2008), pós-graduanda em Direito de Família (Faculdade Metropolitana), Atualmente artista, *designer* gráfica, mãe solo de duas meninas, feminista e ativista incipiente contra o Patriarcado.

**Contato**
Instagram: @nya_berenice

> *Até você se tornar consciente, o inconsciente irá dirigir sua vida e você o chamará de destino.*
>
> JUNG

Antes de esclarecer os termos desse manifesto, é preciso contar a vocês um relato. Brevíssimo, mas necessário, para contextualizar os temas a que se propõe. É o relato da vida de uma mulher brasileira que é mãe, que foi criada dentro de uma sociedade narcisista patriarcal. Machista. Misógina. Exploradora do oprimido. Dentro de um sistema que visa ao capital em detrimento do humano, que estimula a concorrência ao invés da cooperação, onde os valores estão invertidos, quem tem mais, vale mais. Essa é a história de uma mãe que cresceu ouvindo contos de princesas sendo salvas por seus príncipes encantados, incutida pela ideia de que a menina deve ser submissa e recatada para ser respeitada, que viu sua ascendência feminina ser tratada com violência e repressão sempre que ousava bater de frente com a ordem social manifesta, que viu mulheres da sua família esmagadas no exercício das tarefas do lar enquanto os homens desfrutavam descanso, por questionarem essa ordem. E ao questionar, escutavam o silêncio. Essas mulheres adoecerem nesse sistema e, em consequência, essa mãe adoeceu com elas, mesmo sendo apenas uma criança.

A criança se calou, e absorveu por osmose esses conceitos bombardeados de todas as direções (família, mídia, sociedade, igreja). A criança cresceu e não questionou mais.

Sobrevieram relações afetivas nos padrões que ela vira na infância. Foi o que tinha aprendido, apesar do extremo desconforto cotidiano da naturalização do desrespeito.

Adveio o nascimento de sua filha. E nos moldes do que vivera e aprendera - da mulher magra bonita recatada submissa -, mais uma sobrecarga em suas costas: a maternidade solo, a despeito de estar casada. E toda uma série de cobranças do intitulado pai a respeito da relação do casal, que havia mudado após o nascimento da bebê.

A frustração de ambas as partes culminou em violentas agressões psicológicas por parte dele. Ela, já em depressão, não tinha mais condições de reagir. A recente mãe e única provedora do lar sucumbiu, dando azo à maior ira do companheiro, que não aceitava a prostração daquela em atender as suas demandas emocionais, sexuais e afetivas. A ele, cabia apenas supervisionar a prole enquanto ela estava no exercício laboral. Mas era demais para ele. A ela cabia, além de trabalhar e amamentar, todo o resto: limpar a casa, cozinhar para si e para a bebê, abastecer o lar, passear com a filha, levar às aulinhas de natação, bombear leite materno três vezes ao dia, e toda a carga mental de gerenciamento do lar e desenvolvimento de uma criança.

O ambiente pesou demais. Mesmo diante de indescritíveis humilhações e subtrações financeiras do marido em detrimento da própria filha, a mãe continuava sem reação. O pouco de sua energia estava focado em manter a saúde da neném. Tentava disfarçar a hostilidade do ambiente com brincadeiras lúdicas. Conseguiu por pouco tempo. A infante, com menos de um ano, passou a chorar junto com a mãe em seus braços durante as sessões de tortura psicológica a que era submetida. Em agonia, ao ver os prantos da filha, se deu conta de que estava a ocorrer um novo ciclo pelo qual ela tinha passado trinta anos antes.

Desse gatilho ela tirou forças para lutar para que a filha não passasse pelo mesmo que ela havia vivenciado em sua infância. O marido ainda conseguiu adiar a saída dela do lar conjugal, difamando sua reputação para a locadora do imóvel para o qual se mudaria, prorrogando por mais o tempo o seu "cárcere". Ela buscou ajuda da DEAM (Delegacia Especializada de Atendimento à Mulher), contudo, diante da greve, foi orientada a ir à Defensoria Pública. Somente ao ser atendida por uma assistente social, veio a entender que estava há muito tempo em situação de extremo abuso. Foi, então, orientada e encaminhada para núcleos de acompanhamento e teve os pedidos de divórcio e medida protetiva ajuizados.

Faltou apenas entrar com a ação de guarda por ausência de alguns documentos. Seu ex-marido foi mais rápido e, seis dias após ela ter se mudado, foi à mesma instituição pública. Pelo defensor tabelar, ajuizou pedido de guarda unilateral da filha, cumprindo a promessa de vingança que havia feito: caso ela se separasse, ele faria de tudo para lhe tirar a guarda da bebê, alegando que ela era péssima mãe, incapaz e doente mental.

A ação não foi julgada ainda e a perseguição do ex-marido continua, de forma institucionalizada, servindo como instrumento de psicoterrorismo à vítima, com a finalidade de estender a tortura psicológica à ex-mulher. É o que doutrinadores em Direito vêm denominando de litigância abusiva.

Esse é o brevíssimo resumo da minha história como mulher e mãe. Muitos outros há que sabemos por meio da mídia ou mulheres de nosso círculo familiar ou de amizades próximas na mesma situação: fragilizadas que, ao tentarem sair de relações tóxicas, são perseguidas pelos seus ex-parceiros. Eu estou viva para contar minha história, mas quantas foram assassinadas em situações semelhantes?

Há quem julgue meu caso leve se comparado às relações em que há violência física. Mas preciso aqui frisar: não é por que não se vê sangue que não dói. Durante os 5 anos em que convivi com meu ex-parceiro, a sensação é de ter sido assassinada psicologicamente. A gravidade da violência psicológica muitas vezes acarreta a morte psíquica da mulher, que é repetidamente invalidada, humilhada e invisibilizada, tratada como mero objeto para servir aos mandos e caprichos do agressor.

E por que essas histórias são tão recorrentes? Por que tantos homens têm essa mentalidade de que as mulheres lhe devem submissão? Que são suas propriedades? E por que nós, mulheres, aceitamos tamanho desrespeito e aviltamento?

As respostas a essas perguntas têm a base comum em um sistema que foi desde os primórdios construído, tendo como pilar o uso do gênero mulher como propriedade a serviço dos homens. Falamos aqui do Patriarcado.

Nesse sistema, jamais é ensinado que a menina/mulher é um sujeito de direito, que merece respeito ou que tem voz. Ao contrário, a ela é ensinado o conceito de feminilidade como mulher que deve ser bela, prendada, dócil, frágil, solícita, delicada, calma, submissa, cuidadosa, obediente, recatada, ou seja, mero OBJETO a caber nos ideais masculinistas para o casamento. Esse é outro instituto a serviço do mesmo sistema patriarcal para garantir a ESCRAVIDÃO DA MULHER no âmbito do TRABALHO DOMÉSTICO NÃO REMUNERADO e na SUBSERVIÊNCIA SEXUAL exclusiva de um homem.

Nesse passo, importante frisar que o Patriarcado usa a mesma lógica do ADESTRAMENTO de mulas para DOMESTICAR as mulheres, porém de forma mais perversa. Aquelas são AMANSADAS PARA VIVER SUPORTANDO CARGAS, enquanto estas, somando-se a isso, ainda são ADESTRADAS para o serviço contínuo, sem descanso, do cuidado do lar e dos outros, incutindo-lhe a ideia de que isso tudo lhes seria instintivo, atribuído por Deus ou pela natureza, para assim reduzir-lhes as chances de eventual rebeldia. Contudo, mesmo quando recalcitram - assemelhados aos equinos insolentes que recebem açoites -, elas são violentadas. Mas não só fisicamente como eles. Sobrevém a violência psicológica, moral, patrimonial, sexual, institucional e a marginalização para deixar claro o quão caro é o preço de quem se revela contra essa ordem. É nesse sentido que o divórcio é um instituto patriarcal usado historicamente para macular a imagem da mulher em desquite. E essa é só uma das punições da sociedade para a mulher que não permaneceu silente, cativa, submissa, subalternizada ou que não quis deixar prevalecer a vontade do homem em detrimento do respeito a si própria ou a sua personalidade.

A construção social da mulher faz com que ela, na busca da perfeição inatingível que lhe é imposta, tenha seu tempo totalmente consumido nos deveres de cuidado e na corrida incessante para se encaixar nos padrões de beleza impostos, deixando em último lugar o seu bem-estar. Fazem-nas competir entre si por coisas fúteis e desde pequenas lhes dão uma boneca para que assimilem por osmose que o que preenche de sentido as suas vidas é o dever de cuidar do outro, sendo esse outro filho, pais, irmãos, parentes, amigos etc. Assim estão tão acostumadas que, quando se priorizam, sentem-se culpadas. Não aprendem a cuidar de si mesmas, a se dar o respeito, a ter amor-próprio. E essa é a porta aberta para o seu esmagamento, para a invalidação de si mesmas como sujeito de vontade, para a opressão, para o abuso da sua empatia, para o seu esgotamento, para a depressão e outras doenças mentais.

Dessa sorte, as sequelas da socialização da mulher dentro de um sistema patriarcal são os relacionamentos abusivos de repetição, crianças crescendo em lares disfuncionais, mães esgotadas, tristes, deprimidas, famílias adoecidas, feminicídio e toda uma sociedade doente, perversa, cruel e hostil às crianças, mulheres e mães.

É preciso, urgentemente, mudar parâmetros estruturais da sociedade, sendo basilar o combate às estruturas patriarcais, que remontam à natureza mais primitiva do instinto animal, qual seja o uso da força e da violência para oprimir e subjugar aqueles que estão em condições vulneráveis. Há a necessidade de conscientização de que quem é forte ou está no poder precisa usar de seu privilégio para proteger, ajudar e acolher. Nunca explorar ou cometer abusos.

Mulheres estão exaustas. Mulheres não querem ser heroínas. Precisamos parar de romantizar a sobrecarga feminina. Mulheres não querem ser guerreiras. Mulheres são forçadas a ir à guerra. A guerra é diária. E perdida. Porque é contra todo um sistema que as oprime e, inclusive, manobra as suas mentes para que se rendam e aceitem a escravidão de forma passiva. Mulheres não têm que ser medicadas com ansiolíticos e antidepressivos para darem conta de infindáveis tarefas ou não se rebelarem. Mulheres devem ser conscientizadas de seus valores e precisam resgatar a sua humanidade. Elas não são robôs. Precisam ser alertadas de que não são objetos, de que têm direito ao descanso, de que precisam pedir e aceitar ajuda, de que não dão conta de tudo.

Contudo, o que constatamos - conforme dito por Esther Vivas - é que a sociedade atual é um meio hostil às mães e à criação de filhos[1]. Porque a cobrança é majoritariamente em cima da genitora. Incute-se somente a ela a responsabilidade pelos desvios comportamentais das crianças. Mas bem se sabe que a formação de um ser humano depende de múltiplas variáveis, razão pela qual não é justo colocar o dedo em riste apenas na direção dela se algum comportamento for desviante.

Dessarte, é preciso, urgentemente, também desromantizar a maternidade. A figura da mãe caridosa e angelical é uma prisão para as mulheres e está a serviço do Patriarcado, no sentido de forçá-las a esforços desumanos no exercício da criação dos filhos. Repise-se: mães são seres humanos. E estão sobrecarregadas. E sabe-se que qualquer pessoa sob estresse tem menos paciência. Inclusive, pasmem, as mães.

Há, portanto, que se ressaltar inúmeras vezes quantas forem necessárias: a maternidade precisa de apoio. Não só do pai, que precisa aprender a exercitar o que se chama de paternidade ativa, mas de toda a sociedade. Como diz um provérbio africano, é preciso uma aldeia para criar uma criança. A sociedade deve parar de enxergá-la como incômodo. Parentes, vizinhos e quaisquer que se deparem com a infância devem se portar em atitude de acolhimento e proteção em vez de julgamento, repulsa e fuga.

Somente com esse olhar direcionado a elas, as infâncias serão mais saudáveis e felizes. E assim poderemos criar condições para o surgimento de uma sociedade mais justa, igualitária e respeitosa.

Considerando todo o aqui exposto, pertinente convocar as mulheres para dizer: finalmente é chegada a hora de se libertarem da escravidão. Muitas frentes se unem em uma só voz e o conhecimento chega para iluminar e instruir. É chegada a hora de termos a consciência de nosso papel. É chegada a hora do resgate de nossas almas e nossos valores como seres humanos, dotados de sentimentos e vontades que merecem ser ouvidos e respeitados.

Diante desse discurso, que nenhuma mulher mais se sujeite aos abusos caprichosos culturalmente impostos pelo Patriarcado. Que todas nós mulheres nos unamos numa fraternidade uníssona, para a proteção de nossos filhos, de nós mesmas e das futuras gerações! Sejamos unidas! Sejamos fraternas! Sejamos amigas! Sejamos feministas!

---

[1] OLIVER, Diana. Esther Vivas: "A sociedade é um meio hostil às mães e à criação dos filhos". *El País*, 2019. Disponível em: <https://brasil.elpais.com/brasil/2019/02/28/estilo/1551353871_772692.html>. Acesso em: 15 de ago. de 2021.

**Referências**

BEAUVOIR, S. *O segundo sexo*. Editora Difusão Europeia do Livro, 1970.

FEDERICI, S. *O ponto zero da revolução: trabalho doméstico, reprodução e luta feminista*. Editora Elefante, 2019.

LERNER, G. *A criação do patriarcado: história da opressão das mulheres pelos homens*. Editora Cultrix, 2019.

WOLF, N. *O mito da beleza*. Editora Rosa dos Tempos, 2018.

# 8

# VOCÊ TEM CORAGEM PARA SER UM SUCESSO? LEIA ESTE CAPÍTULO, P****!

É preciso coragem para se **ressignificar e arriscar**. Aprendizados e experiências são essenciais. Encare-os com naturalidade e alegria. Seja protagonista da sua história. Abandone seus hábitos antigos, suas crenças limitantes e crie uma posição firme para o futuro. **Amor-próprio, autovalorização, autoestima, autorresponsabilidade e autocuidado** são qualidades importantes. Você é uma Deusa. Histórias de sucesso têm algumas coisas em comum: a batalha, as quedas e a ressignificação até o sucesso.

## BETH F. KASSIS

**Beth F. Kassis**

Filha da Luiza, meu maior exemplo, minha verdadeira fonte de inspiração de todos os dias. Empresária focada no desenvolvimento de pessoas, grupos e organizações dos principais setores da economia. Engenheira de Produção - Universidade Mackenzie, com pós-graduação em Administração Financeira e Orçamentária - FGV, *Marketing* de Varejo - USP, e Desenvolvimento Empresarial - INSPER. Atuou como executiva no mercado financeiro durante 24 anos. Líder e agregadora, focada em resultados. Conviveu em ambientes multiculturais, competitivos, inovadores e globais. Atuou durante seis anos como Conselheira Consultiva do Banco de Investimentos LLA ANDBANK. Trabalha com *hunting*, aplicação de *assessment*, *mentoring*, professora e palestrante. Tem especialização em formação de líderes, consultores e facilitadores - ADIGO. Certificada no Instrumento MBTI Step I e II - Fellipelli. Certificada no Projeto Emotions - Relações Interpessoais e Inteligência Emocional, Gerenciamento de Estresse - Tomada de Decisão - FIRO B - Fellipelli e Técnico Master Disc - Sólides.

**Contatos**
bethkassis@yahoo.com.br
LinkedIn: www.linkedin.com/in/elizabeth-kassis-4903b979
Instagram: @ beth.kassis
11 99645 3070

**Recordar é viver**

Quero mostrar a você como as mulheres eram programadas no passado. Estes trechos foram obtidos de um livro do Ensino Médio sobre economia doméstica na década de 1950 – verdade!

1. *Deixe o jantar pronto.* Planeje antecipadamente, mesmo na noite anterior, para ter uma deliciosa refeição no horário. A maioria dos homens chega em casa com fome e a perspectiva de uma boa refeição é parte das boas-vindas calorosas de que eles precisam.
2. *Prepare-se.* Reserve 15 minutos para descansar, assim você estará renovada quando ele chegar. O dia cansativo dele pode precisar de ânimo.
3. *Limpe a bagunça.* Dê uma última passada na parte principal da casa pouco antes de seu marido chegar, recolhendo livros escolares, brinquedos, papéis etc.
4. *Prepare as crianças.* Reserve alguns minutos para lavar as mãos e os rostos das crianças, penteie cabelos e, se necessário, troque as roupas.
5. *Minimize todo o barulho.* Na hora de ele chegar, elimine todo o barulho existente na casa. Tente fazer as crianças permanecerem quietas. Cumprimente-o com um sorriso caloroso e fique contente ao vê-lo.
6. *Alguns não.* Não o cumprimente com problemas ou reclamações. Faça-o sentir confortável. Fale em tom baixo, suave, calmo e agradável. Permita que ele relaxe e repouse.
7. *Escute-o.* Você tem uma dúzia de coisas para contar-lhe, mas o momento de sua chegada não é a hora certa.
8. *Deixe que ele determine a noite.* Nunca reclame se ele não levá-la para jantar fora ou para outro entretenimento agradável. Em vez disso, tente compreender seu mundo de tensão e pressão, sua necessidade de repousar e relaxar.

Perceba que as jovens mulheres daquele tempo eram programadas para negar a si mesmas completamente em favor de agradar seus maridos. Assim era como uma "boa mulher" deveria se comportar.

Agora vou fazer uma provocação. Por acaso alguém se viu, ou viu suas avós, mães, tias, irmãs ou outras mulheres em algumas das situações descritas acima? Dada às devidas proporções, acredito que algumas existam até hoje em pleno século XXI.

A pergunta é: "queremos viver o resto de nossas vidas como temos vivido deixando alguns pedaços de nós para trás conforme o tempo passa?".

Elevar as mulheres não significa ter de diminuir os homens. A melhor coisa que podemos fazer pelos homens em nosso mundo é parar de sermos vítimas e definir, nossas ações. Todo mundo respeita alguém que possui *autoestima*. Não me impressiona o fato de muitas mulheres estarem exaustas. Mães que trabalham, geralmente, têm dois empregos em tempo integral – um na empresa e outro que se inicia depois de chegar em casa ao cuidar da família. É hora de liberarmos *a raiva e a culpa, o complexo de vítima e a falta de poder*. Agora é o momento de nós mulheres reconhecermos e reivindicarmos nosso poder. Essa é a hora de tomarmos nosso pensamento em mãos e começar a criar o mundo de igualdade que dizemos querer.

Quando nós, como mulheres, aprendermos a cuidar de nós mesmas de forma positiva, *a ter autorrespeito e autovalorização*, a vida de todos os seres humanos, incluindo a dos homens, dará um grande salto na direção certa. Temos a janela da oportunidade para sermos tudo o que podemos ser. Sim, ainda existe muita injustiça em relação ao poder aquisitivo entre homens e mulheres. Nós viemos de um longo caminho e não queremos perdê-lo de vista. Sim, avançamos uma boa distância e estamos apenas começando esta nova fase de nossa evolução. Temos muito a fazer e muito a aprender. Hoje as mulheres possuem uma nova fronteira de liberdade e precisamos de novas soluções criativas para todas as mulheres, incluindo aquelas que moram sozinhas.

**Deusas ou bruxas?**

Este é um diálogo entre um médico e uma paciente de 86 anos, internada com diagnóstico de pneumonia, que se encontram. Algumas conversas no hospital e uma viagem pela praia são o caminho para conhecermos parte da sabedoria de uma poderosa bruxa. É uma incrível aventura que nos mostra novas formas de entender a vida. Sem usar nenhum recurso esotérico, esta é uma história mágica.

> – Como se faz para se tornar uma bruxa? – perguntei, logo após passarmos pelo pedágio. Ela fez uma careta divertida antes de começar a responder.
> – Em primeiro lugar, você precisa nascer mulher. Só as mulheres podem ser bruxas. Isso se deve ao fato de sermos superiores. Os homens até podem tentar ser bruxos, mas é uma condição bem menos sofisticada – respondeu, rindo.
> – O quê? As mulheres superiores? Ah, não admito, nem por brincadeira! – gritei, fingindo indignação.

Cá entre nós, eu sei que as mulheres são de fato superiores. Fui criado num grande matriarcado e aprendi desde cedo a respeitar a força feminina. Meu avô, por exemplo, era um homem decidido e autoritário, mas não fazia nada sem autorização da minha avó. Meu pai seguiu pelo mesmo caminho, seu casamento foi feliz e próspero. Isso aconteceu com a maioria dos meus tios.

Nos bailinhos da adolescência, aprendi que eram as meninas que escolhiam os parceiros.

Minha avó costumava dizer que as mulheres embalam o berço com uma mão e, com a outra, dirigem o mundo. Todas as minhas experiências só serviram para sedimentar ainda mais esta verdade.

Apesar de tudo, não pretendia deixar a bruxa propalar a superioridade das mulheres sem ao menos tentar defender o estandarte masculino.

— De onde você tirou a ideia de que as mulheres são superiores? – perguntei.

Ela arregaçou as mangas, simulando preparar-se para o combate.

— Você nunca leu a Bíblia? Está escrito no Gênesis – respondeu.

— No Gênesis?

— Claro! Deus primeiro fez o homem e depois a mulher....

— E o que isso tem que ver? – perguntei.

— Primeiro Ele fez o rascunho. Depois, passou a limpo – disse, rindo. Você não percebe que as mulheres possuem um projeto mais elaborado? É evidente que Deus caprichou muito quando criou a mulher – provocou.

— Muito bem, mas, para ser justo, Deus colocou mais inteligência nos homens – blasfemei vingativamente.

— Engano seu. Antes de tudo, Deus é sábio. Quando percebeu que Adão era apenas um rascunho, colocou as melhores coisas na Eva, inclusive a inteligência – rebateu. – Quer um exemplo da inteligência superior das mulheres?

— Quero – desafiei.

— Peça a um homem para ir ao supermercado comprar uma lata de azeite. Ele entrará no supermercado, passará por milhares de produtos, irá direto à prateleira dos óleos e sairá apenas com a lata de azeite.

— E o que há de errado nisso? – indaguei sem entender.

— Faça a mesma experiência com uma mulher. Ah, as mulheres! Nós pegamos um carrinho e percorremos calmamente os corredores. Aproveitamos para ver o preço de tudo. Compramos xampu, sabão em pó, descobrimos uma nova bolacha de chocolate, escolhemos as melhores frutas e, o mais importante, sabemos exatamente qual é a marca de azeite mais gostoso. Então, pergunto: em quem você acha que Deus colocou mais inteligência?

— Talvez vocês sejam melhores apenas para fazer compras – provoquei.

— Você sabe que não é verdade. As mulheres são muito mais adaptáveis. Tornam-se excelentes professoras, médicas, jornalistas, advogadas, engenheiras....

— Acho que os homens serão apenas animais de estimação das poderosas mulheres nas próximas gerações – desabafei.

— Também não precisa se desesperar. Afinal, vocês também são Suas criações. Em Sua infinita sabedoria, Ele lhes deu uma vantagem fundamental sobre as mulheres.

— Qual é a nossa vantagem?

— Ela se aproximou de meu ouvido, fazendo que ia revelar um segredo.

— A maioria das mulheres ainda não sabe da sua superioridade – sussurrou.
— Deus criou um mecanismo que dificulta percebermos nossas vantagens. De nada adianta sermos melhores se a maioria de nós não sabe disso, não é? Você me perguntou o que é preciso para se tornar uma bruxa. Pois aí está a resposta: as bruxas são as mulheres conscientes da sua plena capacidade. Quando atingem esse ponto, tornam-se especiais. E é fácil identificá-las. São aquelas mais sofisticadas, conquistadas pelos ouvidos. É preciso ter uma conversa inteligente, são completas em todos os sentidos.

— Conheço algumas mulheres assim – comentei. – Só não sabia que eram bruxas. Costumava chamá-las de deusas. Não havia percebido antes, mas você se encaixa perfeitamente nessa categoria.

— Obrigada. Mas esta não é a regra. O problema é que as verdadeiras bruxas, ou deusas, como você prefere, são tão intensas e seguras que deixam os homens com medo, por isso quase sempre estão desacompanhadas. Só homens especiais conseguem se relacionar com essas mulheres. E, quando isso acontece, é algo muito, muito especial para ambos – confidenciou.

— Ahá! Então também existem homens especiais! – exclamei.

— É claro que existem. A história da exclusiva superioridade das mulheres foi só para provocá-lo. Os homens também podem ser muito especiais.

**Hábitos que nos impedem de alcançar o sucesso**

Nem todos os hábitos apresentados a seguir se aplicam a todas as mulheres. A maioria com quem trabalhamos tem dificuldades com apenas alguns deles, enquanto outras com nenhum. Hábitos e comportamentos se desenvolvem em resposta aos aprendizados e experiências. As mulheres muitas vezes têm experiências diferentes das que os homens têm no decorrer de sua carreira.

Abaixo, vamos examinar alguns hábitos ou comportamentos que rotineiramente são vistos atrapalhando o caminho de pessoas bem-sucedidas. Esses comportamentos incluem:

- Relutar em reivindicar suas conquistas;
- Esperar que os outros notem e recompensem espontaneamente suas contribuições;
- Supervalorizar a expertise;
- Construir em vez de usufruir de relacionamentos;
- Não recrutar aliados desde o primeiro dia;
- Colocar seu emprego à frente de sua carreira;
- A armadilha de perfeição;
- A doença de querer agradar;
- Minimizar o espaço que ocupam;
- Ser demais ou um pouco exagerada;
- Ruminar apegando-se ao passado;
- Permitir que seu radar distraia você.

Ao lê-los, talvez seja interessante destacar aqueles que você acredita se aplicarem no seu caso.

Você pode estar se perguntando como *abandonar* hábitos e reações que se tornaram arraigados ao longo de anos ou mesmo décadas de trabalho, já que a experiência molda o comportamento.

A boa notícia é que, até recentemente, os pesquisadores do cérebro acreditavam que apenas os sistemas neurais das crianças tinham a capacidade de *mudar* por meio do crescimento de novos circuitos que novas habilidades e novos comportamentos exigiam. Mas ressonâncias magnéticas funcionais, que permitem que neurocientistas visualizem o cérebro em funcionamento, confirmam que o cérebro mantém a capacidade de *construir novos caminhos* neurais em todas as fases da vida adulta saudável.

Como resultado, você pode *reprogramar o seu cérebro* para auxiliar novos hábitos e padrões de pensamento a qualquer momento durante sua vida. Você deve estar disposta a repetir esses novos comportamentos até que seu cérebro se sinta confortável com eles. Isso porque os *comportamentos e pensamentos* criam novos caminhos apenas quando *são repetidos* com o passar do tempo. Com a prática, eles se estabelecem e começam a operar automaticamente. Experiências passadas podem moldar seu comportamento, mas elas não precisam determinar seu comportamento. Você tem o poder de se tornar mais precisa, mais intencional, mais presente, mais assertiva, mais autônoma, mais à vontade ao exercer autoridade, mais confiante em estabelecer limites e mais eficaz em se defender. Todas essas maravilhas estão dentro de sua capacidade e escopo.

**Rumo ao sucesso**

Sucesso significa: *"ter êxito em alguma coisa", "ter um resultado feliz em algo" ou "conseguir chegar ao fim de uma empreitada"*. No senso comum, essa palavra tão desejada por todos nós assume outros significados.

Hoje estamos em busca do sucesso integral que envolve não apenas o lado profissional, mas também o familiar, o social e o espiritual. Uma visão capaz de unir trabalho com realização pessoal e lucro com transformação social.

O sucesso tem a ver com assumir o protagonismo da própria vida e bancar nossas escolhas. Portanto, uma vez que ele é alcançado, já é hora de virar a página e partir para novos desafios. Construa, dia a dia, seu próprio conceito de sucesso.

Todas as pioneiras da atualidade são como você e eu. Temos oportunidades incríveis para nos realizar e alcançar a igualdade entre os sexos. Se a vida está impulsionando as mulheres para um novo nível de realização e liberdade, deve haver uma razão para isso. Precisamos de novos mapas para viver. A sociedade está avançando por águas desconhecidas. Estamos começando a aprender que tipo de coisas podemos realizar. Podemos criar os mapas e determinar os ritmos, não importa de que parte da sociedade nós viemos. Precisamos dizer com frequência: *"não importa o que aconteça, eu sei que posso lidar com isso"*.

No que se refere à maturidade emocional, as mulheres estão em seu nível mais elevado de evolução nesta vida. Esse é o momento perfeito para moldarmos nosso próprio destino. Os avanços que fazemos agora definirão um novo padrão para mulheres de todos os lugares do mundo. Agora temos oportunidades nunca antes disponíveis para as mulheres.

*Dentro de você existe uma mulher inteligente, poderosa, dinâmica, capaz, autoconfiante, viva, ativa e fabulosa. Deixe-a sair e agir.*
*O mundo está esperando por você.*
**$UCESS♥!**

**Referências**

GOLDSMITH, M.; HELGESEN, S. *Como as mulheres chegam ao topo*. Rio de Janeiro: Alta Books, 2019.

GOLDSMITH, M. Mulheres, superem essa busca pela perfeição. *Revista Época*, 2013.

HAY, L. *Mulheres poderosas: um guia de uma vida de sucesso para todas as mulheres*. São Paulo: Madras, 2012.

LOPES, R. *O livro da bruxa*. São Paulo: Arx, 2003.

# 9

# DO CHINELO DE BORRACHA AO PRADA

Aqui você conhecerá um pouco da trajetória de uma brasileira, gaúcha, que ousou mudar o que estava destinada a viver em busca do melhor em todas as áreas da sua vida. Uma trajetória em várias áreas de trabalho que a ensinaram ser humana e perceber o valor das pessoas ao longo da sua jornada profissional, que ainda não se encerrou. Foi pela sua determinação, persistência e assiduidade ao ensino que pôde alçar voos por diversos horizontes e vivenciar um mundo do qual antes parecia impossível fazer parte, mas sem abandonar seu desejo de ensinar outras mulheres que sempre pode haver algo melhor a ser descoberto. As oportunidades nos cercam diariamente, mas é preciso saber aproveitá-las.

BIANCA SILVA DE FARIAS

**Bianca Silva de Farias**

Doutora em Empreendedorismo, Inovação e Economia Criativa e mestre em Modelo de Gestão Empresarial. Gestora de Recursos Humanos pelo Senac Santo Amaro (2020), com pós-graduação em Gestão de Negócios, com foco em Competências Comportamentais pela Business Behavior Institute Chicago (2021). Terapeuta capilar pela *Sweety Therapy Academy* de Brasília (2021). Líder Inspiradora com foco em Desenvolvimento Humano pelo Instituto i9c de São Paulo (2019). Consultora na BFConsultorias – Área Comercial e Postural (2018 até o presente momento). Atualmente é CEO na U. Concept Barra no Rio de Janeiro; também é formada pela Escola Técnica Santa Mônica na área de Enfermagem RS (2006) e pela Rescue Training como Resgatista de urgência, emergência e áreas remotas RS (2007). Possui mais de 10 anos de experiência comercial varejista.

**Contatos:**
biaffarias@globomail.com
Instagram @bia_farias_rs / @bfconsultorias
21 99855 4014

*O sucesso não tem a ver com o quanto você ganha, mas com a diferença que você faz na vida de outras pessoas.*

MICHELLE OBAMA

Quem diria, não é? Aliás, ninguém diria. Ninguém apostaria suas fichas em uma aluna mediana, de escola pública e de família humilde, muito humilde. Mas o que ninguém contava era com minha determinação, esforço, força, coragem e astúcia que herdei de mulheres muito fortes.

Nasci em uma cidade no interior do Rio Grande do Sul chamada Tupanciretã, cidade de pouco mais de 20 mil habitantes. Fui criada por minha avó, que ficou viúva muito cedo, e por minha mãe. Sou a primeira de quatro filhos. Quando se fala em Rio Grande do Sul, muitas pessoas pensam na fertilidade do solo e na riqueza, onde tudo o que se planta nasce. Realmente nasce, mas provindo de muito esforço braçal para o plantio, muitas mãos calejadas e muitas peles queimadas. Minha mãe e avó muito viveram isso. Da minha avó, herdei uma fé inabalável e a frase que é latente em minha mente todos os dias: "estuda, minha fia!". Minha mãe tem uma disposição e uma força brutal para trabalhar e, com ela, aprendi que nada pode ser mais honroso do que isso.

A frase da minha avó me deu coragem muitas vezes para ir para a escola no inverno, em que a temperatura muitas e muitas vezes era negativa e tudo o que eu tinha para calçar era um chinelo de borracha velho, muitas vezes compartilhado com minhas irmãs, uma calça de malha fina e uma camiseta. Quando algum de nós ganhava uma jaqueta[1] grossa ou blusão[2], era revezado entre todos.

Por algumas dezenas de vezes não tivemos absolutamente nada para as refeições, muitas vezes tivemos a energia elétrica cortada, outras vezes a merenda da escola era o que salvava o dia. Não raras eram as vezes que muito faltava no material escolar, mas com frio ou sol sempre fui à escola. Como comentei, as notas eram medianas, mas nunca reprovei. Isso era inadmissível para minha mãe e hoje eu entendo tamanho esforço que ela fez para que meus irmãos e eu pudéssemos estar em uma sala de aula.

Mesmo analfabeta, minha avó é de uma sabedoria gigantesca, cada conversa com ela ensina o que não se aprende em uma graduação inteira. Não falo de matemática ou química ou línguas, falo de moral, ética e valorização do ser humano. Vivenciei dezenas

---

[1] Casaco ou agasalho de nylon ou lã utilizado no inverno.

[2] Blusa de lã em geral confeccionada com a técnica de tricô.

de vezes ela praticando o perdão e a doação de si mesma. Estender a mão nunca foi difícil para ela e é uma herança que quero carregar e passar adiante.

Quando eu tinha 13 anos, aquela fase em que tudo dá vergonha, em que o que mais importa é o que os outros vão pensar, eu precisei tomar um tanto da bravura da minha mãe e decidir se eu esperaria cair do céu ou colheria um fruto chamado "oportunidade." Era verão de 1999 e muitos dos meus amigos e primos estavam curtindo as férias com brincadeiras, lazer e até mesmo viagens; em nossa casa, mais uma vez, a fome bateu em nossa porta. Ao ouvir um apito, tive um *insight*. Ou, como diria Arquimedes, "Eureka": "vou pegar um carrinho e vender picolé na rua!". Fui até a sala e falei para minha mãe o que iria fazer. Ela achou meio estranho, mas não se opôs. Era uma "atividade" que até então na história da nossa cidade era praticada por meninos adolescentes.

Quando cheguei à sorveteria da cidade pedindo uma oportunidade, os senhores que cuidavam dessa distribuição se espantaram. Certamente o pensamento foi: "como uma guria ficaria entre tantos guris?". Soube posteriormente que, em um dos dias que não fui, esses senhores chamaram os guris e pediram que fossem respeitosos e que não ousassem nenhuma brincadeira de mau gosto comigo. A jornada naquele verão não foi fácil. Lembro que, por cada picolé vendido, eu recebia R$ 0,10. Qual o ganho diário? Bem, era em média de R$ 1,50. E o salário naquela época era em torno de R$ 136,00. O valor da comissão não era alto, mas serviu nossa mesa várias vezes. Hoje sou grata a eles, pois essa foi minha primeira oportunidade de trabalho.

No ano seguinte, trabalhei de *freelancer* de julho a outubro e aí se abria uma grande oportunidade, sem que eu soubesse. Fui observada nesse período por empresárias da cidade, que, posteriormente, me chamariam para trabalhar como vendedora em uma loja infantil. Pensem na minha alegria! Eu havia completado 15 anos e já estava empregada (ainda que perante a justiça não pudesse, o desejo de me ajudarem veio a calhar com minha necessidade). Eu aprendi bem mais do que ser vendedora, aprendi valorizar as pessoas, certo e errado, por vezes acreditava que tarefas que não eram meu dever eram atribuídas, mas não havia a menor possibilidade de reclamar ou dizer que não era minha função.

Para a maioria das meninas na minha idade, moradoras da cidade, esse seria o melhor emprego do mundo, a ponto de se tornar vitalício.

Absolutamente nada contra quem tem esse pensamento, mas isso não bastava. Para trabalhar, eu fiz o ensino médio no período da noite. E após a conclusão, decidi entrar para a área da saúde que, para a minha realidade financeira da época, poderia me oferecer um salário maior. Tomada a decisão de estudar mais, era necessário trabalhar o dia todo, todos os dias, e tomar um ônibus para viajar diariamente duas horas. E assim fiz. No final do curso, aos meus 19 anos, fiquei grávida e precisei adiar meu estágio de conclusão. Após o nascimento da minha filha, as coisas ficaram mais complicadas, pois minha rotina, já quase sem horários vagos, ficou ainda mais corrida. Mas minha filha não atrapalhou em nada. Pelo contrário, toda vez que eu olhava aquela boneca eu via que precisava ser ainda mais forte, determinada e aguerrida, pois me acomodar era uma possibilidade que não existia, porque eu não podia contar com ninguém. Todos tinham seus trabalhos e suas jornadas. E lá no sul é assim: "fez, agora cuida." Cuidei, amei e me mudei.

Surgiu a oportunidade de me mudar para outra cidade e melhorar minha carreira. Não pensei novamente, me joguei de vez. Filha nos braços e lá vamos nós. Para abreviar esta história, em busca de melhorias na carreira, mudei para mais três cidades diferentes no Rio Grande do Sul: Santo Ângelo, Santa Maria e Canoas. Trabalhei muito, dia após dia, fiz carreira, conheci pessoas, aprendi com culturas diferentes e, obviamente, passei alguns perrengues. Nessas mudanças, sempre tive apoio e me foram dadas oportunidades por mulheres líderes, determinadas e com seus desafios também. A iniciativa de ir em busca sempre foi minha, mas minhas vitórias também são delas, pois fazem parte da minha trajetória. A ajuda sempre era mútua.

Então, no ano de 2012, decidi abrir mais um leque em minha vida. Comecei a participar de congressos por todo o Brasil para entender o que acontecia no mundo dos negócios, desde a produção de produtos de grandes marcas até a relação dessas marcas com seus colaboradores. Não me dando por satisfeita e vendo que existia algo a mais no mundo, parti do Rio Grande do Sul para morar em São Paulo.

Loucura, loucura, loucura!

Mas vou contar para vocês: nunca me senti tão acolhida, tão em casa. Eu estava no paraíso, pois as oportunidades de estudar e evoluir culturalmente me eram dadas todos os dias. Trabalhei como convidada na USP e estudei muito. A lição que os paulistanos e paulistas me ensinaram foi de que há oportunidades para todos, mas para tê-las você precisa estar acima da média. E excelência no que faz é essencial para não ser engolido pelo mercado.

Em 2016, decidi morar no Rio de Janeiro, a cidade maravilhosa. Não há dúvidas de que é a cidade mais linda que conheço, mas no quesito trabalho... Nossa, que dificuldade! Atendimento mediano para ruim em todos os setores. O cliente, se quiser, que espere... não ficou satisfeito, procure outro lugar... Nossa! Onde é que eu vim parar? Pois vou lhe dizer: vim parar no lugar que irá me oferecerá a maior oportunidade de carreira da minha vida.

Agora tenho a oportunidade de pôr em prática tudo o que estudei, tudo o que aprendi e auxiliar quem quer se desenvolver. Em 2017, fundei a BFConsultorias, empresa que tem por objetivo treinar e desenvolver profissionais da área da beleza que são, na maioria das vezes, mulheres. Comecei a pesquisar suas histórias, suas necessidades, suas insatisfações e suas dores. A maioria são moradoras de comunidades, sem muitas perspectivas de melhora. Normalmente, são as provedoras da família e dezenas delas não possuem vínculo empregatício, pois são microempreendedoras individuais (MEI). Ser MEI é maravilhoso, mas elas precisam conhecer seus deveres e direitos, o que na maioria das vezes não acontece. Meu trabalho é ampliar o campo de visão, mostrar como a qualidade no atendimento pode se transformar em lucro, como a postura e a ética fazem com que elas tenham mais clientes fiéis e mostrar que são peças importantes nas empresas. Esse é o meu objetivo de vida: mostrar a valorização do ser humano.

Quando percebo que elas estão resistentes, que parecem descrentes de um mundo melhor, convido-as para fazer um exercício e escrever sobre um de seus sonhos. Não raras são as vezes que isso é difícil, pois há muito não sonham ou deixaram de acreditar ou, ainda, ninguém as ouve. Ao perceberem que não há julgamento sobre seus desejos, elas se abrem e realizam o que sonham.

Já vi manicures de redes renomadas abrirem seus ateliês, manicure fazer especializações em suas áreas, cabeleireira abrir seu salão. Vi professoras em minhas aulas, manicures virarem cabeleireiras e mulheres se especializarem em barbearia e tatuagens. Vi mulheres ficarem motivadas, entrarem em dietas e se redescobrirem. Vi algumas viajarem pela primeira vez e até mesmo voltarem a estudar. Vi mulheres saírem da favela com seus filhos para morarem em condomínios com toda estrutura de lazer.

Eu estudo diariamente, sempre digo a elas. Algumas dizem que não têm tempo ou que não têm como, mas a pergunta que fica é: "você realmente quer isso?" e "o quanto você acredita que isto é importante para você?". Não, eu não quero que vocês fiquem maquinizadas e sigam a minha trajetória. O que eu quero é que percebam que somente vocês podem mudar qualquer cenário que está corroendo, destruindo e deixando infeliz. Não use suas dores do passado como desculpas ou respaldo. O momento presente e suas ações no aqui e agora são o que realmente importam. Penso e falo muito na autorresponsabilidade. Ser autorresponsável é trazer para si todos os resultados que vem obtendo. Se está dando tudo errado é porque sua ação está errada. Está na hora de revê-la, fazer um novo movimento.

Eu poderia ainda estar passando frio e usando um chinelo de borracha a uma temperatura de zero grau, mas decidi que, em dias frios, eu uso Prada.

E vocês também podem.

# 10

# GESTÃO DA VIDA & SUCESSO

O que você deseja realizar? Por que muitas pessoas não conseguem a realização nesta vida? O que é sucesso? O que fazer para ter sucesso? Já me questionei muitas vezes com essas perguntas. A busca pelo autoconhecimento e realização do propósito de vida me tornou uma mulher de ação. Nessa jornada encontrei, na prática constante do ego-esvaziamento (egocídio), o caminho para o empreender na vida pessoal e profissional.

## CAMILA THEOBALD

**Camila Theobald**

Camila de Oliveira Theobald é escritora pela Literare Books, gestora do grupo Theobald, biomédica (habilitada em Patologia Clínica e Biomedicina Estética), publicação no setor de Psicobiologia da Unifesp - Universidade Federal de São Paulo. É praticante da medicina tradicional chinesa; certificada pelo *Dale Carnegie Training*; pós-graduada em Gestão de Pessoas: Carreiras, Liderança e *Coaching* pela PUC-RS. Antes de iniciar sua vida profissional na Academia do *E-commerce* em São Paulo, atuou ainda como Biomédica esteta na Corpobelo Clínica de Estética, seu primeiro empreendimento.

**Contatos**
camila.olth@outlook.com
Instagram: @Camila.Theobald
11 9200 53521

O **que você quer realizar?** Meus pais me educaram para que me tornasse um indivíduo independente, assistencial e com princípios. Porém, boa parte desses ensinamentos eu confesso que guardei em locais inacessíveis no labirinto da minha mente.

Em meio a uma crise existencial, percebi que precisava do meu *kit* de competências pessoais, precisava utilizar as ferramentas que já possuía para superar aquela crise. Existe uma expressão que definiu perfeitamente os meus 28 anos: "quando a água bater na bunda (...)". Para quem nunca fez uso dessa expressão, o que significou para mim foi que eu precisava agir, sair da inércia e assumir a vida adulta. Naquela época, meu pai e irmã moravam em Salvador; minha mãe e eu, em Foz do Iguaçu. Eu me recordo de pedir ajuda a ele e receber a indicação de fazer terapia de autoenfrentamento – conscioterapia. Não poderia subjugar-me, de alguma forma eu precisava ser capaz, precisava mobilizar as ferramentas necessárias para me tirar daquela situação. Comecei a me questionar se estaria antecipando a crise dos 30. Qual seria o porquê daquele conflito interno, eu estaria em crise com as minhas escolhas? Naquele momento, o panorama da situação era: eu estava recém-separada, morando sozinha pela primeira vez na vida e havia fechado a minha clínica de estética para trabalhar no *e-commerce*. Eu precisava me reinventar, encarar desafios e ter autonomia. Estava trilhando a minha jornada de empreendedorismo do zero.

**Que tipo de pessoa você quer ser?** Recordo-me do ano de 2002, nas férias de junho. Tive a sorte de conhecer o livro *Pai Rico Pai Pobre*, de Roberto Kiyosaki. Este livro fez muita diferença na minha vida, afetando positivamente várias habilidades adormecidas em minha rotina. Alguns anos passaram até que houvesse uma feira de profissões no colégio em que eu estudava e, acompanhada do meu pai, assistimos às palestras. Foi nesse momento que vislumbrei a possibilidade de no futuro ter uma empresa com profissionais multidisciplinares. Compartilhei a ideia com meu pai, que se encheu de orgulho da miniempreendedora que estava ali diante dos seus olhos.

Eu tive a honra de ser adotada por uma família de buscadores. Meu pai e a minha mãe me apresentaram uma perspectiva sobre propósito de vida, assistencialismo, busca da formação acadêmica. Ir além e buscar o desenvolvimento pessoal. A minha criação se aproxima muito do budismo, até cheguei a praticar por um período da minha vida. Tive o prazer de acessar muitas ferramentas do conhecimento como a medicina tradicional chinesa e as **ciências biomédicas**, que me possibilitaram atuar profissionalmente. Estudei sobre a conscienciologia, que **é a ciência dedicada ao estudo da consciência de forma integral**, considerando todos os seus veículos de manifestação (holossoma), as múltiplas dimensões (multidimensionalidade), as múltiplas vidas (serialidade) e a evolução consciencial, baseada no paradigma consciencial. Foi a partir do conhecimento adquirido nessa longa trajetória, que fiz uma profunda reflexão, aglutinei tudo o que consegui lembrar no espaço de 8 anos da minha vida. Só então pude perceber que todas essas ferramentas e competências adquiridas me trouxeram uma capacidade incrível de autoconhecimento. Ficou fácil identificar padrões de comportamento e nomear cada voz que habitava na minha cabeça. Sabe aquela voz que atua em segundo plano? Geralmente atua negativamente. Estou falando dela. Tornei-me capaz de identificar os meus hábitos comportamentais não saudáveis. Porém, mesmo com toda essa *expertise*, eu não tinha uma maneira clara de mudar esses padrões. Concorda comigo que nos primeiros anos de vida temos os nossos pais ou tutores para nos dizer o que fazer, depois vêm os professores da escola e faculdade? E depois? Eu sentia que, a partir daquele momento, **não haveria** alguém para me dizer o que fazer, para onde ir, por onde começar. Então chegou a hora que todo esse autoconhecimento desacompanhado das transformações necessárias criou um desconforto tão grande em mim que o denominei de crise existencial. Observe que toda crise nos traz oportunidade para o crescimento. Percebi que era importante esvaziar o ego e me abrir para a vida, permitir que o universo trouxesse novas oportunidades. Resolvi mudar-me para São Paulo, acompanhando a transferência da Academia do *E-commerce*. Deixando a minha família no Paraná. Essa foi uma escolha difícil, porque, depois de anos separados, em 2018, finalmente estaríamos todos morando novamente na mesma cidade. Porém, eu tinha um compromisso comigo, com o meu crescimento pessoal. Optei por deixar o meu porto seguro - a minha família - e seguir rumo a tantas incertezas. Quando determinei que moraria em São Paulo, nada fazia sentido na minha vida. A pessoa que eu era não habitava mais em mim, eu estava de luto por mim mesma. Eu precisava ressignificar sentimentos, dar tempo para reaprender conceitos, me reinventar nessa nova forma de viver. Foi a escolha mais sensata que fiz: recomecei a acreditar na vida, nas infinitas possibilidades que posso criar. Desde então, me tornei uma mulher de ação. Venho constantemente realizando o ego-esvaziamento. A melhor definição que encontrei para o egocídio é: uma renúncia a si mesmo, não é para negar-se como pessoa; pelo contrário, para crescer ao recuperar a verdadeira identidade na totalidade. Com o autoconhecimento adquirido, essas foram as ferramentas que me permitiram empreender profissionalmente e na minha nova vida. Quando comecei a empreender, tive a sensação de que estava relembrando algo que eu já sabia fazer, que é prestar assistência, ouvir a necessidade do próximo, promover mudanças a partir de *feedback*, utilizar o meu tempo para o desenvolvimento de soluções de problemas e promover o desenvolvimento de pessoas.

    Este ano, diante da crise que estamos passando devido à pandemia do Covid-19, senti a necessidade de compartilhar essa trajetória de lutas e vitórias em larga escala. Recentemente me reuni com essas mulheres incríveis, coautoras deste livro, para divulgar ferramentas, reflexões e possibilidades, pois você também pode promover a sua transformação, expandir a sua consciência, mudar o que for necessário e promover a gestão da sua vida e autodesenvolvimento. Pode chamar de sucesso, se preferir. Esvaziar-se do ego pode ser uma ferramenta de transformações para todos nós. Sou muito grata por promover as mudanças necessárias que me permitiram empreender e compartilhar parte dessa jornada com vocês.

O que ela tem?
*Ela tem uma sensibilidade na alma e sangue nos olhos.*
Então, ela tem o suficiente – disse-me.
*Por quê?*
Porque ela é doce e forte, porque ela ama e luta, porque ela é o início da guerra e a certeza da vitória.
(@sameragi)

**Autonomia.** **É a capacidade de assumir a responsabilidade pelas suas decisões,** liberdade na escolha do seu caminho, a possibilidade de constituir as próprias regras e a construção do próprio negócio. Quero ajudar a construir a consciência coletiva de que "empreender é ter autonomia para usar as melhores competências para criar algo diferente e com valor, com comprometimento, pela dedicação de tempo e esforço necessários, assumindo os riscos financeiros, físicos e sociais". A decisão de empreender foi crucial para conhecer a minha força como mulher, e para o meu desenvolvimento na fase adulta.

Na minha fase de transição para a vida adulta, senti que precisava curar a minha mente. Nosso cérebro não gosta de incertezas, talvez por isso seja mais fácil não promover mudanças, permanecer no desconforto com os mesmos hábitos e comportamentos de sempre. No momento em que nos deparamos com situações que nos impedem de avançar, progredir ou evoluir, quando nos damos conta desse tipo de situação incapacitante, é indispensável, inegociável pedir ajuda. No meu primeiro pedido de ajuda, emanei energia para o universo, para receber o suporte necessário dentro daquele processo do ego-esvaziamento, de reaprender e empreender. Busquei auxílio na terapia cognitivo-comportamental, o que me ajudou a mapear os meus esquemas de atuação. Identificá-los ajudou a diminuir a autossabotagem. Utilizei a psicoterapia para reequilibrar a parte bioquímica. Fiz intensivo de consciencioterapia. Recebi assistência de Hélia, uma mulher autêntica, empreendedora e assistencial. Foi minha mentora. Pessoalmente, **não vejo outra forma de recobrar** as energias, retomar a liderança de nossas vidas e desenvolver autonomia se **não houver suporte** e aprendizado de como fazer algo. Eu precisava me tornar uma adulta capaz, independente e realizada. Se você perceber que não dá para seguir sozinha, busque ajuda, verifique sua situação e as possibilidades para empreender na vida pessoal e profissional. No grupo Theobald, levantamos questões como: "seria bem-vinda uma sociedade? **É possível** unir forças, ideais com alguém ou com um grupo? Consigo captar investimento anjo para o meu negócio? Tem alguma mentoria nessa área em que atuamos?". Foi a partir das respostas a esses questionamentos que montamos o nosso plano de ação para captação de recursos. Essa estratégia foi necessária para enfrentarmos obstáculos e resolvermos problemas que foram aparecendo com o crescimento e a transferência da empresa para a cidade de São Paulo.

Meu marido e eu projetamos 10 anos de trabalho árduo até que pudéssemos relaxar e ter o dinheiro trabalhando para nós. Faz 4 anos desde que mudamos. Seguindo o planejamento, conseguimos aumentar e diversificar as empresas. Atualmente o grupo Theobald conta com seis empresas atuando nas áreas de importação, *e-commerce*, indústria, decoração, *software* e entrega. Foi difícil abandonar as nossas carreiras para empreender, deixamos o orgulho e títulos de lado para abraçar um mundo de incertezas, porém de grandes oportunidades e crescimento exponencial. Escrevo este capítulo numa quarta-feira, diretamente da minha casa própria, na presença do meu filho, que está dormindo no sofá. Até consigo ouvir o barulhinho da respiração dele, enquanto na empresa a parte do *e-commerce* e indústria de embalagens seguem funcionando na mais perfeita ordem, mesmo sem a minha presença. Isso para mim é Gestão de Vida & Sucesso.

**Que tipo de experiência você quer ter na vida?** Eu sempre tive um grande senso de justiça e, para mim fazia, sentido me expressar pelo Direito. Fui aprovada, porém a admiração pela ciência me conduziu para a **área da saúde.** Enquanto percorria esse caminho profissional, tinha a sensação de que não estava utilizando minha energia da melhor e mais elevada maneira possível. Enxergar as próprias ilusões que construímos na vida e desconstruí-las para promover o crescimento pessoal, entender que não somos mais as mesmas pessoas que **éramos no ano passado** era necessário, mas essa conduta precisa vir acompanhada daquilo que você sabe que te faz bem. Uma ferramenta que auxilia os *coaches* é fazer com que os seus clientes elaborem uma resposta produtiva para as perguntas. Observe o que você está sentindo e se faça a pergunta:

"O que esta emoção está me dizendo?"

Você, ao fazer o *autocoaching*, deverá responder com uma lista de atitudes:

"Preciso trabalhar mais, pensar de forma diferente e solicitar apoio, pois ainda não cheguei lá."

A insatisfação interior e a energia que acompanham as emoções podem impulsionar as pessoas a níveis mais altos de determinação e trabalho árduo. Sabendo disso, canalize a sua energia para a ação. Para você ter uma noção, o "Pai Rico" de Kiyosaki nunca havia terminado o ensino médio. Porém, ele viria a se tornar um dos homens mais ricos do Havaí. O "Pai Pobre", por outro lado, se especializou e possuía todas as credenciais de um verdadeiro doutor. Contudo, morreu pobre e deixando dívidas para a sua família. Os dois sabiam a importância do estudo, mas um deles buscava o conhecimento que o aproximaria mais de seus objetivos financeiros. Principalmente se você for jovem, é essencial, reconheça o quão importante é continuar em busca de conhecimento, colocar a vida em ordem, fazer o que você sabe que pode melhorar o seu estado energético mental e emocional, pois o adulto sadio só consegue se expressar na totalidade se realizar o seu potencial. Convido-o a pensar sobre esses seis itens:

1. Quais são as minhas competências?
2. Como posso retribuir tudo de bom que recebi?
3. Que tipo de pessoa quero ser?
4. Qual papel quero exercer na vida?
5. Onde estou e aonde quero chegar?
6. Qual legado quero deixar?

Nos itens acima, está tudo o que você precisa usar para vencer obstáculos na vida pessoal e profissional. Observe qual o seu sentimento ao responder a cada um desses itens, note que existe uma potência de serviço dentro de você. Caso já tenha feito isso antes, tente outra vez. Retrocessos e adversidades são, inevitavelmente, acompanhados de emoções negativas, porém existe a possibilidade de direcionar as emoções negativas para um crescimento positivo. Na Academia do *E-commerce*, nosso lema é "Transformando Pessoas Comuns em Empreendedores de Sucesso". Recomendo que abrace seu potencial para melhor empreender na vida e ter sucesso. Conte conosco!

**Referências**

CONSCIENCIOLOGIA. In: *Conscienciopédia Enciclopédia Digital de Conscienciologia*. São Paulo, 28 ago. 2013. Disponível em: <https://pt.conscienciopedia.org/index.php/Enciclop%C3%A9dia_Digital_da_Conscienciologia>. Acesso em: 16 mar. de 2021.

FERREIRA, R. *Pai rico, pai pobre: os 10 ensinamentos mais importantes desse livro e como você pode aplicá-los em sua vida agora mesmo*. Clube do valor, 2020. Disponível em: <https://clubedovalor.com.br/blog/pai-rico-pai-pobre-ensinamentos/>. Acesso em: 20 mar. de 2021.

JOHNSON, K. *A mente do empreendedor*. São Paulo: Astral Cultural, 2019, p. 288.

KIYOSAKI, R.; LECHTER, S. *Pai rico, pai pobre*. Rio de Janeiro: Elsevier, 2011.

KOTTER, J. P.; AKHTAR, V.; GRUPTA, G. *Is your organization surviving chance - or thriving in it?* Harvard Business Review, 2021. Disponível em: <hbrbr.com.br>. Acesso em: 15 mar. de 2021.

POUCAR, P. *Mentalidade: blinde a sua mente para encher o seu bolso*. 5ª ed. São Paulo: Gente, 2017, p. 224.

# 11

# PELO QUE VAMOS AGRADECER HOJE?

Se a vida é feita de experiências, se corremos contra o tempo, devemos aproveitar cada segundo, cada experiência e aventura? Devemos encarar a vida com um sorriso no rosto, com um pensamento positivo? Para Carol, a resposta é sim. Sempre aproveitar as oportunidades, adquirir novas experiências e aprender. Sempre deixar as portas abertas, sempre se rodear de pessoas que vivem na mesma sintonia, sempre ser desafiada e nunca desistir.

CAROLINA MELLO

**Carolina Mello**

É psicóloga, CEO do Grupo Milclean e presidente da Associação Brasileira de Recursos Humanos da regional do Vale do Paraíba. Com MBA em gestão na JCU *University*, já trabalhou como consultora de RH da Alba Consultoria em diversas empresas como Votorantin, Grupo Algar, Banco Real, Telefônica, entre outras. Foi responsável por um projeto de *mentoring* para mulheres envolvendo 350 pessoas e *coach* de líderes nível sênior pelo Integrated Coaching Institute. Formada em FYI Competences pela Lominger, Minneapolis. Vice-presidente da ONG Casa Irmãos de Francisco, que acolhe familiares de crianças hospitalizadas na cidade de Taubaté. Mãe do Matteo e do Pietro, considera-se gentóloga, pois é apaixonada por gente.

**Contato**
Instagram: @carolmello20fev

A história é de uma menina de seis anos que, como toda criança, com sonhos e esperanças, olhos calmos e um sorriso meigo capaz de inspirar todos os corações. Rodeada pela família, filha da Rose e do Otávio, irmã da Marina, ainda uma pequena bebê, linda e rechonchuda. E com duas irmãs gêmeas de oito anos, Karina e Sabrina, idênticas e maravilhosas. Imagine, há mais de quarenta anos, uma raridade de família. E para a pequena garota de seis anos, Carolina, como chamar atenção? Como ser vista? A infância é o começo de tudo, a família na qual cresce é o alicerce para a vida futura.

Em uma família de mulheres, carregada de comparações e rótulos vindos da sociedade, procurei por um jeito de me destacar, um jeito de me encontrar diferente das irmãs. E desse jeito que sou, conto com todo orgulho a minha história. Conto todas as aventuras e marcas da vida que me levaram a ser quem sou hoje, sempre em busca por novas experiências, sempre em busca por conhecimento e agarrando as oportunidades.

E eu, como psicóloga, posso afirmar, na infância criamos marcas, memórias, histórias que moldam nossa vida para sempre. Aliás, prefiro ser chamada de "gentóloga", pois de gente eu entendo.

Desde pequena já sabia que o tempo é tão precioso quanto uma joia rara e que, se não aproveitasse desses momentos, que se não me jogasse para o mundo e tentasse aprender, tentasse buscar, sentia que estaria perdendo tempo. Lembro-me até hoje da primeira vez que recebi meu próprio dinheiro, de um jeito simples, de um jeito que uma criança de oito anos conseguiria pensar. De certo modo, olhando para trás, parece até bobo. Afinal, o que uma criança de oito anos faria para conseguir dinheiro? Pois bem, eu fazia pulseirinhas para minhas colegas de escola. Era tão divertido e diferente, todas as meninas adoravam. E mesmo que eu estivesse apenas recebendo moedinhas, era algo meu, diferente de uma mesada familiar, diferente de um dinheiro que meus pais me dessem. Lembro-me dessa sensação, de estar experimentando algo novo, ali, naquele momento.

Depois de um tempo, quando já tinha treze anos, eu ajudava minha mãe, que era dona de uma loja de artigos esportivos, nas vendas, principalmente em épocas movimentadas, como no fim do ano. Amava aquela sensação de conversar com pessoas novas, apresentar os produtos, fazer aquele esforço pessoal, um esforço meu. Mesmo que fosse na loja de minha mãe, era uma oportunidade para uma garota de treze anos se mostrar capaz. Foi quando recebi meu primeiro salário oficialmente.

Anos depois da infância, dessas experiências rodeadas pela família, mudei-me para Campinas em São Paulo, a fim de fazer minha primeira faculdade. E mesmo que sempre tivesse apoio da minha família, era a primeira vez que me encontrava cara a cara com o mundo real, a primeira vez que me via completamente sozinha. Porém, não estava despreparada. Minha mãe havia me preparado muito bem para o mundo real. Eu sabia que não podia me esconder e temer as novas experiências, precisava "botar a cara a tapa" e mergulhar nesse novo capítulo de minha vida.

Sempre fui a líder do grupo, queria ser monitora de classe, sempre queria coletar o máximo de experiências possíveis. Lembro-me até hoje de um trabalho em grupo. Tínhamos que fazer vinte entrevistas. Minhas colegas de sala morriam de vergonha, mas eu fui e me joguei, entrevistei todas as pessoas enquanto minhas colegas ficaram apenas com a parte da escrita. Eu queria conhecer pessoas novas, ansiava por aquela sensação de liberdade quando se aventura.

Decidi estudar Psicologia porque queria contato com as pessoas, queria ajudar e conhecer. Então, não demorou muito para eu me apaixonar pela área e pelo aprendizado sobre o ser humano. Ainda na faculdade, busquei todos os tipos de estágios voluntários, a fim de conhecer e me familiarizar com todas as áreas. Meu primeiro estágio oficial foi no RH do Hospital da Unicamp, ainda em Campinas, em uma área organizacional, de desenvolvimento humano.

Depois da faculdade, voltei para o ninho. Recebi uma chance na empresa de meu pai, porém ainda não tinha certeza se estava pronta para "sossegar". Eu queria continuar, queria aprender mais e buscar mais. Aquele sonho era dele, não meu. Foi com essa mentalidade que me encontrei em um continente completamente diferente. Fui para a Austrália completar minha pós-graduação, me encontrei novamente rodeada de novos desafios, novas aventuras e experiências.

Entre essas viagens e mudanças e essa coletânea de experiências, conheci uma senhora, que foi minha grande mentora, alguém que viu em mim um diferencial e que não teve medo de puxar meus limites, de me fazer trabalhar. Rosa Bernhoeft foi minha fonte de inspiração. E quem nos apresentou foi minha madrinha Ana Maria, que também é psicóloga e outra grande mentora, a qual sempre me incentivou, me ensinou e me influenciou a seguir a sua profissão.

Eu ainda era jovem, na casa dos vinte, quando Rosa me ofereceu uma oportunidade de emprego, não hesitei. Lembro-me até hoje do que ela me disse: "Você será meu calo." E eu aceitei com um sorriso no rosto, porque sabia que aquela aventura só me traria coisas boas. Nessa época já conhecia meu marido, já morávamos juntos e foi difícil para ele também. Afinal de contas, deixei-o em Taubaté e me mudei para São Paulo. Durante anos trabalhei com ela, me preenchi de conhecimento. Até o momento em que percebi que precisava sair, precisava mudar. Tinha a impressão de que a Rosa jamais me veria como alguém competente o suficiente para fazer *Coaching* e *Assessment* com executivos, que era sua *expertise*. Afinal, eu era além de muito nova, era sua aprendiz. Então decidi, pediria demissão e encontraria uma nova oportunidade. Foi um momento delicado, pois sempre gostei de sair de relações com portas abertas, nunca fechando e dando as costas.

Então me lembro de um momento emocionante, após a minha saída, quando abri minha empresa. Fui contar para Rosa a situação, olhei em seu rosto e oferecí meu cartão. Aquele símbolo, para alguns, apenas um pedaço de papel, mas, para mim, um significado completamente diferente. Aquele cartão era meu, havia conquistado, um símbolo da minha independência. Minha mentora não só me parabenizou como pediu que eu fizesse um cartão da minha empresa em seu nome, caso um dia eu precisasse de uma consultora mais sênior.

Naquele momento saí, deixando a porta aberta atrás de mim, próxima para mais uma etapa de minha vida.

Ainda em Campinas, tomei a decisão que foi a mais chocante para todos que estavam comigo. Montei um salão de beleza. Nos fundos, fazia meus atendimentos de *Coaching* e *Assessment*. Honestamente, desde pequena, tinha o sonho de ter um salão. Então, naquela época, formada, tinha acabado de sair de um emprego bom, estava estável. Pensei: "por que não?"

Aluguei uma casa, aprendi a fazer escova, lavar cabelo, fazer penteado. Conheci pessoas incríveis, cabelereiros, manicures, que vieram trabalhar para mim. Infelizmente, tomei alguns golpes, perdi algumas pessoas nessa jornada, algumas escolheram ir embora, outras escolheram me prejudicar. Mas nunca desisti. Ainda no salão, que chamei de "Villa Femme", atendíamos todas as mulheres. Montei um programa de *Coaching* do zero para mulheres, uma área que sempre estudei e sempre fui apaixonada. Sentia-me realizada, estava ajudando aquelas mulheres. Fosse com uma aula ou com um penteado, sempre que via alguém sair do meu salão com um sorriso no rosto, a felicidade em meu coração crescia.

Tive meu primeiro filho, Pietro, na mesma época em que o proprietário pediu a casa de volta. Deus sempre esteve ao meu lado, e acredito que as coisas acontecem exatamente quando devem acontecer. Fechei meu salão e resolvi cuidar do meu filho. Na época, a única função que não deixei de fazer foi atuar como facilitadora no grupo de estudos da ABRH-SP, e alguns atendimentos de *Coaching*.

Após o nascimento do meu segundo filho, Matteo, meu pai, que estava sozinho na empresa, me convidou para trabalhar ao lado dele. Na época, a Milclean tinha três mil funcionários e estava em plena expansão. Aceitei o desafio, me mudei, sempre com um sorriso no rosto, sempre pensando positivo e acreditando que o melhor aconteceria. Assim, voltei para a minha cidade natal.

Nesse percurso todo, eu e meu marido nos separamos e me encontrei como uma mulher de negócios e como uma mãe solo, até porque meus meninos moram comigo. Encontrei-me em um lugar similar ao que me encontro hoje, com meus dois filhos lindos, uma excelente relação com o ex-marido, com um emprego em que me sinto realizada. Assumi a diretoria regional da ABRH-SP do Vale do Paraíba, além de sem querer ter me tornado uma influenciadora digital. E como eu dou conta? Vivendo e agradecendo. E, claro, não parando muito para pensar.

Em toda essa história, aprendi lições valiosas. Aprendi que nunca devo deixar ninguém me puxar para baixo, que a luta só se dá quando a gente continua a crescer, a se aventurar, a continuar. Hoje, sou gestora de uma empresa responsável por mais de quatro mil famílias, e nunca, nem por um segundo, me deixo esquecer desse fato. Do fato de que essas famílias dependem dessa empresa, dependem de minhas decisões. E todo dia, quando vejo o crescimento dessa empresa, dessa história familiar que meu pai começou, não consigo evitar um sorriso, um pensamento gentil e um orgulho, de certo modo pessoal, por ser essa pessoa que continua essa história tão admirável.

Meus dias são agitados, não são simples. Sou uma mãe e uma mulher de negócios. Os dois se misturam muitas vezes, é complicado separar tudo. E são duas profissões que você nunca se desliga. Quando chego em casa do trabalho, sempre faço quatro perguntas a cada um dos meus filhos: "como foi seu dia?", "o que você precisa de mim hoje?", "qual foi o melhor momento do seu dia?" e, por fim, "pelo que vamos agradecer hoje?". Nunca, por nenhum dia, deixo de cobri-los na cama, de ter uma refeição com os dois, de olhar em seus olhos e sorrir. O trabalho sempre me chama, sempre tenho deveres, mas nunca abro mão dos momentos com meus filhos, nem que signifique que terei que trabalhar madrugada adentro.

Sempre digo que as pessoas têm o dom de tirar seu lado bom ou seu lado ruim. E, obviamente, meus filhos sempre tiram o melhor de mim. A profissão de ser mãe é a melhor e mais desafiadora de todas. Pelos meus filhos, faço coisas que jamais imaginei que seria forte o suficiente para fazer, me aventuro todos os dias com meus filhos. Olhar para eles e ver seus valores e a educação, ver crianças que tenho orgulho de dizer que são meus filhos. Ver esse presente em que vivo, essa vida que é uma batalha diária, mas que também é um presente, me faz perceber que tudo vale a pena. Cada passo de minha jornada me trouxe até esse exato momento. Os momentos desafiadores, os momentos tristes e, principalmente os momentos felizes, de orgulho, me trouxeram aqui. E cada momento valeu a pena.

# 12

# O SABOR AGRIDOCE DA LIBERDADE

Neste capítulo seremos confrontadas com algumas dificuldades que as mulheres têm para discutir questões que se relacionam com atos patrimoniais no período pré-casamento e as decisões difíceis daí decorrentes.

CLARISSA BOTTEGA

**Clarissa Bottega**

Jurista inscrita desde 2001 na Ordem dos Advogados do Brasil - Mato Grosso sob o nº 6.650, sócia do escritório Bottega & Bottega Advogados Associados desde 2003, professora universitária com experiência em coordenação de curso, tendo atuado por mais de 17 anos no exercício da docência. Doutoranda em Ciências Sociais pela Universidade do Vale do Rio dos Sinos (UNISINOS), mestre em Ciências Jurídicas pela Universidade de Coimbra - Portugal, especialista em Processo Civil (UNIC) e Docência do Ensino Superior (FAUC), possui *Master in Business Administration* (MBA) em Gestão Empresarial (FGV-RJ). É autora do livro *Adoção à brasileira: um caso de reconhecimento do afeto como valor jurídico* e de diversos artigos nas áreas das ciências jurídicas e sociais. É idealizadora do projeto Café em Família. É membro do Instituto Brasileiro de Direito de Família (IBDFAM) e do Instituto dos Advogados Mato-grossenses (IAMAT).

**Contatos:**
www.clarissabottega.com
autora@clarissabottega.com

O tempo passa e rápido. E a tomada de decisão às vezes é complexa, dolorosa e arriscada. Talvez porque o amanhã seja incerto. No entanto, as escolhas devem ser feitas e os riscos advindos assumidos, sejam bons, ruins ou incertos.

A história que vamos conhecer é da Beatriz. Mulher independente, na casa dos 30 anos, profissional dedicada e esforçada, com uma carreira em ascendência. Apesar desse sucesso, Bia (passaremos a nos referir a Beatriz como Bia) vinha de uma família conservadora, família patriarcal, com valores arraigados na "família tradicional", em que se esperava que a mulher fosse submissa e o homem fosse o arrimo de família, sustentando a família financeiramente. Mas essa não era a história de vida de Bia.

Bia formou-se aos 23 anos e, antes mesmo de entrar na faculdade, já fazia serviços diversos. Trabalhou em vários locais, lanchonetes famosas, lojas de roupas em *shoppings*, fez um bom *networking* nesse período e, quando se formou, foi trabalhar em uma grande empresa, onde galgou cargos diversos e hoje ocupa um cobiçado cargo de direção.

Nesse tempo, Bia conquistou, com seu suor e suas economias, um pequeno patrimônio, que hoje se resume em um carro do ano quitado, um apartamento pequeno onde ela mora, que está financiado, um terreno num condomínio fechado quitado e algumas ações em uma *startup* de uma colega de faculdade.

Bia tinha uma vida razoavelmente confortável, segura de si e de suas decisões, até conhecer e se apaixonar por Caio.

Conheceram-se numa balada noturna por meio de amigos comuns. Caio era forte, de queixo proeminente, cabelos sedosos e um papo muito agradável. Falava sobre tudo: viagens, cultura, política. Sempre de forma leve e moderada, sem agressividade e sem qualquer inclinação negativa.

Houve química à primeira vista e começaram um namoro que durou três anos. Nesse período, muito amor, muito romance, jantares, cinema, flores e tudo mais que uma mulher espera de um homem romântico. Caio era perfeito.

Resolveram oficializar o romance e noivaram na presença dos familiares. Com a aprovação das famílias, era mais fácil a convivência. Marcaram, então, o casamento para um ano após o noivado.

Tudo estava indo muito bem até o momento em que o casal precisou se dirigir ao cartório de casamentos para oficializar a união. Antes de se casar de acordo com a lei efetivamente, é necessário ir até um cartório de casamentos e tomar algumas decisões importantes.

A primeira decisão a ser tomada foi em relação ao nome de casada, ou seja, o funcionário do cartório questionou Bia sobre a intenção de usar o sobrenome do noivo, e ela prontamente respondeu que não tinha intenção. Começaram pequenos desentendimentos.

Caio disse a Bia que não aceitava casar se ela não usasse o sobrenome dele. Afinal, agora seriam uma família e o sobrenome identifica as famílias, foi assim que ele aprendeu. Não adiantaram as ponderações de Bia sobre suas questões profissionais e o fato simples, mas não menos importante, de que ela não queria usar o sobrenome do noivo. Bia cedeu.

Novamente, então, o funcionário do cartório questionou os noivos acerca de qual seria o regime de bens do casamento e Caio respondeu que eles formariam uma família, então tudo que eles tinham seria do casal. Caio desejava se casar no regime da comunhão universal de bens.

Nesse momento, Bia entrou em choque. Disfarçou sua inquietude e questionou sobre quais os outros regimes de bens que estariam disponíveis aos noivos. O funcionário do cartório explicou que, oficialmente, existiam 4 regimes de bens: comunhão universal, parcial, separação de bens e aquestos, porém afirmou que "era mais barato" casar-se no regime parcial.

Bia teve seu estômago embrulhado, sentia uma queimação subir pela garganta. Ela não tinha entendido nada sobre os tais regimes e estava claramente constrangida em perguntar mais detalhes, pois Caio já tinha se decidido pelo regime da comunhão universal. Então Bia, num raio de clareza, pediu um tempo para analisar melhor os regimes e voltar outro dia para formalizar o pedido de habilitação para o casamento.

Ao sair do cartório, uma discussão já foi iniciada dentro do carro com Caio argumentando que não entendia por que ela queria se informar melhor sobre os regimes, se claramente formariam uma família e essas questões financeiras não deveriam atrapalhar a relação. Caio afirmava amar Bia e que não entendia as dúvidas dela sobre o casamento.

Bia já estava frustrada em relação a ter que usar o sobrenome de Caio e agora se via numa situação constrangedora em relação ao assunto patrimonial do casamento. Caio não aceitava discutir o assunto, para ele já estava tudo decidido. A travessia da cidade junto ao noivo para chegar em casa foi uma tortura para Bia.

Chegando em casa, Bia ligou para a mãe para perguntar sobre as questões que a atormentavam, porém a resposta da mãe foi a mais previsível possível: "minha filha, eu nunca discuti essas coisas com seu pai, sempre foi ele quem decidiu!"

Ligou para uma amiga próxima, que já era casada, e ouviu: "amiga, eu nem sei o que é esse negócio de regime de bens!"

Ligou para um colega de serviço que havia se casado recentemente e a resposta foi: "casei no regime que era mais barato, não lembro o nome..."

Bia se viu totalmente perdida e não entendia como as pessoas poderiam não dar importância devida para algo que tem forte impacto na questão patrimonial, seja no plano do casal, seja no plano individual.

Não era sem razão a preocupação de Bia, pois ela batalhou a vida inteira e começou a trabalhar muito cedo para conseguir acumular um pequeno patrimônio que lhe desse um pouco de segurança financeira. Bia ainda tinha investido uma parte de seu dinheiro em uma *startup* de uma colega de faculdade com ótimas expectativas de crescimento.

Já Caio, na casa dos 35 anos, curtiu a vida até seus 20 e poucos anos, terminou a faculdade aos 29 anos, fez cursinho para ser aprovado em concurso e hoje era servidor público com uma remuneração razoável, porém Caio era bastante gastador, gostava de roupas caras, perfumes importados e jantares em locais de gente fina. Caio não tinha patrimônio constituído, seu carro era financiado, morava de aluguel e não tinha nenhum investimento que Bia soubesse.

Para Bia, não era justo que o regime de bens escolhido fosse o da comunhão universal de bens, mas ela não sabia exatamente o que isso significava. Foi procurar se informar e buscou informações junto a uma amiga que estava terminando uma pós-graduação em Direito das Famílias.

Bia descobriu então que o regime de bens da comunhão universal é o regime em que praticamente todos os bens passam a ser comuns, ou seja, tudo é propriedade do casal após o casamento, sejam bens constituídos antes ou durante o casamento. Não importa se esses bens estejam em nome dela ou dele, a propriedade pela lei passa a ser do casal, inclusive para negociar bens imóveis se faz necessária a assinatura do casal, sob pena de não ser possível realizar uma compra e venda, por exemplo.

As exceções aos bens comuns no regime da comunhão universal são pequenas e muito pontuais, ou seja, praticamente todos os bens se tornam propriedade do casal. E no divórcio, esses bens serão divididos de forma igualitária entre os ex-cônjuges.

Dessa forma, caso o casamento de Bia fosse realizado nesse regime, todo o patrimônio que ela construiu antes de se casar passaria a ser metade de Caio. Na cabeça de Bia, isso não era justo, pois Caio não estava trazendo para o casamento nenhum bem.

Foi então que Bia procurou entender o regime da comunhão parcial de bens e descobriu que nesse regime os bens anteriores ao casamento não se comunicam, ou seja, são mantidos na esfera patrimonial do proprietário originário. Então, os seus bens seriam só seus. Nessa modalidade de regime, apenas os bens adquiridos durante a constância do casamento serão comuns, ou seja, pertencerão ao casal em propriedade comum.

Entretanto, pensou Bia, Caio não tem investimentos, gasta todo seu dinheiro com coisas caras, não tem espírito empreendedor. Já ela possuía uma visão de investidora, com trabalho fixo, mas também fazia serviços e investimentos por fora. E, nesse regime, aquilo que ela investisse durante o casamento seria revertido para o casal. Ou seja, eu vou trabalhar, investir, arriscar e, no final, o resultado será do casal. "Não é isso que quero para mim", pensava Bia.

O próximo regime que Bia encontrou na legislação brasileira foi o regime da participação final nos aquestos que, após horas de conversa e muita pesquisa, não entendeu muita coisa. Parece um regime que mistura as regras da comunhão parcial com o regime de separação de bens, tratando-se de um regime híbrido e pouco utilizado. Bia desistiu rápido desse regime.

O último regime de bens que Bia pesquisou foi o da separação de bens. Nesse regime há uma regra única: cada bem é individualmente de cada cônjuge, ou seja, não existem bens comuns pela regra do regime de bens. Cada cônjuge conserva o patrimônio antes de se casar como propriedade individual e, também, cada cônjuge é proprietário dos bens que adquirir durante a constância do casamento.

E esse regime é melhor ainda, pois não precisa das assinaturas dos cônjuges para negociações com imóveis e, também, não proíbe os cônjuges de adquirirem bens comuns, ou seja, caso os cônjuges contribuam na aquisição de algum patrimônio, eles poderão inserir seus nomes nos contratos, escrituras e matrículas.

Então era esse o regime que Bia desejava se casar: regime da separação de bens. Entretanto, Caio não dava abertura para uma discussão sobre o tema. Toda vez que Bia puxava conversa sobre o tema, o noivo já entrava em estado de animosidade, dizia à noiva que ela era o amor da vida dele e que não deveriam ser preocupar com patrimônio. Mas Bia não pensava assim, ela era muito prática e desejava conversar com o noivo sobre tais questões que eram importantes para ela.

Já passavam mais de 2 meses que o casal havia procurado o cartório para oficializar a união e Bia ainda não tinha conseguido estabelecer uma conversa sobre o tema "regime de bens". Caio era sempre muito firme na escolha do regime de comunhão universal e não aceitava sequer ouvir a argumentação da noiva.

Bia pensava que o casamento era um contrato entre duas pessoas, porém, nesse caso, ela não poderia sequer negociar as cláusulas desse contrato, pois a outra parte não admitia a junção do assunto amor com patrimônio. "Mas o casamento é isso: amor e patrimônio!", pensava Bia.

Depois de muitas tentativas de estabelecer uma conversa sem sucesso e vendo a postura inflexível de Caio para discussão do tema, Bia, após refletir sobre o assunto, resolveu dar um basta no noivado, mesmo que isso significasse um rompimento afetivo intenso. Foi uma decisão difícil.

A decisão de Bia deixou em sua boca o sabor agridoce da liberdade, pois de um lado, como uma doce torta de morangos, aceitou o fato de ser uma mulher independente e que tem o pensamento voltado para uma união de vidas partilhadas com muita parceria e respeito. Porém, de outro lado, a dúvida de ter abandonado uma relação que poderia ter dado certo deixava em sua boca o sabor salgado da incerteza do futuro.

Mesmo na dúvida, Bia ficou feliz, sentiu-se novamente dona de sua vida, de suas decisões e de seu destino. E desejou com todas as suas forças que pudesse encontrar um novo amor que fosse aberto ao diálogo e à nova realidade da mulher no mundo contemporâneo.

...

Essa pequena história reflete a realidade de muitas mulheres, talvez não tão decididas como Bia, porém com muitas dúvidas e inseguranças em relação a decisões que envolvem patrimônio, negócios e investimentos, especialmente se o assunto envolve casamento ou relações afetivas.

A sugestão aqui é fazer como Bia: procure se informar. Não se limite. Não tenha vergonha de perguntar. Converse com pessoas, amplie seu *networking*, use a internet a seu favor. Lembre-se sempre de adquirir as ferramentas necessárias para trilhar o próprio caminho de sucesso.

# 13

# TODA MULHER É UM SHOW!

**Você é fruto de suas escolhas. Eu escolhi vencer.** O que vê no espelho não é o que você é. O que vê é só uma fase. Você sabe quem é? Quem tem legado nunca morre. Somos nós os protagonistas e a vida não permite ensaios, porque a qualquer momento as cortinas se fecham e o show da vida termina sem aplausos. Só você decide o enredo do seu espetáculo. A decisão de quando agir é só sua.

## CLAUDETE IVANCHICHEN KLAYME

Turismóloga de formação, corretora de seguros, consultora, educadora espiritual e especialista em polimento automobilístico por profissão.
Propósito de vida é inspirar mulheres conduzindo-as a ativarem a identidade e darem seu show!

**Claudete Ivanchichen Klayme**

**Contatos**
@perolaescolademulheres
claudeteivanchichen@gmail.com
45 98402 5993

Se você não sabe o que quer, precisa ao menos saber o que não quer. Você não pode decidir o que é importante hoje se não souber o que deseja amanhã.

Sempre gostei de fazer perguntas, típico de uma menina curiosa do interior. E para minha avó, que era para quem eu mais gostava de indagar coisas sobre a vida. Algumas ela sabia responder, outras não. Mas sempre estava disposta a me ouvir. Em um dos "dias nublados" de minha vida, cheia de dúvidas por conta da fase da adolescência, perguntei para ela: "como você consegue saber se o que estava acontecendo com sua vida tratava-se de atos seus ou advindos das pessoas que nos circundam?"

Minha avó tinha um jardim lindo na frente de sua casa, no qual borboletas, abelhas e outros insetos faziam de lá seu lar. Cuidadosamente, capturou uma borboleta em suas mãos e me perguntou: "tenho aqui uma borboleta! Diga-me, ela está viva ou morta?" Sem entender o que ela queria me dizer, respondi que estava viva, pois ela não havia fechado fortemente a mão. Minha avó acrescentou: "depende de mim se ela está viva ou morta. Ela está em minhas mãos, eu decido o que faço com ela. Assim é a nossa vida, o nosso presente e o nosso futuro. Não devemos culpar ninguém quando algo dá errado. Somos nós os responsáveis por aquilo que conquistamos ou não conquistamos. Nossa vida está nas nossas escolhas, assim como a borboleta em minhas mãos. Cabe a nós decidirmos o que fazer com ela". Ela sorriu e me deixou ali refletindo. Fiquei por horas parada ali, admirando a vida que fluía daquele colorido jardim.

E entendi. Todo dia é um novo dia, cheio de novas possibilidades, novas pessoas e novas propostas, mas cabe somente a cada um de nós escolhermos o que fazer com nossa vida, nós temos livre-arbítrio para a decisão. Recordo-me do físico Albert Einstein que, em um de seus escritos, diz: "a vida é como jogar uma bola na parede. Se for jogada uma bola azul, ela voltará azul; se for jogada uma bola verde, ela voltará verde; se a bola for jogada fraca, ela voltará fraca; se a bola for jogada com força, ela voltará com força. Por isso, nunca jogue a bola da vida de forma que você não esteja pronto a recebê-la".

A vida não dá nem empresta; não se comove nem se apieda. Tudo o quanto ela faz é retribuir e transferir aquilo que nós lhe oferecemos. Conhecimento, planos, desejos e sonhos não são suficientes para você ser um show. Nada na sua vida vai acontecer se não fizer uma coisa: agir. Dar o primeiro passo garante que possa identificar as oportunidades que a vida mostra para conduzirmos nossos atos e escolhas. Quando queremos melhorar nossas ações somente se outra pessoa ou a sociedade mudar, transferimos nossa ação e aprovação para o outro, deixamos de habitar nosso mundo interior. Provocar mudanças positivas em nossa vida não é tarefa para os outros, somente a nós cabe a decisão e a ação. É preciso comprometer-se, começando com os pequenos atos para, aos poucos, ir evoluindo e deixando que o *agir* torne-se constante nas nossas decisões. Faça o que puder com aquilo que já tem. Mesmo que pareça pouco, por gestos, palavras, um olhar, mas comece, faça alguma coisa. Nenhuma ação é pequena, desde que se mova. Nada acontecerá somente por estar na sua mente. São as atitudes que melhor interpretam nossos pensamentos. Essa é a diferença entre quem faz e quem somente observa a vida de quem é um show e gostaria de vivê-la. Após virar a chave na minha vida com a reflexão da minha avó, passei a viver com uma inquietação, buscando encontrar meios para habitar meu mundo interior, repleto de sonhos, alvos e projetos por realizar. A única coisa que sabia era que necessitava agir.

Insatisfações, inquietações, anseios, visão de futuro, ousadia, desejo de transformação, novos desafios, alçar novos horizontes fez com que eu tomasse uma decisão muito arriscada, mas necessária para viver o que meu coração se propunha. Tomada a decisão, tive atitude e agi.

Era uma vez uma menina curiosa e cheia de sardas no rosto que vivia em um Reino Encantado muito distante, chamado Mato Rico. Após alguns meses de casados, minha amável mãe passou a sentir que já não estava mais sozinha. Em seu ventre batia mais um coraçãozinho acelerado. Em meados dos anos 70, no vilarejo onde moravam, ainda não existia hospital para saber se seria menino ou menina, seus pais seguiam ansiosos à espera do bebê que nasceria. No período da gestação, a doce mãe cantava, lia, orava e conversava por horas com sua barriga, que a cada dia se transformava. Durante uma fria madrugada do mês de maio, seu pai chamou às pressas a experiente parteira Dona Luíza. Com calma e muito conhecimento, trouxe ao mundo a linda Princesa Sardentinha. Após um rápido banho na princesa, pois fazia muito frio, devido à forte geada que caíra na noite, a parteira entregou o bebê nos braços de seus pais, que puderam contemplar o pequeno rosto da princesinha.

A princesa cresceu rodeada, de muito carinho de seus pais, seu irmão e familiares. Acompanhava seus pais no cultivo da terra e produção de alimentos na pequena propriedade que eles tinham, na vila do Reino Encantado. Era somente da lavoura que vinha o sustento da família. A Princesa Sardentinha sempre foi sonhadora e dedicada em tudo que fazia. Gostava muito de ler e tinha muitas habilidades manuais, as quais herdou de seu pai. A pequena ficava admirada prestando muita atenção em cada instrução que seu pai dava. Eram desenhos, pinturas, artes em madeira que seu pai se dedicava por horas para que a princesa desenvolvesse seus talentos. Seu irmão era seu melhor amigo. Como eram divertidas as brincadeiras que ambos inventavam para se divertir! Era esconde-esconde, subir em árvores, pesquisar insetos, pescar, andar a cavalo, brincar de peteca. Tudo isso a fazia muito feliz. Estudaram na mesma escola na alfabetização, depois no ensino médio, um ajudando e incentivando o outro.

Já na adolescência, sentia constantemente, em seu coração, forte desejo de ir à busca de novos conhecimentos, novos desafios, novos horizontes e conquistas. Entristecia-se pensando que, se ficasse ali com seus pais, não teria chances de novos aprendizados. Para isso teria que deixar o reino encantado e seus familiares. Isso a deixava muito triste. Foram alguns meses de ensaios para tomar a decisão. Ao completar seus estudos no vilarejo, encheu-se de coragem e decidiu desafiar-se em busca de ressignificar sua história, pois suas preferências pessoais e personalidade não estavam de acordo com as tendências da época e com o vilarejo. Ela almejava investir no seu desenvolvimento pessoal, pois não via perspectiva de viver uma vida repleta de sonhos os quais desejava brindar se permanecesse no reino encantado de Mato Rico. Decidiu desabrochar de acordo com a própria singularidade feminina. A singularidade nos diferencia umas das outras quanto ao modo de agir, de pensar, de falar, de se expressar, de nos relacionar com outras pessoas e com Deus. O interior do ser humano só o Criador conhece, conforme está descrito em Salmo 139.

Como a princesa era uma moça dedicada aos estudos, lia e meditava constantemente as escrituras, planejou seu alvo e, confiante, entregou nas mãos do Criador os desafios por vir. E com o apoio e incentivo do seu fiel escudeiro, o irmão, que também sonhava em conhecer novos reinos, porém ele não se sentia tão desafiado a ponto de tomar uma decisão de mudança como a Princesa Sardentinha. O grande vilão que a corajosa princesa precisava enfrentar era seu medo do desconhecido, pois nunca havia saído do território do Reino Encantado. A cidade grande a assustava, só de imaginar o que encontraria em sua jornada em busca de uma vida mais cheia de significados, os quais ela sonhava encontrar.

Destemida, a princesa reuniu forças e tomou a decisão de enfrentar o medo do desconhecido. Ao chegar ao novo reino, sentiu forte desejo de permanecer nele, pois havia sentido que esse novo reino traria boas chances de realizar seus sonhos tão desejados. Mas sobreveio em seu coração um forte conflito: "será que seus pais e seu irmão conseguiriam acostumar-se nesse novo reino?" Mesmo assim, a Princesa Sardentinha decidiu arriscar, apostou na sorte. Juntou suas economias e tomou a decisão de alugar uma casa para trazer sua família para morar no novo Reino, chamado Cascavel.

"Pronto! A decisão está tomada", pensou a princesa. Agora estava ansiosa para voltar para o Reino Tão Tão distante de Mato Rico a fim de comunicar sua família do feito. Mesmo com medo do que a família acharia da decisão tomada, ela foi. Ao retornar para casa de seus pais, teve uma surpresa. Quando relatou os detalhes da atitude tomada, sua amada família também se encheu de coragem e comemorou a decisão que a princesa Sardentinha havia tomado. Um mês depois, toda família estava no novo Reino, começando a escrever uma nova história, agora na cidade grande.

Hoje eu sei que essa foi uma das melhores decisões que já tomei, pois quando *negamos* a nós mesmos, perdemos nossa essência. Atualmente, a Princesa Sardentinha se tornou rainha, ela é muito grata pelos conhecimentos que alcançou e pela força que adquiriu, pois sabe que são suas particularidades que a tornam especial. Sua aventura até aqui foi espetacular, desde sua decisão de sair do vilarejo até seus primeiros passos como mulher singular na nova morada e cidade. Ela teve a audácia de habitar seu mundo interior porque entendeu que era fruto das suas escolhas. Optou por vencer e partilhar seu show da vida ao mundo.

Ao descrever a história da Princesa Sardentinha, refiro-me a muitas princesas que são assim como ela. Descobrem cedo que todas nós, mulheres, possuímos características especiais, que nos distinguem e nos tornam únicas e belas por nossa singularidade. E necessitam escolher em permanecer princesas em seus castelos ou tornarem-se rainhas de suas vidas e decidem dar o show.

Não há uma mulher igual a mim, assim como não há uma mulher igual a você. Todas nós possuímos características, objetivos, qualidades e sonhos incomparáveis.

Na história da Princesa Sardentinha, ela demonstrou que tinha desejos por viver e desbravar o desconhecido, de ir em busca de mudanças e não quis permanecer sem explorar, pois, mesmo com medos, desafiou-se para escrever uma nova história.

Quando uma mulher desafia em conhecer-se, aprecia quem ela é. E, inevitavelmente, aprende a se amar. É preciso valorizar nossas experiências, sejam boas ou ruins, pois cada situação vivida é uma oportunidade para refinar e aprimorar a si mesma. Cada mulher possui conhecimentos e hábitos únicos. Mesmo que vivenciemos momentos similares, a situação jamais será exatamente igual. A mulher confiante e segura de sua singularidade feminina não abre mão de si mesma para tornar-se somente mais uma em meio à sociedade. A exemplo disso, fez a Princesa Sardentinha. Não se deixou levar pelo padrão estabelecido de seu vilarejo. Sentindo-se segura de sua originalidade, foi em busca de realizar seus sonhos.

Quando nos deixamos dominar pelos nossos medos, muitas vezes passamos pela vida como passageiros, permitindo que influências externas dominem nossa mente e opiniões. Já vi mulheres que acabam forçando-se a adotar condutas opostas à sua maneira de viver para evitar isolamento. Outras dotadas de inteligência deixando o que gostam, suas paixões e talentos, para não ofuscar familiares ou cônjuges. Há ainda mulheres negando sua fé e princípios para não serem consideradas antigas, conservadoras, por medo de perder amizades ou do que a sociedade pode falar e pensar a respeito do seu ato.

É muito perigoso quando uma mulher rejeita a si mesma para agradar a sociedade. Ela fere sua alma, pois certos valores não devem ser comprometidos. Mudar a aparência, isso não a transformará em uma mulher mais *autêntica*. Ser autêntica é ser verdadeira. Mulher que não fica no meio é mais verdadeira no que realmente é e no que realmente pensa. A mulher esquece que é a beleza da sua personalidade que ficará marcada na vida das pessoas que tiverem o privilégio de ter sua companhia, pois a beleza exterior um dia passa.

Uma das minhas histórias favoritas da Bíblia é da rainha Ester, narrada no livro que tem o seu nome. Sua leitura faz com que aprendamos com Ester a ser singularmente feminina e elegante. Foi a singularidade de Ester que propiciou a salvação do povo hebreu. Ester foi feita rainha. Da mesma forma, você pode fazer a diferença e tem em suas mãos a oportunidade de assumir sua singularidade e destacar-se na sociedade inspirando pessoas. É a sua beleza interior que faz de você um ser extraordinário. É preciso que todas as nossas ações reflitam algo mais profundo. Apenas cuidar do exterior é adornar uma personalidade vazia. O enfeite pode dar uma aparência de beleza e elegância, mas logo isso se desfaz com a dura realidade do tempo. Honre sua essência e singularidade, ouse ser diferente e conquiste o propósito em seu coração.

Vemos muitos casos em que mulheres não aprenderam a valorizar e a conhecer sua alma, distorcendo e desvalorizando o poder de ser e viver a originalidade feminina. É indispensável aprender a habitar seu mundo interior para não necessitar buscar a aprovação do mundo exterior. Escolher cultivar e desenvolver características do nosso caráter nem sempre é tarefa fácil.

Listei passos que ajudaram no meu desenvolvimento e espero contribuir para que você também se disponha a exercitar e desenvolver sua singularidade:

- Temor a Deus;
- Desenvolvimento da espiritualidade;
- Conexão com o Criado;
- Confiança em si mesma, no seu poder;
- Amar por si mesma;
- Arte de descobrir quem você é;
- Estima pela beleza natural;
- Reconhecimento da sua singularidade, do seu valor;
- Gratidão pela vida;
- Atenção a oportunidades materiais, espirituais e corporais;
- Responsabilidade pelos atos praticados e vividos;
- Transformação, não conformismo;
- Resiliência;
- Adaptação a mudanças;
- Bondade para com algo ou alguém;
- Atenção à sua personalidade, a seu caráter pessoal;
- Busca por sabedoria constante. Sábio é quem tem coragem de provar seu próprio sabor;
- Encontro do equilíbrio para os diferentes acontecimentos da vida;
- Reconhecimento da importância da imagem pessoal;
- Humildade em reconhecer suas limitações e fraquezas;
- Honra pela essência e não permitir que ações externas te descaracterizem;
- Formosura como a lua e brilhante como sol, imponente como um exército;
- Ousadia sem medos, porém com prudência;
- Show da vida. Deixar o mundo conhecer quem realmente você é. Porque uma mulher com sua singularidade ativada, transborda o que sabe na vida de outras mulheres.

Nas mãos da mulher sábia, casa vira lar, uma semente vira filho, tristeza vira momentos de afago, aconchego e alegria; para toda dor, encontra remédio; do pouco feijão para alimentar a família, faz um revirado; em toda ausência, encontra maneiras de amenizar a saudade. Mulher não é uma flor, é todo um jardim. Ela é bonita, incomum, intensa, inesperada e com perfume singular.

Não existe mulher ou vida desinteressante, o que existe são mulheres que ainda não aprenderam a transbordar seu show no palco da vida. Quando a mulher para para se conhece, entende que sua força e poder vão além do que imagina. Deus fez dela cocriadora com Ele, dando à mulher o privilégio de carregar no seu ventre o segredo de gerar outra vida. Quer show maior que esse?

Quando nós abandonamos nossa feminilidade no intuito de perseguir singularidades que pertencem aos homens, abandonamos nossa dádiva dada pelo nosso Criador. Ele desenhou cada uma de nós, somos joias raras esculpidas por Ele.

Os Salmos e Provérbios nos falam dessa visão de mulher que se mostra a nós como uma fortaleza esplendorosa, mulher de domínio próprio, com braços fortes e bela desenvoltura. Filhas que são como pedra angular, cuja força só pode ser associada ao seu requinte. (Provérbios 31 e Salmos 143:12.)

Que show você quer brindar na sua vida?

Escreva abaixo, coloque a data e assine. Este ato incentivará a se concentrar, a dar atenção e compromisso por realizá-lo.

*Você é livre para fazer suas escolhas, mas é prisioneiro das consequências.*
Pablo Neruda

**Referências**

BÍBLIA sagrada versão Ave Maria. Editora Ave Maria, 2010.

CURY, A. *Maria, a maior educadora da história*. São Paulo: Planeta, 2007.

JOHNSON, S. M. D. *Picos e vales: aproveite os momentos bons e ruins em seu trabalho e em sua vida*. 7. ed. Rio de Janeiro: Best Seller, 2009.

MARAFON, R. *Empoderamente*. São Paulo: Editora Literare Books, 2021.

MARÇAL, P. *Antimedo*. São Paulo: Pablo Marçal, 2019.

# 14

# COMPARATIVOS ENTRE O EMPREENDEDORISMO FEMININO NO BRASIL E NOS EUA

Na atualidade, vemos o aumento da participação feminina no mercado de trabalho e nos mais diversos setores da sociedade, indicando que a igualdade de gênero entre as pessoas empregadas tende a aumentar nos próximos anos. Para obter tal conquista, novas políticas a favor das mulheres têm sido criadas por todo o mundo, visando facilitar o acesso não só ao conhecimento (por meio acadêmico, como cursos, palestras, universidades), mas também a empréstimos e financiamentos para negócios ou atividades profissionais, permitindo assim que as mulheres entrem no mercado como empreendedoras. Dessa forma, pensando em incentivar mulheres independentes e visionárias no mundo corporativo, o presente estudo tem como objetivo principal comparar o empreendedorismo feminino no Brasil e nos Estados Unidos, verificando os estímulos e as dificuldades que as mulheres de cada país enfrentam e o perfil empreendedor das mesmas. E como objetivos específicos, encontrar as perspectivas para o empreendimento feminino para os próximos 5-10 anos; analisar os obstáculos que, em especial, as mulheres precisam enfrentar antes de empreender; descobrir as facilidades ou dificuldades da mulher para empreender nos Estados Unidos e no Brasil. Para alcançar tais objetivos, foi realizada uma pesquisa bibliográfica, buscando descobrir as habilidades e competências que a mulher deve ter para ser bem-sucedida e analisar a cultura americana e a brasileira quanto à *performance* do empreendedorismo feminino.

## DANIELA SEIXAS MOSCHIONI

**Daniela Seixas Moschioni**

Bacharel em Administração pela UFBA. É *master coach, business and executive, leader, trainer* e consultora comportamental pelo IBC. Tem MBA em Gestão Empresarial & *Coaching* pelo IBC/Ohio University. Especialista em Recrutamento & Seleção por Competência e Relações Trabalhistas & Sindicais pela FGV. Trabalhou na área de Gestão de Pessoas e Responsabilidade Social em grandes projetos no ramo de engenharia e construção, como o Belas Business, em Luanda/Angola, o Projeto Submarino (junto à Marinha do Brasil) e o Parque Olímpico (junto ao Comitê Olímpico Mundial), no RJ. Desde 2016, atua como orientadora vocacional, *coach* de carreira & liderança, treinadora e palestrante. Atualmente, reside na Flórida, na cidade de Winter Garden, onde fundou a empresa BetterYou na área de Desenvolvimento Profissional, apoiando estudantes que sonham em cursar uma universidade ou aperfeiçoamento nos EUA. É coautora das obras *Vida com propósito* e do *Guia como estudar e morar nos EUA*, que reúne informações sobre intercâmbio, curso de idiomas, *colleges* e universidades para jovens que sonham em viver uma experiência nos EUA e buscam uma carreira internacional.

**Contatos**
byiusa.com
contact@byiusa.com
WinterGarden, FL, EUA
+1 407 233 8326

Em decorrência do desemprego e da crise econômica que tem assolado o Brasil e outros países do mundo, o empreendedorismo se torna cada vez mais importante, uma vez que muitas pessoas que se encontram sem perspectivas de obter um emprego duradouro e com um bom salário acabam optando por abrir o próprio negócio, mesmo sendo um pequeno comércio ou uma empresa de prestação de serviços.

Não há dúvidas de que a abertura de novos negócios também contribui para o desenvolvimento nacional e com a economia do país. Porém, para se abrir um negócio, é necessário entender o ambiente no qual ele se encaixa, bem como alguns aspectos que podem gerar o seu sucesso ou levar a empresa à falência, dentre os quais podemos destacar: competitividade e inovação, qualificação e comprometimento da equipe, formação de média liderança, investimento insuficiente, controle de custos, planejamento de metas e resultados etc.

Ou seja, para as empresas conseguirem sobreviver aos desafios do mercado, elas precisam realizar ações mais cuidadosas e planejadas, começando com uma proposta inovadora, seja de um novo produto ou serviço, bem como estruturando uma equipe diversificada de perfis profissionais, formando jovens líderes, desenvolvendo e fortalecendo a cultura empresarial, além do planejamento das metas e resultados, da melhoria contínua na produção e nos processos, do controle de custos e de qualidade, da construção de estratégias de *marketing* e vendas, dentre outros complementares.

Não é simples empreender. É algo complexo, arriscado e trabalhoso. É preciso empenho e persistência até os resultados começarem a aparecer. Quando alguma tomada de decisão não é realizada de forma adequada, a organização corre o risco de falir, ainda que seu produto/serviço esteja sendo bem divulgado e consumido pelos clientes.

Empreendedor não é necessariamente alguém que fundou uma empresa ou seu próprio negócio, mas é também o indivíduo que já atua em uma organização e propõe uma nova visão, vislumbra uma oportunidade ou que desenvolve novas ideias em negócios por meio de sua iniciativa e poder de inovação. Nesse sentido, o empreendedorismo conduz novas soluções para problemas atuais ou antigos, incentiva o desenvolvimento de produtos/serviços, aumenta a demanda no mercado, renova a concorrência para produzir produtos e serviços de excelência, é uma fonte de renda para o governo e influencia no desenvolvimento mundial e até mesmo na formação de novas eras.

Apesar de todos os benefícios mencionados, muitas pessoas têm receio em arriscar empreender no mundo moderno, seja devido à alta competitividade, pouco apoio governamental ou legislações complexas, alta carga tributária ou ainda pela incerteza e instabilidade que um negócio próprio pode acarretar.

Quando o empreendedor é do sexo feminino, os desafios parecem ser ainda maiores, especialmente devido ao machismo no ambiente corporativo, ao preconceito e aos estereótipos de gênero presentes há muitos anos na nossa sociedade. Com isso, as mulheres empreendedoras ainda estão em desvantagem no mundo e aquelas que se destacam costumam ter oportunidades e salários inferiores aos dos homens, mesmo tendo as mesmas (ou até mais) competências, formações, habilidades e capacidades para o trabalho a ser desenvolvido.

Quando falamos, por exemplo, em posição de liderança, embora o percentual de mulheres CEOs no Brasil tenha crescido de 5% para 16% entre 2015 a 2017, elas ainda representam 2,8% dos cargos mais altos.

Em contrapartida, existem algumas culturas que têm procurado favorecer mais o empreendedorismo e a inovação do que outras, buscando a igualdade de gênero e procurando apoiar mais o empreendedorismo feminino por meio de treinamentos que incentivem igualmente aos homens e mulheres a buscarem conhecimentos e habilidades em Ciências, Tecnologia, Engenharia e Negócios, a fim de superar os estereótipos de gênero que ainda existem no mundo corporativo e até mesmo unirem forças para a busca de um ambiente mais dinâmico e inovador.

Uma dessas culturas empreendedoras é a americana, que trabalha o empreendedorismo ainda no período escolar com crianças e adolescentes de ambos os sexos e incrementa o tema, por meio de pesquisa e inovação nas universidades de ponta, como Harvard, o MIT e a Stanford. Sem dúvida, as universidades nos EUA exercem papel essencial no desenvolvimento de uma cultura empreendedora, pelas disciplinas que abordam e estimulam modelos negócios, incentivam a inovação de novos produtos e apoiam, por meio de incubadoras, o desenvolvimento de novas empresas. O modelo de incubação tem gerado muitos resultados e as empresas que passam por essa incubação têm apenas 20% de mortalidade enquanto as que não passam têm uma taxa de 70%.

Esse modelo de incubadora apoia tanto na área de tecnologia como a gerencial, e ainda busca casar o propósito do negócio, com o propósito pessoal do estudante, ou seja, quem busca abrir um negócio na área tecnologia, por exemplo, deve ter interesse e demonstrar total afinidade e conhecimento mais avançado com o tema. Caso contrário, os desafios que serão enfrentados superarão a sua motivação inicial e a tendência é a desmotivação e o fechamento do negócio.

As incubadoras funcionam também como plataforma para pesquisa e estudo de mercado, no qual o aspirante a empreendedor pode testar suas ideias, desenvolver produtos e projetos e ter contato com potenciais parceiros do negócio. É um ambiente que promove a criatividade e serve como ponte entre variados negócios. Importante ressaltar que as incubadoras de negócios incentivam tanto estudantes do sexo masculino como do sexo feminino, sem distinção. O foco é nas ideias e na inovação, de forma a atender diversos segmentos e mercados.

Por meio dessas ações nas instituições de ensino, os EUA têm presenciado o aumento do empreendedorismo feminino nos últimos anos. Em um levantamento feito pelo *National Woman's Business Council – NWBC,* em 2017, 31% das empresas norte-americanas pertencem a mulheres. E uma em cada cinco dessas empresas tem receita superior a US$ 1 milhão. O estudo ainda mostra que, entre 2015 e 2017, mais de 300 mil novas empresas geridas por mulheres foram criadas e o faturamento foi de US$ 1,7 trilhão nos últimos três anos.

A tendência desse crescimento tem se sustentado nos últimos anos. O que converge com o fato de que atualmente as mulheres são maioria entre os universitários e estão ganhando o mercado de trabalho, ocupando cargos de liderança e abrindo o próprio negócio. O número de empresas criadas nos Estados Unidos cresceu 47% entre 1999 e 2014, e 67% dessas novas empresas pertencem a mulheres. Na geração de empregos, essas empresas comandadas por mulheres correspondem a mais da metade das vagas, sendo 8,3 milhões de empregos gerados em 2017.

Além do incentivo na escola e universidades, outros fatores contribuem no aumento das empresas no comando feminino. Os que mais se destacam são o acesso a linhas de financiamento adequadas a esse público, para os quais o retorno aos bancos e investidores têm sido bastante satisfatórios, pois as mulheres possuem um bom histórico de crédito. Além da facilidade de um incentivo financeiro inicial, as mulheres ainda são motivadas pela busca de um modelo de carreira mais flexível, de forma a conciliar sua vida pessoal e profissional; sendo donas do seu negócio, elas podem administrar melhor o seu tempo.

Um estudo realizado pela Forbes mostra que, entre as 30 mulheres mais ricas e bem-sucedidas do mundo, por mérito próprio, ocupa o primeiro lugar Diane Hendrick, presidente do Conselho de Administração da ABC Supply, empresa de materiais de construção, com patrimônio atual estimado em US$ 7 bilhões, seguida por Meg Whitman, CEO da Quibi (bilionária plataforma de *streaming* que reúne gigantes da indústria) e membro do conselho da Procter & Gamble e da Dropbox, com patrimônio avaliado em US$ 5,8 bilhões. A terceira posição, segundo a Forbes, é ocupada por Marian Ilitch, fundadora da Little Ceasars Pizza, com patrimônio estimado em US$ 3,7 bilhões. Em quarto lugar, vem Judy Faulkner, CEO da Epic Systems, empresa de *sotfware* na área de saúde, com patrimônio de US$ 3,6 bilhões.

Ainda podemos citar, dentre as empreendedoras de maior destaque nos EUA: a fundadora da GAP, Dóris Fisher; a Oprah Winfrey, que possui sua rede de TV a cabo, a *OWM*, sua marca de cinema — *Harpo Films*, além de ser a criadora de programas como *The Dr. Oz Show*; Sheryl Sandberg, COO do Facebook e autora do *best-seller Faça Acontecer*; Cindy Mi, CEO e cofundadora da VIPKID; Emily Weiss, CEO e fundadora da Glossier; Julia Collins, CEO e cofundadora da Zume Pizza; Anne Wojcicki, CEO e cofundadora da 23andMe, dentre outras.

Todas essas mulheres citadas são norte-americanas, tiveram formação acadêmica nos EUA e as respectivas empresas que gerenciam também foram fomentadas no país. Todas venceram por mérito próprio e têm histórias de vida que inspiram outras mulheres que estão sonhando em empreender ou já estão nessa trajetória. São exemplos de superação, determinação, coragem e engajamento. Muitas dessas mulheres estão envolvidas em causas sociais e projetos de filantropia, sendo bastante engajadas politicamente.

Percebe-se que os Estados Unidos têm uma avaliação melhor de sucesso no empreendedorismo, especialmente o feminino, do que o Brasil. Primeiro, porque no Brasil a pesquisa e a inovação são pouco incentivadas nas escolas particulares e nas universidades. Consequentemente, o empreendedorismo brasileiro é pouco inovador. Só 12% dos empreendedores oferecem um produto novo ou pouco comum a seus clientes, contra

37% dos americanos. De acordo com o *Global Entrepreneurship Monitor*, no Brasil, só 4% dos empreendedores esperam criar seis ou mais empregos nos próximos cinco anos, enquanto nos EUA chega a 34%. O que se pode concluir é que, no Brasil, muitos empreendem por falta de oportunidades de trabalho, não por ambição de propósito. E isso faz muita diferença no processo de crescimento do negócio.

No panorama feminino, foco desse artigo, apesar de existirem aproximadamente 24 milhões de mulheres empreendedoras no Brasil (número pouco menor que de homens empreendedores), gerando empregos e movimentando a economia, um longo caminho precisa ser percorrido para que as mulheres do Brasil tenham o seu potencial valorizado como nos EUA e conquistem uma posição de maior destaque.

Prova disso é que, no Brasil, os rendimentos das mulheres empreendedoras são inferiores aos dos homens. Também são escassos os programas de incentivo do governo e as taxas de juros cobradas das mulheres são superiores às cobradas dos homens, mesmo a taxa de inadimplência entre as empreendedoras sendo inferior.

Segundo um estudo publicado pelo SEBRAE em 2016, as mulheres abriram no Brasil mais novos negócios que os homens, representando 51,5% das empresas abertas. Mas os homens ainda permanecem sendo a maioria dos empreendedores com negócios já estabelecidos e estabilizados, representando 57,3% do total. As dificuldades relatadas pelas empreendedoras são variadas, começando com a dificuldade para conseguir um aporte financeiro pelo financiamento para microempresárias. É real o preconceito que sofrem no ambiente de negócios, exigindo das mulheres maior esforço para conquistar sua credibilidade.

Além disso, em unanimidade, elas também relatam o desgaste em conciliar as demandas organizacionais e familiares.

Ou seja, a maternidade está presente ainda como o principal desafio feminino no mundo corporativo. Ainda mais pelo fato de a maternidade ocorrer geralmente no momento de maior projeção profissional feminina, entre os 25 e 35 anos. Ironicamente, em pesquisas realizadas com os homens sobre os desafios e obstáculos para empreender, eles não citam a paternidade como um dos fatores críticos.

Como visto, o estereótipo feminino ainda está bem enraizado na nossa cultura, na qual a mulher ainda ocupa uma posição de coadjuvante, embora tenha uma tripla jornada de trabalho. Há muitos anos elas vêm lutando para garantir uma condição e posição mais igualitária na sociedade. A notícia boa é que algumas empresas já estão se dando conta do potencial do empreendedorismo feminino na sociedade e, mesmo de forma ainda lenta no Brasil, esse cenário tem evoluído ao passar dos anos.

Temos visto mais ofertas de cursos, palestras, *workshops*, treinamentos e prêmios voltados especialmente para o público feminino, desenvolvidos para ajudar e incentivar as empreendedoras a trilhar seu caminho, mesmo com tantas dificuldades. Com essas iniciativas, é possível vislumbrar um futuro diferente do que temos hoje. Motivar e empoderar mulheres que desejam empreender se tornou uma necessidade de mercado e da sociedade. Os cursos na área de empreendedorismo podem ajudar nessa trajetória, mas a coragem ainda é um ingrediente essencial para que elas tirem suas ideias do papel e coloquem em prática.

A tendência em alguns anos é que as mulheres encabecem a lista de maiores empreendedoras do Brasil, como ocorre nos Estados Unidos, já que elas também possuem características inatas que auxiliam na tarefa de liderar uma empresa. Versatilidade, criatividade e resiliência são, sem dúvida, as principais qualidades que são encontradas na maioria das mulheres empreendedoras brasileiras.

Seja nos Estados Unidos ou no Brasil, as mulheres que desejam ter o próprio negócio ou ocupar uma posição de destaque, desenvolvendo novos projetos nas organizações em que atuam, devem primeiro entender e acreditar no valor do seu papel no mundo corporativo, bem como vislumbrar o percurso e os desafios que estão por vir para empreender.

Elas precisam ainda se lembrar que o processo empreendedor está diretamente associado a descobertas e o fracasso é apenas parte do processo de aprendizado. Isso ocorre tanto com mulheres como com homens empreendedores. A mulher empreendedora precisa estar disposta não apenas a correr riscos, mas também a liderar soluções inovadoras adaptadas às necessidades e aos problemas que aparecerem no processo, lidar com possíveis formas de preconceito de gênero, desenvolver competências relacionadas ao seu negócio e fortalecer habilidades como:

1. Criatividade: capacidade de pensar de maneira diferente e de encontrar soluções inovadoras onde outros não veem nenhuma mudança possível;
2. Autoconfiança: permite que as pessoas sigam sua intuição e criem soluções que muitas outras não ousaram tentar, impulsionando mudanças. Ser autoconfiante é essencial em situações difíceis, ou quando outras partes interessadas têm dúvidas sobre a viabilidade de um projeto;
3. Perseverança: nunca desistir é um fator-chave de sucesso para qualquer empreendedora, mais ainda quando ela pode realizar mudanças positivas locais, regionais e até mundiais;
4. Liderança: a capacidade de convencer os outros a se juntarem a um movimento é fundamental para ser inspiradora, portanto ter um amplo impacto. Isso significa que ser empreendedora é liderar a implementação de uma solução inovadora e envolver-se com uma grande comunidade para mudar a sociedade da forma mais sustentável possível;
5. Espírito de equipe/solidariedade: colaborar com todas as partes interessadas é uma qualidade imprescindível para liderar com sucesso um empreendimento, portanto, ter um espírito de equipe é essencial;
6. Adaptabilidade: é a capacidade de se adaptar em um mundo que muda rapidamente e encontrar soluções onde outros veem apenas problemas.

Assim como ocorre nos EUA, o apoio do governo e da sociedade é fundamental. A sociedade deve estar atenta ao fato de que o empreendedorismo feminino colabora para a construção de um ambiente mais justo, gerando oportunidades de liderança para as mulheres e incrementando a economia. Assumir o próprio negócio ou ter oportunidades dentro das organizações para propor ideias e desenvolver projetos é uma forma de empoderamento e ascensão das mulheres, com o potencial de mudar a realidade, dando ao mundo novas formas de olhar, fazer e desenvolver negócios.

Estimular o empreendedorismo feminino é necessário porque a presença das mulheres em cargos de liderança resulta em melhorias na sociedade, na economia e nas empresas, pois surge com novas propostas, foca em outro mercado complementar que os homens não conseguem sozinhos idealizar e atingir, além de desenvolver um ambiente de trabalho mais harmônico e humanizado. Homens e mulheres se complementam seja na vida pessoal ou nos negócios.

O movimento empreendedor feminino favorece a diversidade de negócios no mundo, destacando perspectivas inovadoras para o público feminino que corresponde hoje à maioria da população tanto no Brasil e nos Estados Unidos como também em outros mercados.

Levando tudo isso em consideração e pensando em como o processo de mudança por meio da inovação é constante no mundo e na economia, as perspectivas para o empreendimento feminino tanto no Brasil quanto nos Estados Unidos para os próximos 10 anos é que o número de mulheres empreendedoras continue crescendo. A velocidade e a estabilidade nos negócios dependerão da superação dos obstáculos (principalmente no cenário brasileiro), como: redução das taxas de juros e melhores condições dos empréstimos, credibilidade dos investidores em aportar recursos em negócios idealizados por mulheres, igualdade de gênero, reforma tributária, redução da burocracia, dentre outros.

Como vimos, o cenário de negócios no Brasil ainda é muito difícil para o empreendedorismo, especialmente o feminino. Por conta disso, algumas mulheres brasileiras empreendedoras não se intimidaram, ampliaram seu mercado e buscaram empreender fora do Brasil, fomentando empreendimentos em outros países, incluindo nos Estados Unidos.

O número de mulheres brasileiras que abrem empresas nos EUA vem aumentando nos últimos anos. Os negócios vão desde franquias, empresas de prestação de serviços até empreendimentos na área de construção e em tecnologia. A criatividade, a rapidez na tomada de decisão e a adaptação à mudança são os pontos mais fortes da mulher brasileira, qualidades valorizadas no mercado americano.

Um dos pontos mais favoráveis observado pelas empreendedoras brasileiras é o acesso aos incentivos financeiros americanos destinados a mulheres proprietárias de negócios, que não é apenas exclusivo para cidadãs americanas. Estrangeiras também têm acesso a linhas de crédito com juros bem acessíveis, desde que tenha seu *status* de imigrante legalizado e um bom histórico de crédito.

Além disso, as empreendedoras destacam que o país incentiva novos negócios pelo menor custo dos impostos e da relação trabalhista ser mais justa e menos favorável aos trabalhadores. No Brasil, a carga tributária e os direitos trabalhistas tornam o fardo muito pesado para o empresário.

Imagine um país em que não haja limitações à terceirização do trabalho nem de atividades meio, nem de atividades fim. Imagine que, nele, homens e mulheres só possam se aposentar após os 67 anos de idade e que, depois de aposentados, recebam em média menos da metade do que ganhavam enquanto trabalhavam. Imagine que neste país não existam 30 dias de férias remuneradas. Imagine que os empregados têm de negociar com os patrões quanto tempo terão de férias e se elas são remuneradas ou não. Adicional de férias não existe por lá. Imagine que 13º salário também não existe. Imagine que mulheres grávidas só tenham direito a 12 semanas de licença maternidade e que, durante o período de ausência, elas não são remuneradas. Imagine que os patrões possam negociar com os empregados se eles vão trabalhar em finais de semanas ou feriados nacionais. Adicional noturno, por horas extras, trabalho em finais de semana ou feriados não existem. Imagine que não existem faculdades gratuitas. Imagine um país onde ninguém tem estabilidade no emprego, nem os funcionários públicos. Imagine um país onde não existe FGTS, muito menos adicional de 40% em caso de demissão sem justa causa. Imagine que nele os trabalhadores não tenham um limite no número de horas que podem trabalhar. Seus patrões e eles podem combinar o que quiserem. Imagine que o salário mínimo por lá fique 11 anos sem nenhum reajuste. Imagine que não exista carteira de trabalho, nem Justiça Trabalhista. Quem iria querer trabalhar e morar em um país assim? Quase todo o mundo. Este país existe. Ele se chama Estados Unidos e seu presidente está se esforçando para impedir a entrada de milhões e milhões de trabalhadores de outros países que a cada ano querem ir trabalhar lá. Com regras assim, como tanta gente arrisca a vida e tantos outros se mudariam para lá neste exato segundo se pudessem? Talvez porque, por estas e outras razões, os preços e a inflação são muito menores do que aqui, a taxa de desemprego é um terço da nossa e as pessoas ganham, em média, sete vezes mais do que aqui? Talvez...

Ricardo Amorim, autor do bestseller *Depois da Tempestade*, apresentador do Manhattan Connection da Globonews.

Uma pesquisa feita por pesquisadores brasileiros com dados do governo americano e do Itamaraty revelou, em 2017, que a comunidade brasileira nos Estados Unidos está mais integrada do que a média dos outros imigrantes no país, além de ser a mais qualificada em algumas áreas e até ganhar melhor do que profissionais americanos. Essa informação está detalhada no livro *Brasileiros nos Estados Unidos: Meio Século Refazendo a América (1960-2010)*, lançado em 2017 pelos pesquisadores Álvaro de Castro e Lima e Alanni Barbosa de Castro.

A Flórida é o estado que mais concentra empreendedores brasileiros, especialmente mulheres, com uma média nacional de 36%. Os segmentos das empresas abertas por brasileiras no estado são bastante diversificados, desde turismo, educação, transporte, limpeza, logística e tecnologia.

No livro *Dos EUA para o mundo – Trajetórias de Mulheres Imigrantes Empreendedoras*, Lílian Mageski, Presidente da Associação de Mulheres Empreendedoras (AME), reúne 50 histórias de mulheres que deixaram o Brasil para empreender nos EUA. É uma obra de referência em empoderamento e empreendedorismo feminino, na qual a autora detalha o percurso que fez desde a infância na capital pernambucana até os dias atuais, nos EUA. Sua história inspiradora traz importantes reflexões sobre o tema, destacando a importância da união feminina e seu poder transformador.

Sobre a experiência, a autora esclarece:

> É com muita honra que estou dando início a um sonho antigo: transformar em livro a desafiadora experiência de uma mulher, brasileira, imigrante, mãe, empreendedora, que teve a coragem de deixar o seu país e construir uma nova história na América. São muitos os aspectos que envolvem esse processo desde o seu início. E somente quem passa por essa decisão, seja por escolha ou necessidade, conhece o sabor das lágrimas derramadas durante o percurso. Doces ou amargas, o valor e o significado de cada uma delas está impregnado de coragem, ousadia e, acima de tudo, amor. E é por isso que não faz sentido contar apenas a minha história. Esse amor, multiplicado pela participação de cada uma destas 50 mulheres guerreiras, desbravadoras audaciosas, vai impactar milhares de outras vidas ao redor do mundo.

Complementando a citação da Lílian Mageski, o desejo da maioria de nós, mulheres, é que essas 50 histórias se multipliquem e se tornem 50 x 50; depois, continuem se multiplicando. Que a cada ano, mês e dia novas mulheres sigam construindo histórias de sucesso e contribuindo com uma nova era ao mundo. Uma era de igualdade, criatividade, inovação, liberdade e, principalmente, de união.

## Referências

ALMEIDA, F. de.; VALADARES, J.; SEDIYAMA, G. A contribuição do empreendedorismo para o crescimento econômico dos estados brasileiros. REGEPE - *Revista de empreendedorismo e gestão de pequenas empresas,* 6(3), 466-494, 2017.

CALADO, L. R.; CAPPA, L. J. *Os mercados brasileiro e britânico de financiamento para pequenas e médias empresas: principais alternativas de cada país e os desafios para o desenvolvimento do mercado brasileiro.* Brasília: Confederação Nacional da Indústria, 2015.

DE ARAÚJO, I. T. et al. Empreendedorismo feminino: o contexto social e perfil empreendedor de mulheres no nordeste brasileiro. RELISE – *Revista Livre de Sustentabilidade e Empreendedorismo.* v. 3, n. 6, p. 108-127, Nov./Dez. 2018. ISSN 2448-2889.

JULIO, R. A. *5 empreendedores brasileiros que fazem sucesso em Miami.* Disponível em: <https://revistapegn.globo.com/Dia-a-dia/noticia/2015/12/5-empreendedores-brasileiros-que-fazem-sucesso-em-miami.html>. Acesso em 28 mai. de 2020.

LIMA, Á. E. de C.; CASTRO, A. de L. B. de. Brasileiros nos Estados Unidos: meio século (re)fazendo a América (1960-2010). Brasília: FUNAG, 2017.

MACHADO, H. V. et al. *O processo de criação de empresas por mulheres.* ERA Eletrônica, v.2, n.2, 2003.

STEPHAN, D. 50 *Female Entrepreneurs Everyone Should Know.* Disponível em: <https://about.crunchbase.com/blog/50-female-entrepreneurs-list/>. Acesso em 28 mai. de 2020.

TEIXEIRA, R. M.; BOMFIM, L. C. S. Empreendedorismo feminino e os desafios enfrentados pelas empreendedoras para conciliar os conflitos trabalho e família: estudo de casos múltiplos em agências de viagens. *Revista Brasileira de Pesquisa em Turismo*, v. 10, n. 1, pp. 44-63, 2016.

U.S. NEWS & WORLD REPORT. *Best countries 2017 global rankings, international news and data insights*. Recuperado em 19 outubro, 2018, de Disponível em: <https://www.usnews.com/media/best-countries/overall-rankings-2017.pdf>. Acesso em: 07 out. de 2021.

# 15

# CAMINHOS DO SUCESSO

Uma pessoa pode ter sucesso em diversas fases da vida. O conceito do que é ter sucesso depende muito da percepção e do significado das coisas para cada pessoa. Entretanto, algumas características e comportamentos são destacados nas pessoas de sucesso e estão ressaltados neste capítulo: autoconfiança, autoconhecimento, oportunidades e desafios, fé e mentalização, fazer com amor e encarar o medo.

## DANIELLA DE OLIVEIRA SANTOS LEAL

**Daniella de Oliveira Santos Leal**

Médica Veterinária graduada pela Universidade Federal da Bahia (2008) com especialização em Inspeção Industrial e Sanitária de Produtos de Origem Animal pela UNIME (2014). Pós-graduanda em Liderança e *Coaching* pela Universidade Estácio de Sá. Foi Supervisora de Treinamentos de Formação Profissional, do Programa de Aprendizagem e de Treinamentos de Metodologia de Ensino. Gestora de quipe, investidora, empreteca e bailarina amadora.

**Contatos**
daniella.mv@hotmail.com
Instagram: daniella.mv
LinkedIn: Daniella Santos
71 99995 5142

Sucesso é uma palavra que possui interpretações, variando para cada pessoa, dependendo da fase que se encontra na vida. Sucesso para um bebê com pouco menos de um ano pode ser andar sozinho, para um adolescente pode ser passar no vestibular, para um adulto pode ser a casa própria, um carro ou um emprego numa empresa bem-sucedida.

Sucesso não está ligado a dinheiro, ele está relacionado à realização de sonhos e objetivos de vida, tanto no âmbito profissional quanto pessoal, de superação, batalhas e conquistas com o próprio esforço e mérito. Sucesso também está diretamente ligado com a felicidade, ser e estar feliz consigo mesmo, com suas conquistas e sua autorrealização. Sucesso é estar orgulhoso de si, ter pessoas que te amam à sua volta, ajudar ao próximo no que puder e ser sempre uma pessoa com mente positiva.

Algumas características e comportamentos se destacam nas pessoas de sucesso. São elas:

- Autoconfiança;
- Autoconhecimento;
- Oportunidades e desafios;
- Fé e mentalização;
- Fazer com amor;
- Encarar o medo.

**Autoconfiança**

A autoconfiança é fundamental para o sucesso de qualquer pessoa. Quando temos confiança em nós mesmos, estamos canalizando energia para realização daquilo que desejamos. Todos nós somos capazes de realizar coisas incríveis e inimagináveis. O primeiro passo para isso é crer em si, ter autoconfiança e acreditar do fundo de sua alma que é capaz de realizar tudo o que deseja.

Nesse aspecto, é interessante estar atento e ter o cuidado com a autossabotagem, quando você pensa que não consegue atingir o objetivo ou fazer algo que deseja e cria obstáculos e impedimentos para realizar, pois acredita que não tem potencial para alcançar. É importante sempre ter uma atitude mental positiva para a realização de seus objetivos e permanecer nessa sintonia para canalizar essa realização e sempre manter esse hábito.

Vale ressaltar que as pessoas com energia negativa e que vibram na sintonia do "você não consegue", "isso é muito difícil", "só consegue quem tem muito dinheiro" devem ficar longe de nossos olhos e de nossa mente. Esse tipo de pensamento só consegue enfraquecer a sua autoconfiança, fazendo ficar desacreditado de si. É a partir daí que as coisas começam a dar errado, simplesmente porque sua autoconfiança foi abalada. Utilize essas energias negativas como uma ferramenta impulsionadora e motivadora para se desafiar e provar que você é capaz de alcançar e realizar tudo o que deseja.

Muitas vezes, quando sonhamos em realizar algo, principalmente quando esse algo é novo, ficamos com receio e muitas vezes desistimos por medo. O medo é uma emoção que ocorre quando estamos enfrentando alguma coisa desconhecida. Ele é o sistema de alerta que serve para proteger a nossa vida, portanto, quando algo é desconhecido, essa emoção se manifesta rapidamente.

O que precisamos fazer com ele é ter consciência de sua existência e controlá-lo para que possamos superar e atingir o objetivo desejado e, ao mesmo tempo, fortalecer a autoconfiança para superar esse medo. O medo não pode ser paralisante, ele deve ser desafiador para impulsioná-lo e não permitir que se habitue na zona de conforto, para que se supere a cada dia.

**Autoconhecimento**

O processo de autoconhecimento é uma construção diária que devemos fazer para melhorar continuamente o nosso desenvolvimento pessoal. O autoconhecimento permite a identificação dos nossos pontos fortes e fracos. E, a partir disso, trabalhar para a melhoria. Por exemplo, se eu tenho um objetivo de trabalhar com palestras, mas eu tenho consciência de que não falo muito bem em público e que minha dicção é ruim (ponto fraco), eu preciso de um treinamento sobre oratória para melhorar isso em mim e alcançar meu objetivo. Se eu projeto trabalhar em uma empresa multinacional, mas sei que precisarei estar fluente em língua inglesa, precisarei fazer um curso para me aperfeiçoar.

Ou seja, só consigo ajustar e melhorar os pontos fracos, que impedem de atingir os objetivos, se eu tiver consciência que possuo essa deficiência. Ter consciência do próprio ponto fraco é difícil para a maioria das pessoas, pois ninguém quer enxergar "algo ruim" em si. O negacionismo é uma opção danosa ao processo de autoconhecimento, pois impede as melhorias dificultando o alcance de seus objetivos, sucesso e realização.

Quando você reconhece para si que tem alguma falha, ou dificuldade, esse é o primeiro e o mais importante passo para aprimorar e evoluir. De forma semelhante ocorre quando reconheço que possuo uma característica muito boa. Eu posso direcionar essa característica para trabalhos que exigem perfil para ela.

Conhecer-se é uma das habilidades mais significativas entre as pessoas de sucesso, pois permite evoluir, potencializando suas qualidades e minimizando suas fraquezas.

**Oportunidades e desafios**

As pessoas de sucesso sempre estão em busca de objetivos para alcançar, e isso é algo constante. Muitas oportunidades aparecem em nossas vidas e precisamos estar atentos para aproveitá-las. Às vezes, uma oportunidade que aparentemente é algo insignificante abre muitas portas para você. Elas ocorrem em diversos lugares, desde a porta de sua casa, ao passeio na esquina e até no seu local de trabalho. Não temos como saber onde está naquele momento.

Busque sempre se relacionar bem com todas as pessoas, independentemente da posição social delas, e mantenha amizades saudáveis. As oportunidades aparecem nos locais, ocasiões e por pessoas que nunca esperamos. Seja curioso para aprender algo novo, seja um eterno aprendiz, pois sempre existem habilidades que podemos desenvolver. Principalmente se for sobre assuntos que você desconhece, pois isso sempre vai fazer o seu diferencial das demais pessoas.

Ouvi um pensador brasileiro dizer uma vez que: "quanto mais interesses eu tenho, mais interessante eu me torno". É justamente esse diferencial que vai posicioná-lo à frente a outras pessoas. Seja um eterno aprendiz, nunca se esqueça disso. Aprender e desenvolver habilidades permite que novas portas e oportunidades apareçam para você.

Os desafios que aparecem em nossas vidas sempre trazem melhorias para nós, tanto na vida profissional quanto na pessoal, pois existe uma dedicação e foco para superar e, consequentemente, isso desenvolve nossa mente, nossas habilidades, existe um aprendizado e um ganho de experiência.

**Fé e mentalização**

A fé é um sentimento muito poderoso que trazemos dentro do nosso coração. É uma verdade que você acredita com toda a força que há em seu interior. Ela é muito presente nas pessoas de sucesso e caminha com a Atitude Mental Positiva.

Quando estamos construindo um sonho e buscando nossos objetivos, acreditamos muito que iremos alcançá-lo. É essa crença que nos motiva e que permite a concretização desse sonho. O poder de nossa mente e de nossa fé em realizar algo é tão forte e poderoso que o próprio universo e o destino contribuem a favor. Eu sempre busco manter minha mente focada em meus objetivos e minha fé inabalável para realizar meus sonhos. Materializo isso em minha mente e trabalho bastante para a realização.

Sempre que imagino e materializo meus sonhos em minha mente, eu penso em cada detalhe. Antes de comprar meu primeiro apartamento e meu primeiro carro, sempre pensava como eles seriam, o que eles tinham que ter e me imaginava verdadeiramente vivendo dentro deles. Os dois vieram para minha vida do jeitinho que sempre imaginei e no momento correto.

O processo de mentalização e internalização do pensamento é algo muito significativo e forte. Quando mentaliza uma coisa ou uma situação, tende a atrair aquilo para você, independentemente se for algo bom ou ruim. Sua mente funciona como um ímã, você atrai aquilo que pensa. Se sempre estiver com pensamentos em coisas ruins, vai atraí-las para si. De igual forma, se pensar em coisas boas, vai atrair coisas boas. É como se existisse uma energia que nosso corpo e mente emitem para o universo e ele devolve aquela mesma energia para nós.

Por isso é importante que, em um processo de alcance de objetivos e ser uma pessoa de sucesso, você sempre deve manter uma atitude mental positiva, sempre pensar em coisas boas e se manter longe de pessoas com energias negativas e que colocam dificuldade em qualquer coisa.

Mentalizar é um processo relativamente simples e que nos dá resultados poderosos. Até o presente momento em que escrevo este capítulo, todas as realizações que tive em minha vida foram por meio desse processo de Fé, Mentalização, Trabalho e Atitude Mental Positiva.

**Fazer com amor**

Uma característica importante das pessoas de sucesso é que fazem tudo com amor, elas gostam do que fazem e isso traz felicidade para elas.

A felicidade está sempre presente no trabalho das pessoas de sucesso, pois amam o que fazem e são realizadas com isso. Ninguém consegue ser feliz e ter sucesso na vida fazendo algo de que não gosta, pois isso é bastante desmotivador e estressante.

O amor nos permite realizar nosso trabalho da melhor forma possível, com empenho, dedicação e motivação. E como consequência, nos concede excelentes resultados. Feliz é aquele que encontra amor no que faz.

Encontrar algo que você ama fazer e se realizar com isso é encontrar o seu propósito e motivação de vida. Envolve missão, talento, profissão e paixão naquilo que faz. Isso não significa que seu trabalho será tranquilo em um mundo perfeito e sem oscilações, sem problemas e desafios, mas que terá motivação e entusiasmo para resolvê-los. Ou seja, tanto nos momentos bons como nos difíceis, seu entusiasmo e motivação continuam persistentes, talvez até mais nos momentos difíceis.

**Encarar o medo**

O medo é um sentimento que nos dá o alerta de perigo, sua principal função é proteger a nossa vida. Sempre que nos deparamos com uma situação de risco ou algo novo o qual nunca tínhamos vivenciado, sentimos medo. Sentir medo é bom porque ele nos dá prudência para realizar e enfrentar os desafios, entretanto ele não pode ser paralisante, não podemos ficar imóveis. Em casos do medo em excesso, ele precisará ser controlado.

As pessoas podem sentir medo de várias coisas e isso não é algo ruim. Este sentimento é próprio do ser humano e precisa ser bem administrado para que não se torne um problema na vida da pessoa ou seja um obstáculo para o alcance dos objetivos e do sucesso.

O primeiro passo importante é reconhecer a presença desse sentimento quando ele se manifesta. O segundo é perguntar a si mesmo o motivo de estar sentindo esse medo e, a partir dessa resposta, realizar uma autoanálise crítica para que esse sentimento seja minimizado e não domine suas ações e decisões.

As pessoas de sucesso sentem medo com certa frequência, pois estão sempre se engajando em experiências novas, se desafiando e criando objetivos. São pessoas em constante movimento e que não se habituam em zona de conforto. Para elas, o medo é algo normal e passível de ser controlado. Ele nos ajuda a analisar a situação e as coisas que podem dar errado durante o percurso de execução do nosso objetivo e nos prepara para um possível replanejamento para delinear um novo caminho caso ocorram contratempos e dificuldades.

**Um toque pessoal**

As características e comportamentos que coloquei aqui são aqueles que considero os principais para alcançar o sucesso. Todos foram utilizados e vivenciados por mim para alcançar os objetivos de minha vida pessoal e profissional.

Eu continuo constantemente em busca de outros objetivos e realizações em minha vida. À medida que alcanço um, eu faço a definição de outros, e aos poucos, vou trilhando meus caminhos e me realizando a cada fase alcançada. Durante esse percurso ao sucesso, sempre utilizo, profundamente, essas características e comportamentos colocados neste capítulo, realmente funciona muito.

Sinto-me feliz e orgulhosa com tudo o que consegui alcançar até hoje. Isso não significa que basta. Tenho outros objetivos para me apoderar e a cada um deles o desafio é maior e a luta é mais instigante e motivadora.

# 16

# SORORIDADE CORPORATIVA

Em um mundo onde enfrentamos desafios impostos pelo patriarcado, surge o vocábulo sororidade para fomentar a cooperação entre as mulheres. Compreender que compartilhar é mais enriquecedor que disputar promove a evolução pessoal e profissional de quem se dispõe a ser útil, criando um ciclo salutar de ajuda mútua e prosperidade.

## DÉBORA PRISCILA ANDRÉ

**Débora Priscila André**

Bacharel em Direito graduada pela UEM (2003-2006), advogada inscrita desde 2007 na OAB Paraná, sob o número 43.975. Fundadora do escritório de advocacia André & André e Advogados Associados, atuante na cidade de Maringá e região. Com experiência nas áreas de Direito da Saúde, que abrange demandas envolvendo hospitais e profissionais da saúde como médicos, odontólogos e farmacêuticos; Direito Empresarial, que abrange o atendimento das empresas e de seus sócios em demandas judiciais e extrajudiciais inerentes às atividades empreendidas; e Direito Civil, que abrange a resolução de conflitos decorrentes das relações interpessoais no âmbito familiar e social. Seu diferencial é ser criadora de oportunidades para aqueles que desejam compartilhar suas experiências, agregando valor à sua trajetória pessoal e profissional.

**Contatos**
debora_andre@hotmail.com
Instagram: @adv.deborapriandre / @andreeandreadvogados
44 99943 0301

*O sucesso não tem a ver com quanto dinheiro você ganha. Tem a ver com a diferença que você faz na vida das pessoas.*

MICHELLE OBAMA

Toda trajetória é marcada por interações humanas que podem alavancar o indivíduo ou estagná-lo numa pseudoinsignificância. Quando voltamos nossa atenção para o indivíduo mulher, os desafios experimentados para vencer a estagnação se tornam ainda mais evidentes.

De acordo com a análise de mercado publicada na revista *Social Science Research Network*, em 2011, "a presença feminina nos conselhos administrativos aumenta o acesso de outras profissionais a altos cargos executivos. Ou seja, ter mulheres dentro de um ecossistema tem fortalecido a presença de outras mulheres e solidificado um panorama de colaboração."[1]

Apesar dos esforços empenhados na luta contra a desigualdade, muito ainda precisa ser feito para que as mulheres desenvolvam suas habilidades, conquistem lugares de destaque profissional e aprendam, sobretudo, a lidar com a rivalidade feminina.

Para fomentar essa luta, surge a necessidade de uma ideia ganhar nome: sororidade.

Segundo Gabriele Silva, "a palavra sororidade vem do latim sóror, cujo significado é irmãs. O uso do termo pela primeira vez é atribuído à escritora Kate Millett, que propôs a palavra em 1970 para construir uma ideia de luta conjunta entre as mulheres."[2]

Atribuir relevância a essa prática denominada sororidade é reafirmar, pela cooperação, a quebra de um padrão de comportamento nocivo que contribui para uma sociedade machista e com mulheres enfraquecidas pela rivalidade feminina.

Sobretudo, há que se praticar a sororidade sem seletivismo, uma vez que cooperar apenas com mulheres que detêm mesma ideologia, classe social, nível cultural e intelectual, é totalmente contrário àquilo que se pretende, tratando-se de uma conduta que se limita a sabotar, justamente, a mudança que se deseja operar.

E a sororidade aplicada no âmbito profissional promove o equilíbrio, tornando-se veículo eficaz na criação de oportunidades, muitas vezes, tolhidas pelo universo masculino. Se cada mulher que galgar uma posição de destaque profissional voltar o seu

---

[1] SORORIDADE CORPORATIVA: VOCÊ JÁ FALOU DELA HOJE?. She's The Boss. Disponível em https://app.shestheboss.com.br/post/sororidade-corporativa-voce-ja-falou-dela-hoje. Acesso em: 24/02/2021.

[2] SILVA, Gabriele. Educa mais Brasil. O que é Sororidade?. 12/02/2020. Disponível em https://www.educamaisbrasil.com.br/educacao/dicas/o-que-e-sororidade-e-por-que-so-se-fala-nisso-no-bbb-20. Acesso em: 24/02/2021

olhar para aquelas a sua volta, que se encontram sedentas por uma oportunidade, certamente a desigualdade de condições que macula o mercado de trabalho será mitigada.

**Começando pela minha trajetória**

Iniciei minha graduação em Direito na cidade de Paranavaí, contudo, em razão da transferência do meu pai, que é militar, para a cidade de Curitiba, tive a oportunidade de estudar na Universidade Federal do Paraná. No ano de 2002, solicitei minha transferência da UFPR para a UEM, em Maringá.

No ano de 2005, por intermédio de Jair Francisco da Costa, tive a oportunidade de ser escolhida para uma das vagas de estágio oferecidas pelo Núcleo Jurídico do Banco do Brasil (NUJUR), instituição da qual ele fazia parte. Ali permaneci até fevereiro de 2007, sob a responsabilidade do advogado Manoel Ronaldo Leite Júnior, que compartilhou comigo sua experiência e conhecimento no ramo do Direito Civil Bancário.

Conclui a graduação em 2006 e colei grau em 2007. No mesmo ano, obtive aprovação em meu primeiro exame da Ordem dos Advogados do Brasil e fui em busca de uma colocação no mercado de trabalho como advogada.

Em junho daquele mesmo ano, fui contratada por um escritório de renome na cidade de Maringá cuja advocacia era voltada para a defesa de grandes bancos. À frente desse escritório, havia uma advogada, acreditei estar no lugar certo para começar minha carreira. Contudo, a entrevista de trabalho já me causou estranheza quando notei que a advogada me chamava de "filhinha".

Com o passar dos dias, a sua política de exigir o máximo e remunerar o mínimo, subjugando seus colaboradores, foi sendo revelada. Foram seis meses de trabalho que quase me fizeram desistir da advocacia. Não havia liberdade de criação intelectual, não tínhamos acesso à internet para realizar pesquisas e estudos sobre os casos, a biblioteca era precária, éramos obrigados a usar modelos prontos de petições que, muitas vezes, tinham o objetivo, apenas, de prolongar o processo em favor dos bancos e não de discutir, juridicamente, as teses e interpretações legais pertinentes. Em dezembro de 2007, optei por deixar esse emprego.

Em janeiro de 2008, com o apoio do meu pai, abri meu escritório. Desde então, sigo advogando e compartilhando minha experiência com pessoas dispostas a aprender e cooperar.

**E quando o machismo vem trajando saias?**

Durante minha trajetória profissional e pessoal, fui incentivada e ajudada por alguns homens e tolhida e subjugada por algumas mulheres com reprodução, recorrente, de comportamentos machistas. Contudo, "a repetição constante dessas supostas regras universais, naturais e impassíveis de mudança acaba fazendo com que muitas de nós as incorporemos, ainda que sem perceber. É a partir daí que algumas feministas preferem afirmar que mulheres não são machistas, mas *reproduzem o machismo*."[3]

---

3 MULHERES PODEM SER MACHISTAS?. Não me Kahlo.16/04/2015. Disponível em: https://naomekahlo.com/mulheres-podem-ser-machistas/. Acesso em: 25/02/2021.

Por outro lado, existem homens que conseguem adotar condutas desvencilhadas da cultura machista, ainda que não o façam em tempo integral, uma vez que essa cultura está impregnada em nossas práticas sociais.

Na minha rotina profissional, me deparo o tempo todo com mulheres não colaborativas e, muitas vezes, sabotadoras, desde juízas, advogadas, escrivãs de polícia, serventuárias, clientes e, até mesmo, familiares. É possível observar desde situações em que mulheres com maior poderio subjugam e humilham as que o detêm em menor escala até aquelas situações em que mulheres se rebelam, inconformadas, com as conquistas e vitórias alheias.

No mercado de trabalho, não descartando outras esferas sociais, a mulher é obrigada a comprovar a todo momento que possui habilidades as quais, com relação aos homens, são presumidas. E nessa jornada é importante a cooperação entre as mulheres, sem distinção ou preferências, uma vez que a rivalidade feminina é tal como uma âncora e acaba por estagnar o progresso profissional e pessoal da mulher.

"Como destaca Marcia Tiburi, no livro *Vamos juntas? – O guia da sororidade para todas*, enfrentar o discurso patriarcal que coloca a mulher como inimiga da outra se torna possível, pois, quando agimos como se fôssemos rivais, perdemos a força que poderíamos ter caso usássemos a sororidade para nos empoderar."[4]

Por estar imergida nesse cenário e disposta a realizar os esforços capazes de operar mudanças relevantes na busca pelo equilíbrio, é que volto o meu olhar para todas aquelas mulheres que estejam dispostas a cooperar e progredir, oferecendo a elas um ambiente de aprendizado e ajuda mútua, com um propósito que vai além do ganho financeiro, mas que visa, sobretudo, fazer a diferença na vida das pessoas.

## Sororidade corporativa na prática

Sororidade aplicada no mercado de trabalho traduz, justamente, a ideia de que a colaboração entre mulheres deve ocorrer, especialmente, no ambiente profissional.

Meu projeto de estágio na advocacia surgiu sob a premissa da cooperação. Após inaugurada a primeira vaga de estágio, o projeto apenas se expandiu e hoje inicia-se pela vaga de estágio voluntário, passando pela vaga de estágio remunerado, podendo alcançar as funções de advogado *Pleno* e *Sênior*. As oportunidades de estágio oferecidas ao longo desses 13 anos de advocacia beneficiaram em torno de 18 estudantes.

A proposta é oferecer às estudantes imersão na rotina da advocacia, desde o desenvolvimento do raciocínio jurídico e postura profissional até a formação da carteira de clientes, com *feedback* de desempenho sempre visando ao aprimoramento.

Em contrapartida, como consequência lógica, a estagiária retribui todo o tempo que lhe fora dedicado com seu empenho e dedicação, aplicados na rotina profissional em que está inserida. Trata-se de um jogo de cooperação onde só há ganhadores. Essa é a premissa que desejo expandir, esse é o legado profissional que desejo deixar.

---

[4] SILVA, Ivana Carolina Santos da. SORORIDADE E RIVALIDADE FEMININA NOS FILMES DE PRINCESA DA DISNEY. Biblioteca Digital da Produção Intelectual Discente da Universidade de Brasília. 2016. Disponível em: https://bdm.unb.br/bitstream/10483/16599/1/2016_IvanaCarolinaSilva_tcc.pdf. Acesso em: 25/02/2021.

**Mulheres colaborativas alçam voos mais altos e nunca voam sozinhas**

Nada mais significativo e empírico do que transcrever as palavras de quem vivencia, na prática, os benefícios promovidos pela sororidade corporativa. *In verbis*:

"No segundo ano da faculdade, tive a oportunidade de iniciar o estágio no escritório (...). Mas a conclusão a que cheguei é que, infelizmente, a faculdade não prepara o aluno para ser advogado. A prática da advocacia está muito distante da teoria ensinada na faculdade. Sem o estágio, eu jamais teria conhecimento do que é advogar e, acredito, que não teria escolhido advogar ao terminar o curso (...). Após o estágio, em que realmente fui inserida na rotina do escritório, aprendendo todas as etapas, posso dizer que, ao me formar, me senti segura para advogar. (...) O estágio no escritório me apresentou a verdadeira advocacia e por meio dele que escolhi advogar, e fui, de fato, inserida no mercado de trabalho." (Amanda Alves de Souza, advogada Sênior no escritório André & André e Advogados Associados. Foi estagiária de Graduação de 2010 a 2014).

"Quando eu finalizei o curso de graduação, me deparei com a imensidão do mercado de trabalho e percebi o quão inapta eu, ainda, me encontrava. Ingressei no curso de pós-graduação e fui contratada em um estágio voluntário do escritório André & André Advogados e Associados, tendo como proprietária e gestora a Dra. Débora Priscila André. (...) Detectados os meus problemas, a Dra. Débora, como boa gestora e líder, começou a apontar as minhas dificuldades por meio de uma didática incrível. Quando eu desenvolvia uma peça para determinado caso, ela a corrigia e, pelos *feedbacks*, pacientemente, demonstrava os erros, mesmo que repetitivos, quantas vezes precisasse. Em nenhum momento utilizou palavras agressivas ou ofensivas. Muito pelo contrário, seus *feedbacks*, ainda com o cunho de correção, eram *feedbacks* de encorajamento que sempre vinham enaltecendo também os acertos e não só os erros. (...) Por conta disso, cresceu em mim uma vontade de ser uma profissional melhor, de gerar bons resultados e de se desenvolver como ela. Tomei como referência a sua postura, organização, o tratamento com os clientes e entendi que isso era a chave para ser uma boa líder. Hoje, atuo como advogada no corpo jurídico do escritório e devo meu desenvolvimento e aprendizado a ela, sou uma pessoa melhor e entendo o quão essencial ela foi/é para minha vida. Com toda a certeza, afirmo que a Dra. Débora é uma pessoa honrada e uma mentora memorável que não mede esforços para deixar como legado profissional seus ensinamentos." (Taizi Honorato de Almeida, advogada Plena no escritório André & André e Advogados Associados. Foi estagiária de Pós-Graduação de abril a dezembro de 2019).

**Referências**

NÃO ME KHALO. *Mulheres podem ser machistas?* Disponível em: <https://naomekahlo.com/mulheres-podem-ser-machistas/>. Acesso em: 25 fev. de 2021.

SHE'S THE BOSS. *Sororidade corporativa: você já falou dela hoje?*. Disponível em: <https://app.shestheboss.com.br/post/sororidade-corporativa-voce-ja-falou-dela-hoje>. Acesso em: 24 fev. de 2021.

SILVA, Gabriele. *O que é sororidade?* Disponível em: <https://www.educamaisbrasil.com.br/educacao/dicas/o-que-e-sororidade-e-por-que-so-se-fala-nisso-no-bbb-20>. Acesso em: 24 fev. de 2021.

SILVA, I. C. S. da. *Sororidade e rivalidade feminina nos filmes de princesa da Disney.* Biblioteca Digital da Produção Intelectual Discente da Universidade de Brasília. 2016. Disponível em: <https://bdm.unb.br/bitstream/10483/16599/1/2016_IvanaCarolina-Silva_tcc.pdf>. Acesso em: 25 fev. de 2021.

# 17

# CÉREBRO EDUCADO® — UMA METODOLOGIA PARA EDUCAR A SUA MENTE

Neste capítulo há uma história de empreendedorismo que teve como impulsionador um momento difícil. Despertar para uma nova forma de viver pelo autoconhecimento, dar novos rumos à vida profissional e ainda criar uma metodologia exclusiva é a inspiração que trazemos a seguir. As páginas seguintes também vão levá-lo a uma reflexão sobre algumas situações de vida.

ELAINE COELHO DA SILVA VON HOHENDORFF

**Elaine Coelho da Silva von Hohendorff**

Bacharel em Administração de Empresas (1998), mestre em Engenharia (2006) e especialista em *Coaching* e Aprendizagem Organizacional (2013). Sócia fundadora da Talent Desenvolvimento Empresarial Ltda. Foi docente nas disciplinas de Planejamento Estratégico, Processo Decisório, Planejamento de Carreira, *Coaching* e Gestão Organizacional e Projetos de Consultoria. Fundadora e voluntária do Laços Networking & Conhecimento, grupo que, de forma gratuita, promove o *networking* e leva informação para empreendedores. Cofundadora do Método Cérebro Educado®. Foi consultora do Serviço Brasileiro de Apoio à Micro e Pequena Empresa por 11 anos. Atua como facilitadora de jogos de autoconhecimento e desenvolvimento de líderes e equipes, como *coach*, mentora e consultora em gestão estratégica e organizacional. Possui formações complementares diversas, tais como: *Coaching*, Mentoria, Eneagrama, PNL, Física Quântica, Liderança, entre outros. É certificada em Jogos de Empresa/CAV e *Practitioner* nas ferramentas Points of You™.

**Contatos**
www.somostalent.com.br
elaine@somostalent.com.br
Instagram: @talentgestaoetreinamento
Facebook: talentgestaoetreinamento
LinkedIn: talentgestaoetreinamento

Toda pessoa que tem seu próprio negócio teve um motivo que a levou a assumir o papel de "ser empreendedor". Pessoas empreendem por ter uma ideia, um projeto ou, como acontece muitas vezes, por necessidade. No meu caso foi uma necessidade, quando me divorciei.

Pois bem, já tinha muito tempo que eu havia recebido o convite de um ex-gerente para, juntos, iniciarmos uma empresa de consultoria. Mas até ali, eu acreditava estar bem, trabalhando na empresa do meu, então, marido. Como não vivemos na felicidade permanente, mal sabia que a minha história como empreendedora estava prestes a iniciar. O que me faz pensar que o universo conspira a nosso favor e que a gratidão deve ser parceira de vida. Já prestou atenção nos detalhes da sua vida e nos desafios que você teve?

Lembro-me como se fosse hoje, mas foi numa manhã de segunda-feira, em abril de 2006, após um final de semana normal, tudo mudou e todo o enredo nos levou rapidamente ao divórcio. Num primeiro momento, fiquei desnorteada, paralisei, culpei o mundo, o papa, as pessoas da volta, o guarda, o papagaio, o peixinho do aquário... mas "eu", não. Não, eu não tinha culpa alguma. Não conseguia perceber, num primeiro momento, que eu mesma havia contribuído para que tudo tivesse acontecido como aconteceu. Consegui descobrir logo que sempre, mesmo que inconscientemente, permitimos que as coisas aconteçam. A minha sorte, naquele momento, foi ter ao meu lado pessoas que me ajudaram muito a perceber que tudo aquilo era fruto da minha forma de agir nas situações do dia a dia. De alguma maneira, eu havia alimentado um bichinho e que ele se transformara num monstro e isso modificou a minha vida. Comecei a perceber verdadeiramente a minha realidade e vi que eu dependia apenas de mim, das minhas ações para viver diferente e não ficar no "chororô", no "mimimi", não viver a vítima que inicialmente me senti. Você também já passou por isso?

Bem, como eu já estava fora da iniciativa privada há um ano e havia gostado, resolvi então aceitar o convite do meu ex-gerente e amigo Manfredo Bernkopf e, assim, juntos, criamos a Talent, em junho de 2006. Manfredo foi uma espécie de pai para mim naquele momento. Jamais esquecerei! Sou e serei eternamente grata a ele por ter me ajudado quando eu não sabia por onde começar nem o que fazer da minha vida. Meu sócio foi anjo, me apresentou muitas pessoas, me levou para reuniões, me enchia de elogios na frente das pessoas com as quais nos reuníamos

– afinal ele me conhecia bem – até que eu tivesse trabalho e pudesse então ter alguma renda. Você tem ou teve um anjo parecido assim na sua vida?

Momentos únicos, difíceis de serem passados na vida pessoal e com a vida profissional em plena mudança de rota. Fácil? Não. Mas sempre penso que o impulso que tive naquele momento foi maior do que poderia ter sido se eu estivesse numa situação confortável. Eu não tinha escolha, era dar certo ou dar certo. Tempos difíceis, de muito trabalho, mas vou dizer uma coisa para você: foi um período de muito aprendizado, de descobertas e desenvolvimento. Caso passe por um momento difícil, lembre-se sempre dessa minha história.

Esse é o marco, o período da minha busca pelo autoconhecimento. Tem uma frase, atribuída a Johnny Depp, que diz: "você nunca sabe a força que tem até que sua única alternativa seja ser forte". Foi isso que aconteceu comigo. Garanto que você já foi forte como não imaginava, certo? Minha força foi tão grande que entrei numa espiral de crescimento incrível. Meu trabalho fluiu e eu me sentia muito segura com a escolha profissional. Desse momento em diante, passei a entender a importância de entrar no meu mundo interior, a buscar me conhecer a cada dia. Iniciei uma procura por literatura, vídeos, pessoas, tudo o que pudesse me fazer chegar ao meu próximo nível, no meu interior. Assim, desde o início, nas minhas consultorias e treinamentos, tentei sutilmente plantar sementinhas de autoconhecimento nas pessoas que passavam por mim.

E o tempo seguiu, e eu cada vez mais identificada com a questão do autoconhecimento, com muita bagagem adquirida nas formações que fiz, até que, em meados de 2016, minha amiga Alessandra Becker havia tido um *insight* e me convidou para, juntas, desenvolvermos uma metodologia para trabalhar a mente dos nossos clientes no *coaching* e na mentoria.

Assim nasceu o Cérebro Educado®, uma metodologia desenvolvida com base na neurociência e neuroliderança, que envolve física quântica, psicologia positiva, *coaching* e espiritualidade, e que tem como objetivo promover o autoconhecimento e a autoliderança. O método provoca a mudança de hábitos e comportamentos que impactam diretamente na conquista de objetivos e de resultados, sejam eles individuais ou coletivos. Um cérebro educado reconecta com o seu estado interno com o seu eu interior, e reacende os sentidos, apoiando na tomada de decisão. Nessa viagem ao nosso interior descobrimos nosso real propósito, percebemos como agimos aos estímulos e situações do cotidiano, passamos a não querer mais o papel de vítima. Não há nada mais libertador do que saber que o nosso caminho está livre, que podemos tudo, que somos responsáveis pelo nosso amanhã. Tudo parte de mim e de você. Acredite!

Erramos tentando acertar, funciona assim com qualquer pessoa. Errar faz parte. O mais importante é aprender a lição que vem com o erro. É assim que passamos a nos conhecer, quando entendemos o que fazemos e o motivo pelo qual fazemos. Como agimos após recebermos um não, após um momento difícil, após o revés com alguém que acreditávamos ser amigo... é isso que vai nos "amadurecer". É entender o impacto das nossas ações na nossa vida, é saber como nos impulsionamos, é deixar para trás aquilo que não soma, aquilo que não contribui para que eu seja melhor que eu mesma, para mim e para os outros.

No Cérebro Educado®, evidenciamos sempre que nada está fora, tudo está dentro de nós. Se o que estamos vivendo não é "o que" ou "como" gostaríamos de estar, de ser, devo revisitar o meu interior. É de lá que tudo vem, é lá que tudo está, é o que está dentro que transforma fora. Trabalhamos com jogos criativos inovadores e técnicas que estimulam essa busca interna, esse mergulho intrínseco que nos fortalece, que nos eleva com segurança. Tem caminho... Tem sim.

Podemos aprender com todas as situações diárias se estivermos abertos para isso e observarmos com os "olhos de ver, de sentir, de experienciar o agora". Você já parou para fazer uma pergunta simples antes de dormir, como, por exemplo, "que lição este dia me deixa?". Por vezes estamos tão cansados, física e mentalmente, que em vez de levarmos para a cama algo positivo e bom, levamos o que de ruim aconteceu. Levamos o cansaço da rotina, os medos e as inseguranças, as neuras infundadas geradas pelos nossos sabotadores e adormecemos meio tristes ou, o que é ainda pior, ficamos amarrados na insônia da preocupação.

Em todos os trabalhos em que a metodologia do Cérebro Educado® é utilizada, recorremos ao "respirar". A respiração nos acalma, é metabólico, é comprovadamente salutar. Respirar nos convida a pensar diferente, a ver diferente, e nos devolve a razão. Quantas vezes fui salva pela respiração. Quantas vezes deveria ter respirado e não respirei. Você consegue identificar um momento seu em que a respiração deveria ter sido feita antes da ação tomada e/ou da palavra dita?

Com todo o conhecimento que obtive até aqui, consigo identificar rapidamente os momentos em que perdi pontos, em que "perdi grana", em que perdi a razão por ter levantado a voz. E, em tempos de pandemia, iniciada em 2020, nunca se exigiu tanto da nossa mente. Estamos sendo obrigados a ficar em casa, com a família, cachorro, gato, papagaio, filhos, marido, pais, netos etc. Ou mesmo sozinhos. Conviver é viver com, é viver em proximidade, é ter convivência. O quanto isso mexeu com você? Comigo também mexeu, é claro! O mundo vivendo essa situação incerta e preocupante, que desafia líderes e gestores, desacomoda os negócios, fecha empresas, coloca trabalhadores em *home office*, crianças sem contato com outras crianças, quando o ser humano foi feito para viver em sociedade. Eu não sei como você reagiu a tudo isso, mas eu fui ao encontro de mim. Nesse período apliquei meus conhecimentos no meu íntimo e fui fazer conexões. Aproveitei o momento e fiz a limpeza que me abriu novos caminhos. Abandonei alguns hábitos não saudáveis, trabalhos que não mais estavam em sintonia com as minhas atividades mais agregadoras, coloquei as leituras em dia (li principalmente os livros de Napoleon Hill, que são estimulantes), adotei práticas de meditação com maior intensidade, assisti a muito conteúdo gratuito fantástico (até as aulas de culinária da Chef Malu Galvão), comprei cursos *on-line* maravilhosos, fiz encontros virtuais com meus amigos de Mastermind, não deixei de estar com meus pais levando apoio e carinho com os cuidados necessários e de amor (honrar pai e mãe é compromisso), convivi com os mais íntimos amigos de maneira cuidadosa e respeitosa, maratonei séries com meu namorado, continuei meu tratamento fitoterápico da Cidade da

Esperança, coloquei novos planos profissionais em ação e, inclusive, escrevi um livro em coautoria. Incrível, não! Convido-o a fazer rapidamente, como fiz acima, um inventário do seu período pandêmico "fique em casa".

Nunca nos foi tão exigido ter desenvolvidas as tais *soft skills*, habilidades comportamentais e sociais que são vinculadas à nossa mente e à forma como lidamos emocionalmente em nosso dia a dia. Elas podem ser desenvolvidas, assim como as *hard skills* – que são habilidades profissionais e técnicas – por meio de treinamentos, *workshops* e imersões. As *soft skills* são o nosso foco na metodologia Cérebro Educado®. Ela trabalha a mente, trabalha o indivíduo na sua essência, com amor, mas com o dolorido mergulho em si mesmo, o libertador descobrimento da porta de saída para as nossas angústias mais profundas.

Você acha que é barbada sustentar uma metodologia tão profunda quanto o Cérebro Educado®? É preciso estar preparado, focado, é preciso buscar o saber, aprender para aperfeiçoar a metodologia, fazendo com que ela seja ainda mais poderosa. Para isso, exercitamos o *"lifelong learning"* ou o aprender pela vida toda.

No seu livro *O poder do subconsciente*, o Dr. Joseph Murphy deixa claro que mais de noventa por cento da nossa vida mental é subconsciente e que podemos limitar muito a nossa vida, caso não saibamos utilizá-lo. Todos os estudiosos sobre a mente falam do nosso inconsciente, do nosso poder mental. De Napoleon Hill a Elainne Ourives, todos deixam claro que é nosso dever utilizar a fantástica fábrica cerebral a nosso favor. Adotar práticas de meditação, focar na coisa certa, naquilo que importa, declarar ao universo aquilo que se deseja, executar ações em prol do seu objetivo maior, aliar-se a pessoas de boa índole e ter a mente positiva para driblar as objeções cotidianas nos faz viver de forma mais leve. Essa minha busca contribui fundamentalmente para o meu trabalho ter relevância na vida das pessoas que passam pelo meu caminho.

Assim, em nossas intervenções do Cérebro Educado®, seja em clientes corporativos ou mesmo em cursos abertos que promovemos, em consultorias, em sessões de *coaching* ou de mentoria, desafiamos o participante a ter um novo olhar sobre o mesmo, a focar na solução e não no problema, expandindo a sua consciência, trabalhando crenças limitantes, conhecendo os seus sabotadores, abandonando a perseguição pelos culpados, libertando as amarras e os limites que cada um impõe a si mesmo.

Enfim, estudar é preciso e educar o cérebro, ainda mais. Somos o que pensamos e nos transformamos naquilo que acreditamos ser. Nosso pensamento é o que nos move para frente ou para trás. Está tudo dentro de cada um de nós, basta buscar. Quem já passou por um processo do Cérebro Educado® sabe do que eu estou falando. Tem choro, tem alegria, tem descoberta, tem horas que queremos sumir, tem maior clareza na hora de decidir, tem mergulho intenso, tem aumento da frequência vibracional. Sim, tem tudo isso! Convido-o para uma imersão conosco, a passar por um dos nossos *workshops* e fazer a sua descoberta.

Para finalizar, guarde isso: a minha vida está em minhas mãos e a sua nas suas mãos, querendo você ou não. Tudo está dentro, nada está fora. Espero sinceramente que esse texto o inspire a buscar educar o seu cérebro para ter uma vida com significado, com rumo, com satisfação, com desafios agregadores, com sentido e com o sentir. Estamos aqui sempre prontos para aproximar cérebro e vida com propósito. Obrigada e boa sorte!

# 18

# O PRIMEIRO PASSO PARA O SUCESSO É SONHAR

Realizamos os sonhos da infância? As responsabilidades a nós impostas nos tira a inocência de um sonho genuíno, mas ainda podemos realizar se assim quisermos. A família é um lastro afetivo imprescindível em nossa formação. Buscar equilíbrio para realizá-los inclui alimentar-se bem, cuidar da sua mente, ter uma vida financeira próspera e, por fim, ser grata a cada pequeno acontecimento da vida.

## FERNANDA CRUZ VIEIRA FERREIRA

**Fernanda Cruz Vieira Ferreira**

Psicóloga graduada pela Universidade Nove de Julho – UNINOVE (2008), com especialização em Terapia Familiar e de Casal pela UNIFESP (2011). Psicóloga voluntária do AMJO – Ambulatório do jogo patológico no IPQHC-SP (2009-2012), Terapia Sistêmica na Universidade de Massachusetts – EUA (2014), colaboradora no Instituto Afinando Vidas – IAV (2015), terapeuta comunitária integrativa – IAV (2017), doutoranda em Terapia de Família e Casal – CAIFCOM, terapeuta comunitária integrativa – Bologna/Itália (2018), facilitadora de Barras de Access® (Internacional) (2020), consteladora familiar – IAV (2020), facilitadora Desprogramação Neurobiológica (Internacional) 2021. Coautora dos livros *Sexualidade para adolescentes: sob um enfoque comportamental* (2008); *Manual de sexualidade infantil para pais e educadores,* intitulado *Sexualidade também é coisa de criança (2006); Arte e terapia (2014), Transtornos e deficiência (2014), Desvendando a Ansiedade: 100 exercícios descomplicados para usar no dia a dia (2021) e Baralho da autoestima (2021).*

**Contatos**
psiconandaoficial@gmail.com
Instagram: @psiconandaoficial
Facebook: psiconandaoficial
Youtube: psiconandaoficial

> *É melhor estar preparado para uma oportunidade*
> *e não ter nenhuma do que perdê-la por falta de preparo.*
>
> ALBERT KHORY

Desde a infância construímos sonhos os quais levamos para fase a adulta, alguns; realizamos, outros se perdem ao longo da vida, em meio às responsabilidades que assumimos. Qual ou quais era seus sonhos quando criança?

Meu(s) sonho(s): _____
_____
_____

Minha avó contava que, quando tinha uns seis anos, meu maior sonho era conhecer meus dois bisavôs por parte de mãe. Ela acreditava que era um sonho impossível, afinal morávamos em São Paulo, capital, o pai dela morava no Paraná e o pai do meu avô em Minas Gerais. Por obra do destino, eu os conheci. Lembro-me como se fosse hoje, ela contando meu sonho para as amigas e falando "essa menina é danada".

A família tem papel importante na formação da criança, é o primeiro espaço psicossocial, sendo a matriz da identidade social e pessoal. Nela se desenvolve o sentimento de pertencimento, possibilitando a vivência da individuação, suprindo assim as necessidades primárias como alimentação, segurança, um lar para o desenvolvimento afetivo, social e cognitivo, como também para o sentimento de ser aceito, protegido, amado e cuidado.

Lewis Carroll tem uma frase que diz "se você não sabe aonde quer ir, qualquer caminho serve".

A frase acima serve para você?

Sim ( ) Não ( ) Por quê ? _____

Eu tenho o melhor avô do universo e tive a melhor avó do universo, ela queria que eu tivesse uma profissão. Preocupada com o meu futuro, ela me pagou um curso de manicure e pedicure quando eu tinha 17 anos. Sou muito grata pelo curso, minha nota foi 9,5. Até fiz muitas unhas, das amigas, das vizinhas, mas aquele não era meu sonho, não era o caminho que queria seguir. De verdade, eu queria trabalhar em um escritório.

Qual sonho de criança você realizou? _____
_____
_____

Sonho de trabalhar em um escritório realizado. Com 18 anos, entrei em uma empresa do ramo da Engenharia Civil, eu falo que lá era a minha segunda família. Tive três dos melhores gestores (tios, amigos) do mundo, foram mais de 21 anos de muitos aprendizados, choros, alegrias, crescimento e muitos sonhos realizados. Tenho um carinho enorme por todos eles e muita gratidão.

No escritório, eu trabalhava com números, papéis, computador, planilhas etc.

Mas como diz Deepak Chopra, "você tem um talento singular e uma maneira única de expressá-lo. Existe alguma coisa que você consegue fazer melhor do que todo mundo. E, para cada talento singular, em sua forma única de se expressar, existem necessidades específicas. Quando essas necessidades se combinam com a expressão criativa de seu talento, surge a fagulha que cria a riqueza."

Depois de cinco anos trabalhando na área de exatas, realizei outro sonho. Entrei para a Faculdade de Psicologia, mas o que mais escutei foi: "por que você não faz Engenharia?" ou "Você perdeu o juízo?". Eu continuava focada no meu caminho e estava descobrindo o meu talento singular.

E você, no meio do caminho, descobriu seu talento singular e mudou o rumo da sua vida? _____

Foi uma escolha Fácil ( ) Difícil ( ) Por quê? _____
_____

Não tente ser aquilo que você não é! A frase "qualquer caminho serve" não é uma opção, ela não vai te colocá-lo caminho do sucesso no mundo dos negócios. Não é sobre vencer, é sobre não desistir, é sobre planejar e esperar o melhor momento para continuar o caminho rumo ao sucesso.

Recomeçar é algo que assusta? _____

Uma superdica do Rick Chesther (@rick_chesther): ele, escutando os conselhos do pai, rascunhou uma fórmula para se dar bem na vida:

1. Identificar o erro;
2. Aceitar que o erro é seu;
3. Corrigir o erro;
4. Não cometer o erro novamente.

Eu já precisei partir da estaca zero mais de uma vez e, nesta caminhada, nada melhor do que identificar onde errei, aceitar o meu erro, corrigi-lo e não repetir.

Foi um longo caminho e nele eu já morei sozinha, dormindo em um tapete de yoga. Já abandonei um sonho com mais de 60% do caminho percorrido, já troquei um carro novo automático por um carro manual bem mais antigo, já fiz os próprios móveis em casa. Escolhi "ser" do que "ter". Com o passar dos anos, vamos aprendendo que ter saúde e paz vale mais que viver uma vida de mentira.

Você está preparada para ser uma mulher no mundo dos negócios? _____
_____

Você sabe lidar com o dinheiro, tendo controle financeiro da sua vida? _____

A Bolsa de valores (B3) (@b3_oficial) divulgou um estudo feito entre 2019 e 2020. Neste período entraram na Bolsa 2 milhões de novos investidores. Do total de todos os investidores, 26% são mulheres e 74% homens. Com o passar dos anos, o número de mulheres que entram na bolsa vem crescendo. Em 2018, éramos 179.392; já em outubro de 2020, somamos 809.533.

Eu faço parte desse número de 809.533 mulheres que investem na Bolsa de Valores, ela não é o monstro que todos imaginam. Aprendi muito com o criador do perfil no Instagram @projetoummilhao2017 e canal do Youtube Nerd Finanças.

Você tem uma planilha das suas receitas e despesas? _____
_____

Você gasta mais do que ganha? _____
Você tem reserva de emergência? _____

Com os pés no chão e muito estudo do mercado, qualquer uma de nós consegue investir e ter rendimentos na bolsa. Meu sonho para o futuro é ter o dinheiro trabalhando para mim e não eu trabalhando por ele, ou seja, ter um valor investido que cubra todas as minhas despesas mensais. Tendo isso realizado, não me preocupo com dívidas.

Estarei livre para alçar novos voos e realizar outros sonhos. Para isso, é preciso estar com a saúde em dia e comer alimentos nutritivos. Estou aprendendo às duras penas, com a @karinapeloinutricionista, a diferença entre comer e ter uma alimentação saudável. É assustador o número de mulheres obesas no Brasil. De acordo com os dados da pesquisa do IBGE, 62,6% das mulheres estão com sobrepeso. Não me orgulho, mas hoje eu faço parte desse número. Meu sonho é que, quando você estiver lendo este capítulo, eu já não faça mais parte dessa porcentagem.

Você está cuidando da sua alimentação? _____

O corpo não distingue o alimento ingerido (frutas, verduras, comidas em geral) do alimento afetivo (tristeza, preocupação, raiva, frustração, alegria, euforia). Com isso, na Terapia Comunitária Integrativa (TCI), usamos muito a frase: "quando a boca cala, os órgãos falam. Quando a boca fala, os órgãos saram". Ela nos diz sobre a importância da fala, de olhar para si, de cuidar não só do seu corpo físico, como também da sua saúde mental.

Segundo a Organização Mundial da Saúde (OMS), a depressão atinge 5% da população do mundo todo, o que representa cerca de 350 milhões de pessoas. Para cada homem com depressão, duas mulheres sofrem com a doença.

Você está cuidando da sua saúde mental? _____
Você já fez uma visita a uma psicóloga? _____

Mark Manson foi muito sábio em suas palavras quando disse: "somos nossos piores observadores. Os últimos a perceber quando estamos irritados, enciumados ou tristes."

Você se percebe quando não está bem? _____

O exercício físico é um excelente recurso que ajuda não só na parte física como na saúde mental. Quando nos exercitamos liberados no cérebro hormônios como: endorfina, que promove a sensação de bem-estar e de recompensa; hormônio do crescimento, que é responsável pela queima de gordura, também chamado de somatotropina; adrenalina e noradrenalina são chamados de combustíveis para malhar; glucagon e insulina, reguladores do metabolismo; cortisol ajuda o organismo a controlar o estresse, reduzindo as inflamações; leptina é um termostático regulador da fome; serotonina age no organismo regulando o humor, sono, apetite, ritmo cardíaco, temperatura corporal, sensibilidade e funções cognitivas, entre outras.

Você prática exercícios regularmente? _____

Agora quero que feche os olhos, respire profundamente algumas vezes, conectando-se com seu eu interior, vendo tudo aquilo que está impedindo de realizar o seu sonho. O que a impede de ter sucesso no mundo dos negócios? _____

Depois de entrar em contato com o que a impede/bloqueia, você pode repetir esta frase: "sou uma mulher forte e merecedora, sou determinada e ninguém me para. Vou realizar o meu sonho de_____."

Entre os meus sonhos, o maior dele é viajar o mundo ajudando as pessoas por onde passar.

Para nos auxiliar nesta jornada da saúde integral corpo e mente, hoje temos muitos recursos como Yoga, Meditação, *Thetahealing*, Barras de Access®, Reiki Xamânico, Desprogramação Neurobiológica, Constelação Familiar, Terapia Comunitária Integrativa, Auriculoterapia, Psicoterapia, Barriga negativa, *Mindfulness*, *Pole Fitness* e massagem. Você conhece algumas dessas práticas? Se sim (.1.), já fez uso dela? (.2.).

| Práticas | Instagram |
|---|---|
| 1 ( ) 2 ( ) Alimentação Saudável | @chefelianecristinasaudavel |
| 1 ( ) 2 ( ) Auriculoterapia | @esteticalumy |
| 1 ( ) 2 ( ) Barras de Access® | @afinando.vidas |
| 1 ( ) 2 ( ) Constelação Familiar | @mismecvitoriadaconquista |
| 1 ( ) 2 ( ) Desprogramação Neurobiológica | @espacodocarmo_ |
| 1 ( ) 2 ( ) Mahah Lilah | @nac.ecursos |
| 1 ( ) 2 ( ) Massagem | @samanthaesteticista |
| 1 ( ) 2 ( ) Mesa Radiônica | @psiconandaoficial |
| 1 ( ) 2 ( ) Mindfulness | @patycalazans |
| 1 ( ) 2 ( ) Nutricionista | @_ju.gomess_ |
| 1 ( ) 2 ( ) Pole Fitness | @reinadancestudio |
| 1 ( ) 2 ( ) Psicoterapia | @afinando.vidas |
| 1 ( ) 2 ( ) Reiki Xamânico | @jeftomazella |
| 1 ( ) 2 ( ) Terapia Comunitária Integrativa | @afinando.vidas |
| 1 ( ) 2 ( ) Thetahealing | @flavia_hisatsugu |
| 1 ( ) 2 ( ) Wellnesscoach | @mirna.domingos |
| 1 ( ) 2 ( ) Yoga | @claudiasartiyoga |

Eu já pratiquei ou pratico 95% dos recursos acima e posso dizer que são libertadores. No decorrer da vida, eles foram me preparando para a mulher que sou hoje (dessa forma, eu nunca perco uma oportunidade por despreparo. Lembra o que Albert Khory nos falou lá no início do capítulo?), me dando recursos e expandindo os meus pensamentos. Já fiquei mais de um ano com a imunidade lá em cima, resolvi pendências com a minha família, com os meus antepassados, consigo ter clareza nas minhas metas para o futuro, não procrastino tanto quanto antes, entre outros benefícios, como o financeiro. Não consigo explicar cada uma das práticas, mas há a indicação de onde podem obter mais informações.

Mas você fala: "Fernanda, eu não tenho tempo, paciência nem dinheiro para fazer essas práticas..." Então, eu pergunto:

Você já praticou a gratidão hoje? _____

Segundo o neurologista Dr. Fabiano Moulin e o escritor Pedro Superti, ser grata faz com que você se sinta uma mulher privilegiada, com tudo o que tem no momento. Você pega algo corriqueiro e simples do dia a dia e é grata. Isso faz com que dê mais valor o que tem. As pessoas mais gratas têm pressão arterial mais baixa, menor chance ter um AVC ou um infarto. Exercer a gratidão pode ser um aliado no tratamento da ansiedade e da depressão.

Vamos agora fazer um exercício simples, mas que pode fazer toda a diferença no seu dia a dia. E mais lá na frente esse exercício mostrará o valor das suas conquistas. Seja fiel ao que você lutou e conquistou.

Pegue um caderno, caderneta ou bloco de notas, ou use a criatividade e monte seu pote, caixa ou árvore, da gratidão. O exercício consiste que, no fim do dia, você escreva três motivos pelos quais você é grata naquele dia e por que é grata. No início, pode ser um pouco difícil, mas, com o passar do tempo, você vai notar que vai ficando mais fácil e que você começa a ser grata pelas coisas simples e corriqueiras da vida.

Obrigada, Obrigada, Obrigada!

Foi um prazer estar com você até aqui. Muito sucesso no seu caminho, sendo "no mundo dos negócios" ou não.

Como podemos melhorar? _____

## Referências

B3. *B3 divulga estudo sobre os 2 milhões de investidores que entraram na bolsa entre 2019 e 2020*. Disponível em: <http://www.b3.com.br/pt_br/noticias/investidores.htm>. Acesso em: 16 mar. de 2021.

BARRETO, A. P. *Quando a boca cala, os órgãos falam...Desvendando as mensagens dos sintomas*. Fortaleza: Gráfica LCR, 2012, pp. 15 e 19.

BELLINO, R. *Ninguém é F#dido por acaso: um guia prático anticoitadismo*. 1. ed. Porto Alegre: Citadel Editora, 2019, p. 147.

CERBASI, G. *Investimentos inteligentes: estratégias para multiplicar seu patrimônio com segurança e eficiência*. Rio de Janeiro: Sextante, 2013, pp. 35 e 36.

CHESTHER, R. *Pega a visão: verás que um filho teu não foge à luta*. Curitiba: Buzz Editora, 2018, pp. 61 a 64.

MANSON, M. *A sutil arte de ligar o F*da-se: uma estratégia inusitada para uma vida melhor*. São Paulo: Intrínseca, 2017, p. 152.

ONUKI, S. *Constelação familiar: desfaça os emaranhados da sua vida para criar laços*. Curitiba: Buzz Editora, 2019, pp. 36 a 39, 64.

PELOI, K. *Magra para sempre*. Buzz editora, 2019.

SUPERTI, P. *Ouse ser diferente: como a diferenciação é a chave para se reinventar nos negócios, relacionamentos e vida pessoal*. Curitiba: Buzz Editora, 2020, pp. 120 a 122.

# 19

# A C.H.A.V.E. DO SUCESSO

Neste capítulo, abordaremos uma estratégia de autoconhecimento essencial para o sucesso profissional. As atividades de reflexão aqui propostas têm o objetivo de trazer clareza, proporcionando maior assertividade nos investimentos aplicados no início de um novo negócio.

## FLAVIA LEONARDO

**Flavia Leonardo**

Psicóloga clínica (CRP 06/136268) especialista em Psicoterapia breve operacionalizada (UNIP), especialista em Neuropsicologia e Psicopedagogia (Faculdade Única – Instituto Pró Minas). Docente do curso de Neuropsicopedagogia da IMEP educacional polo Tatuapé, turma A20. Facilitadora em constelação sistêmica individual e *coach* sistêmica. *Practitioner* em Programação Neurolinguística. coautora do livro *Saindo do Casulo* (2020).

**Contatos**
www.psycoachingbrasil.com.br
psyco.flavialeo@gmail.com
Instagram: @psyco.flavialeo
Facebook: psyco.flavialeo

Enquanto somos crianças, recebemos da vida a nutrição, o conhecimento, os afetos e todos os recursos necessários para a manutenção que nos levam até a vida adulta. Já na vida adulta, portanto, é chegado o momento de **contribuir com a vida**, devolvendo tudo quanto dela recebemos para, de alguma maneira, colaborar com a manutenção de outras vidas. Esse seria o ciclo da própria natureza com a qual a planta é semeada, germinada, regada e cuidada até o momento em que ela vai gerar frutos. O momento de **contribuição** na visão sistêmica é a **profissão**.

Na perspectiva supracitada, a profissão e o trabalho enquanto contribuição têm mais a ver com **entrega** do que com **receber.** Portanto, o que devemos esperar de retribuição do trabalho seria o pagamento necessário ao nosso sustento e nutrição. Muitas pessoas acabam por criar posicionamentos frente à profissão de busca exacerbada por **reconhecimentos** e **afetividades**. Elas geralmente se frustram, pois tais instâncias na vida adulta deveriam estar internalizadas como aspectos da própria autoestima. Reitero que na jornada profissional teremos sim reconhecimento e desenvolveremos afetos, entretanto estes não devem estar sob expectativa.

O êxito em qualquer área profissional e empreendedora está relacionado ao objetivo de contribuição para outras pessoas. Quanto maior a clareza sobre o que podemos contribuir, mais nos aproximamos da assertividade nas ações e nos negócios. Vejo muitas pessoas calculando seus objetivos com ganhos financeiros e o que gostariam de receber de seus empreendimentos, mas a reflexão aqui seria contrária e necessária: você tem clareza sobre o que pode contribuir na sua jornada profissional?

## A C.H.A.V.E. do Sucesso

Enquanto psicóloga e *coach*, tenho atendido centenas de mulheres que buscam iniciar atividades profissionais, ou mesmo ter mudança de carreira para conquistar qualidade de vida, independência e estabilidade financeira, conforto, passar mais tempo com a família, boa educação dos filhos, crescimento e desenvolvimento pessoal, além da saúde emocional. Com o objetivo de fazê-las alcançarem tais objetivos, desenvolvi um processo que chamei de **CHAVE do Sucesso.**

A CHAVE do Sucesso consiste em um processo de autoconhecimento e autodesenvolvimento com o fim de auxiliar a mulher a obter clareza para conquistar seu lugar de contribuição. Essa técnica é realizada em algumas sessões combinadas, entretanto sintetizarei o processo a seguir para que, ao término de toda leitura deste livro, você, mulher, se torne de fato a Dona da p**** toda!

Usei a palavra CHAVE como um acrônimo: **C**-conhecimento, **H**-habilidade, **A**-atitude, **V**-valores, **E**-emoções.

**Conhecimento**

Compreendendo o fato de a profissão relacionar-se com entrega e contribuição, o conhecimento dos seus atributos se faz necessário para maior êxito da técnica.

No âmbito do conhecimento necessário para a vida profissional, separei três tipos diferentes de conhecimentos essenciais:

- **Conhecimento técnico sobre a área de atuação** - nicho de mercado, produto ou serviço oferecido, contribuição a ser ofertada;
- **Autoconhecimento** - compreensão de si mesma e das próprias capacidades e limites, sonhos, habilidades pessoais, valores pessoais, motivação, perfil profissional, tipo de personalidade para obter maior clareza sobre as estratégias e melhoria contínua;
- **Reconhecimento** - reconhecer a sabedoria advinda das experiências próprias. A aprendizagem não acontece somente por meio de cursos ou universidades, mas em todo tempo pelas nossas histórias de vida.

Deixo a proposta de um exercício de reflexão que auxiliará a reconhecer todo seu conhecimento.

- Em um lugar em que possa se sentir tranquila e relaxada, feche os olhos por um instante e se lembre do **pior** momento de sua vida. Lembre-se do que aconteceu e da maneira que enfrentou tal situação. Quem estava com você? Onde conseguiu força e consolo? Quais foram as cicatrizes que restaram dessa lembrança? Se fosse hoje, o que faria diferente?
- Agora, ainda relaxada, permita vir à memória o momento mais feliz da sua vida. Onde você estava? Quem estava contigo? Como estava vestida? Como era a sua postura? O que ouvia no ambiente em que estava? Deixe a memória vir acompanhada do sorriso em seu rosto, desfrute da lembrança. Afinal, ele também já passou.
- Essa é uma experiência emocional para observar vivências passadas pelo pior e pelo melhor dia da sua vida até hoje. Que grandes aventuras já experimentou? O quanto de força e amadurecimento há em cada lembrança, quem era e quem se tornou após cada experiência? Esconder, esquecer, rejeitar a própria história de vida é rejeitar conhecimento adquirido.
- Faça uma lista escrita de todo conhecimento que adquiriu com essas experiências e com outras que vierem à memória.
- Ainda sobre o reconhecimento da sabedoria já adquirida no tempo e agora pensando sobre conhecimento técnico profissional, a sugestão é que pegue todos os seus diplomas, certificados, carteira de trabalho e tudo que remeta a experiências profissionais anteriores, mesmo que nada tenham semelhante aos objetivos profissionais de agora, e observe cada uma deixando vir à memória, o curso o tempo que aconteceu e tudo quanto tenha aprendido naquele momento.

A neurociência já comprovou o fato de a aprendizagem modificar fisiologicamente nosso cérebro e quem nós somos. Por isso, é necessário reconhecer e desfrutar do sentimento de gratidão por toda oportunidade de aprendizado e experiência anterior com a qual pleiteamos na atualidade. Aproveite e já coloque na lista anterior todo conhecimento lembrado.

Essa atividade é necessária, pois muitas pessoas se sentem inseguras acreditando não ter conhecimento necessário para empreender ou iniciar nova profissão, se embrenham por muitos cursos e procrastinam suas ações simplesmente por menosprezar tudo o que já experienciaram na vida. Acredito que se surpreenderá com o quanto de conhecimento tem e não sabia.

## Habilidade

Após as reflexões sobre conhecimento técnico, autoconhecimento e reconhecimento, é o momento de avaliar as habilidades que esses conhecimentos trouxeram e as que faltam ser adquiridas para a realização profissional. Falar em habilidades significa **saber fazer**. Ferramentas, técnicas e metodologias estratégicas são necessárias para o projeto profissional em questão. Baseado na lista anterior de conhecimentos, observe as habilidades que já possui e compare com as que ainda faltam.

## Atitude

Você saberia dizer quais são as ações necessárias para que atinja seus objetivos? Qual ação necessária que a deixará um passo mais próxima do seu objetivo? No *marketing* digital, qual ação deverá ser tomada por você no dia de hoje?

É necessário planejar e elencar cada ação, pois tenho visto muitas mulheres se perdendo em suas ações, procrastinando e até desistindo de sua jornada por falta de clareza em suas ações. É como se estivessem olhando e se lamentando pelo topo da escada ser tão longe, esquecendo-se de olhar os pequenos degraus que levam até o topo e são necessários caminhar por eles; em cada degrau, a experiência fica mais forte e a manterá no topo por mais tempo. Então, não pense em pular etapas.

No *marketing* digital, toda a ação é focada em objetivos estrategicamente planejados. Cada postagem ou *e-mail* possui um público-alvo e a ação esperada desse público é predeterminada, desencadeando outras ações até a obtenção do objetivo principal.

Como seria levar esse modelo de trabalho também para a vida?

## Valores

Valores são conceitos que guiam nossa vida e que aprendemos com nossa família e experiências pessoais, sendo alguns mutáveis e outros com características mais rígidas em nós. São determinantes em nossas posturas, foco de orientação, e se relacionam na forma que buscamos ser vistos em sociedade.

Alguns **conflitos** profissionais acontecem quando os valores dos indivíduos são diferentes do trabalho a ser realizado. Entretanto, nossos valores são mutáveis. Dessa forma, podemos nos apropriar, pela reflexão, de quais valores são importantes. E podemos abrir mão de outros que estejam atrapalhando o desenvolvimento pessoal.

Deixo, a seguir, uma lista com alguns dos valores mais comuns entre as pessoas e proponho uma reflexão.

Desafios – rotina – aceitação social – comprometimento consigo mesmo – excelência e sucesso – contribuição – respeito – individualidade – reconhecimento – *status* responsabilidade – poder – segurança – previsibilidade – fama – estabilidade comprometimento com o próximo – liberdade – compaixão – honestidade e mudança/variedade – crescimento contínuo – ordem/organização - reputação.

- Dos valores listados acima, escreva, em ordem de importância, os cinco valores com os quais você mais se identifica e escreva o por quê? Após isso, reflita e anote em que momento esses valores atrapalharam sua vida, impedindo-a de conquistar algo. Agora reflita de que maneira poderia continuar utilizando esses valores de forma menos rígida para continuar evoluindo.
- Dos valores listados acima, escreva, em ordem, três dos quais não gosta e os motivos. Após, faça uma reflexão das oportunidades que perdeu ou dificuldades que enfrentou por não ter esses valores.
- Por último, escreva de que maneira poderia utilizar os aspectos positivos desses valores.

**Emoções**

As emoções são respostas instintivas de situações e experiências vividas e nos ajudam a perceber e dar significado aos acontecimentos de nossa vida. Controle e inteligência emocional se relacionam com conhecer as próprias respostas emocionais, o que fazer e como reagir adequadamente a elas. Muitas pessoas têm experimentado estresse e ansiedade frente aos negócios, justamente por acreditar que devem reprimir suas emoções quando, na verdade, deveriam se permitir senti-las e aprender a melhor maneira de lidar com elas. O sucesso profissional está justamente no desenvolvimento da inteligência emocional.

Um exercício que tenho recomendado aos clientes para conhecimento das emoções consiste em:

- Frente a uma situação que gere uma emoção intensa, em vez de reagir à emoção, pare e perceba como sente a emoção, como ela se manifesta fisicamente. O coração acelera? As mãos suam? Existe dor? Vontade de correr?;
- Reflita sobre os motivos da resposta à situação ter sido tal emoção. O simples fato de você parar e analisar a própria emoção em vez de reprimi-la vai impedir os atos impulsivos e, certamente, a reação será assertiva. Você aumentará seu autoconhecimento e seu controle emocional.

Esta é a CHAVE do sucesso, processo que pode ser aplicado em todos os âmbitos da vida e porque auxilia e fortalece o profissional. **Agora que conhece, que tal virar a CHAVE?**

**Referências**

DOWNEY, M. *Coaching eficaz*. Estados Unidos: Cengage Learning, 2010.

HELLINGER, B. *Histórias de sucesso na empresa e no trabalho*. Belo Horizonte: Artman, 2021.

WUNDERLICH, M.; SITA, M. *Coaching & Mentoring foco na excelência: saiba como ultrapassar a barreira do comum e vença na vida pessoal e profissional*. São Paulo: Literare Books Internacional, 2013.

# 20

# UM CAMINHO DE LEVEZA

A vida nos imprime um ritmo que, muitas vezes, não percebemos que não é o nosso e simplesmente aceitamos e tentamos nos encaixar. Seguindo o ritmo, me sinto exausta. Não seguindo, me sinto excluída, ficando para trás. Mas será que é possível fazer diferente? Neste capítulo, conto uma metáfora para que possamos refletir, juntas, sobre o seu caminho. Eu verdadeiramente acredito que podemos seguir com menos peso na alma, com menos pressa, com mais leveza.

## FRANCIANE PÉTERLE

**Franciane Péterle**

Mentora de mulheres empreendedoras pela empresa Franciane Péterle. *Head trainer* e sócia-fundadora do Instituto Invictus. Bacharel em Psicologia, especialista em Cognitivo Comportamental. Especialista em Psicologia Positiva. *Personal, Professional e Life Coaching* pela Sociedade Brasileira de Coaching. *Positive, Executive* e *Business Coaching* pela Sociedade Brasileira de Coaching . MBA e *Master Coaching* pela SBCoaching. *Master trainer* em inteligência emocional pelo instituto Brasileiro de Trainers. Professora de *Neurocoaching*, TCC e *Coaching* Positivo. Palestrante.

**Contatos**
www.francianepeterle.com.br
contato@francianepeterle.com.br
47 99287 7907

**As donas da porra toda**

Talvez seja essa uma das mensagens que vimos, ouvimos e sentimos desde a infância e que define a forte tendência que temos a dominarmos e centralizarmos tudo, não é verdade? E foi na infância que embarcamos no trem da nossa vida e iniciamos a construção do nosso caminho. Desejo que possamos refazer essa viagem agora.

Quando nascemos, assim como um CD virgem, aprendemos a perceber e absorver o mundo por meio das músicas que nossos pais cantavam e essas eram as músicas perfeitas para nós, que nos traziam a sensação de amor, segurança, vida e felicidade. Independentemente se o lar foi doentio ou saudável, aprendemos que aquelas músicas eram boas para nós.

Conforme vamos crescendo, vamos gravando em nossos CD's, agora não mais virgens, as músicas que falam do quão bonita ou não somos, do quão capazes ou incapazes, talentosas ou as que não fazem mais do que a obrigação, dedicadas ou relaxadas, calmas ou nervosas, líderes ou passivas, do quanto vamos ou não ser alguém na vida, do quanto dinheiro é bom ou ruim, se seremos felizes ou não no amor... São milhares de *hits* que se tornam populares em nossa mente, rótulos que passam a ser as nossas músicas e logo as julgo como sendo verdades absolutas. É como se tivéssemos começado uma longa viagem de trem e que as músicas escolhidas, que definiriam se a viagem seria leve ou pesada, já estivesse rodando no som da cabine.

Conforme vamos avançando na nossa trajetória, vamos amadurecendo e aprendendo a julgar as músicas que recebemos. A cada quilômetro percorrido, experiências e pessoas novas vão entrando no nosso trem, e vamos passando a ver a paisagem de outro jeito, construindo o nosso próprio percurso e cada vez mais desejando algo novo – insatisfeitas – desejando um novo ponto de chegada.

E assim vamos seguindo, tentando colocar velocidade, buscando os atalhos, cortando o caminho, sempre esperando, ansiosamente, a próxima etapa, aquela que eu vou finalmente me sentir amada, segura, feliz e viva.

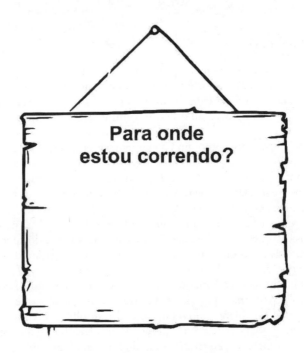

A cada quilômetro percorrido, vamos nos distanciando do ponto de embarque, daquela criança e, consequentemente, da alegria que ela carregava, daquela que não julgava o que recebia, simplesmente acolhia e vivia. Conforme vamos avançando, já não mais podemos sê-la, agora já somos mulheres e precisamos agir cada vez mais como adultas, carregando o peso das responsabilidades, dos inúmeros "tenho que", "devo", "preciso". O caminho cada vez mais vai se tornando pesado.

Agora como adultas, aprendemos que devemos avançar rápido nessa viagem, buscar sempre as próximas etapas que vão nos trazer a tão sonhada leveza e felicidade. E assim vamos obedecendo aos comandos recebidos, nos ocupando cada vez mais com o compromisso de avançar. A cada placa que cruza nossos caminhos, nos sinalizando o que devemos fazer para chegar lá, aceitamos e mudamos a rota, paramos para pedir informações se estamos no caminho certo, se existe um que chegue antes e assim já não enxergamos a sobrecarga do trem. "Imagine, ele tem que dar conta. Quando chegarmos lá, paramos para descansar, cuidar da minha família, do meu corpo, da minha saúde".

Agora como adultas, quase nada está bom, tem tanto a melhorar. Da janela, vemos os trens ao nosso lado indo mais rápido, talvez mais equipados. De fora, só enxergamos a beleza, a capacidade incrível com que avançam e vamos tentando acompanhar, imprimindo aquele ritmo, não olhando mais para dentro do nosso trem, não nos importando se esse novo ritmo nos faz bem, se está confortável para os que nos amam e subiram nos nossos vagões, desejando seguir viagem conosco.

Já não abrimos mais a janela e não sentimos mais a brisa do vento para não atrapalhar os cabelos. Já não contemplamos o sol, a chuva, as flores e paisagens pelo caminho. Já não paramos o trem para cuidar e ver se está tudo bem. "Deus me livre perder tempo", temos que avançar.

Mas, de repente, um belo dia o trem amanhece dando sinais de desgaste e somos obrigadas a parar. Sem ter o que fazer, agora com tempo, conversamos com as pessoas que estão viajando conosco, saboreamos a comida, brincamos com o cachorro, voltamos a fazer coisas simples que nos davam tanto prazer e já não lembramos mais quando estávamos presas na cabine do trem, preocupadas em avançar, competindo com os trens ao nosso redor.

Seguimos tanto tempo correndo que, ao parar, sentimos uma vontade enorme de não mais viajar. Estava tão pesado o ritmo que só percebemos ao sermos obrigadas a frear. Onde foi que nos perdemos tentando nos encontrar? Procuramos, então, andar por entre os vagões, à procura de respostas, revisitando memórias, experiências, conquistas, dores que já não lembrávamos mais. É uma nova viagem, porém agora para dentro. E nessa caminhada, agora a pé, vamos aos poucos percebendo excessos, acúmulos, mágoas. São necessários tantos vagões para carregar tudo. Vamos compreendendo o cansaço.

Desejo agora que, avançando, cheguemos juntas a uma memória escondidinha no primeiro vagão, lá da nossa infância, no ponto de partida. Você sentada no chão da sala da sua casa, brincando com seus brinquedinhos, aqueles mais simples, sorrindo, leve, com brilho nos olhos. Uma menininha cheia de vida, de recursos, de sonhos. Permaneça olhando, observando e tentando aprender. De repente, ela direciona o olhar para você e estica o bracinho entregando uma flor e pedindo um abraço. Nesse abraço acolhedor, tranquilizante, sinta ela entrando e reintegrando em seu corpo, trazendo consigo os sonhos, a vida, a alegria, leveza, o amor, o que antes talvez você estava tentando buscar lá fora.

Trazendo nossa criança livre conosco, vamos avançando de volta nos vagões, em direção ao momento atual, agora vendo de forma diferente, sobre um novo olhar todas as experiências vividas, aquelas que julgávamos ruins, traumatizantes, um novo significado, um novo aprendizado com aquele olhar doce da criança que compreende e aceita. Conforme avançamos, vamos nos resgatando, e diminuindo o peso. Jogando fora os excessos, libertando as mágoas. Até chegar em frente à cabine, às decisões em nossas mãos. Uma forte vontade de ficar e parar, ao mesmo tempo uma necessidade de seguir. Então nos lembramos da flor que recebemos e a observamos, na tentativa de entender a mensagem que a menina que habita em nós nos desejava passar.

Em um instante de luz, percebemos que somos como a flor e que podemos plantá-la e regá-la diariamente para que viva. Ou que podemos parar e deixar que morra e encontrar culpados por isso. Percebemos também que, sendo minha, podemos decidir plantá-la onde desejar, de forma livre, capaz de florescer em qualquer circunstância. E assim fazemos a partir de agora, tomando posse das nossas sementes, em um solo fértil e abundante, com espaço para que não haja barreiras e limitações e possa florir livremente.

Com o coração em paz, decidimos seguir viagem, agora com um novo ritmo, O SEU, entendendo que o que antes buscávamos lá fora, agora habita em nós, está nos nossos vagões. Seguimos com menos carga e mais leveza. Ora olhando para frente, desejando as conquistas que são tão importantes. Ora olhando para os lados, quando caímos na tentação de nos comparar. Aí nos lembramos que nosso trem é único, e seguimos buscando a paisagem, não deixando de dar valor a cada centímetro percorrido, não deixando que os dias passem desapercebidos. Ora olhando para dentro, nos dias nublados, escolhendo trazer a menina como minha mentora, para me ensinar que sou eu que alegro os meus dias e que não posso esperar estar de sol lá fora.

Agora paramos para fazer manutenção, antes de quebrar. Decidimos, como donas da nossa viagem, tirar tempo para descansar, desligar e desacelerar, não importa mais quando vou chegar nem onde. As músicas na cabine agora trazem paz, eu canto em voz alta, pois são leves, trazem um sorriso no rosto, um acolhimento, um amor-próprio, uma aceitação. As pessoas que viajavam junto agora querem estar próximas. Às vezes, quando o dia está nublado, sentam-se na cabine e ajudam a pilotar, tornando a viagem cada vez mais gostosa.

Uma vida pesada:

- Muito da mulher responsável e dedicada, pouco da sua criança alegre e divertida;
- Muitas obrigações, responsabilidades e julgamentos, pouca aceitação, compreensão e compaixão;
- Muito trabalho, metas e resultados, pouco sentir a vida, pequenas alegrias;
- Muita velocidade e foco em uma única área da vida, pouco tempo de descanso e para as demais;
- Muito perfeccionismo e comparação, pouco risco, criatividade e coragem de errar;
- Muito controle, pouca flexibilidade.

E a sua vida leve? Diga você mesma:

"Não importa para onde estamos indo, não importa de onde partimos, importa seguir caminhando, mas, agora, com leveza, compreendendo que podemos decidir o peso que desejamos carregar, as pessoas que trilharão essa viagem conosco, as paisagens que desejamos apreciar, as pausas para que não precisemos mais de manutenções. Não importa mais quando vamos chegar lá, mas sim como será essa viagem, pois é a vida acontecendo todos os dias onde posso escolher ser feliz, leve, segura, cheia de amor e vida."

## 21

# PRESENTE

*Presente* é uma crônica otimista que questiona a responsabilidade que temos sobre nossa felicidade e nossas conquistas. Partindo do pressuposto que você é a história que conta, a autora convida o leitor a ressignificar o passado e a criar um enredo para a sua história.

JULIA FALCI

**Julia Falci**

Julia Falci é mineira e expatriada, residindo hoje em Vancouver, Canadá, onde vive desde 2008. Ela estudou *design* gráfico na Universidade Fumec e *marketing* no British Columbia Institute of Technology e hoje trabalha como *business coach*, ajudando outras mulheres a se lançarem e crescerem em seus negócios.

**Contatos**
www.juliafalci.com
hello@juliafalci.com
Instagram: @Juliafalci

**Um presente no passado**

Nós somos a história que a gente conta de nós mesmas, e essa história é baseada em como nós assimilamos o que aconteceu com a gente no passado. Nós ressignificamos e damos novo sentido para nossa vida. Eu enxergo que nada na minha vida aconteceu por acaso e que apesar de não ter escolhido a infância que tive, percebo que os desafios que vivi selaram a fundação que eu precisava para estar onde estou hoje. E por isso sou grata.

Eu cresci numa família de classe média, estudei em escolas particulares, e tenho plena consciência dos privilégios que me foram dados por nascimento. Mas por trás daquela criança de classe média e de vida aparentemente perfeita, tinha também uma história de dor.

Meus pais se separaram quando eu tinha três anos de idade. Eu e minha irmã fomos morar com minha mãe e meus avós maternos, casa em que morei por quase toda a infância e adolescência. Nada de muito novo, não fosse pelo fato de minha mãe ser alcoólatra. Durante esses quase 18 anos morando com ela, passamos por uma montanha russa emocional.

Uma das coisas que mais me incomodava com a doença da minha mãe era o fato dela ter uma vida completamente estagnada. Com o tempo, ela foi se desapegando do mundo social como o conhecemos. Ela parou de trabalhar e passava os dias em casa com a minha avó. Ela não dedicou tempo para buscar novas paixões, não criou *hobbies*, não exercitava a mente, o corpo ou a alma.

Aquilo me causava grande incômodo. Ver que a vida estava passando, e os dias eram todos iguais. Não tinha ambições maiores, não tinha sonhos, não tinha planos. Se existia algum sonho ali, eu acredito que eram sonhos de um passado que nunca poderia acontecer. Sonhos de uma realidade paralela, na qual a vida terminava de forma diferente. E viver do passado é a forma mais dolorida de matar o futuro. Como diz o autor Roy T. Bennett, "o passado é um lugar de referência, não um lugar de residência; o passado é um lugar para aprendermos, não para vivermos". Desapegar-se do que passou é preciso.

Quando somos crianças, sempre achamos que temos os maiores problemas do mundo, até a gente crescer e descobrir que todos os outros adultos também tiveram seus desafios na infância e que a gente não é tão especial assim, "apenas" por termos vencido as adversidades da vida. Mas o que nós fazemos com essas adversidades é o que vai dar forma a quem somos e nos tornamos. Crescer com uma mãe alcoólatra não foi fácil, mas foi graças a todo meu passado que estou onde estou hoje. Meu passado foi um presente.

**Uma viagem**

Eu cresci, me formei, fui para a faculdade, fiz estágio. Guardando o salário do meu primeiro estágio, fiz minhas malas e, em janeiro de 2008, embarquei para o Canadá, onde resido até hoje. Essa mudança foi minha oportunidade de construir minha independência - física, financeira, emocional, mental e espiritual.

O dinheiro era curto. Eu tinha o suficiente para pagar um mês de despesas, e estava dependendo de conseguir um emprego para me manter no país. Eu sabia que podia contar com a minha família se precisasse de qualquer coisa, mas eu tinha enraizado em mim que faria o possível para esse projeto dar certo sem precisar da ajuda de ninguém. E foi com essa mentalidade que iniciei a nova fase da minha vida.

Morei as primeiras semanas num albergue. Depois aluguei um quarto na casa de uma senhora chinesa. Em seguida, aluguei um quarto no apartamento de uma brasileira. E, finalmente, por volta de junho de 2008, eu aluguei o meu primeiro apartamento, no qual dividi com mais duas brasileiras. Apesar desse primeiro ano no Canadá ter sido com o dinheiro bem curto, tendo só o suficiente para pagar as contas no fim do mês, sem nenhum luxo, eu estava feliz por poder, pela primeira vez, ser realmente independente: não só não dependia dos outros, como também ninguém dependia de mim. E isso foi libertador. Me senti, pela primeira vez, dona da minha vida.

Até que eu conheci um rapaz canadense e me apaixonei. Lembro-me da primeira vez que fui na casa dele. Ele morava num apartamento muito bonito, com o pé direito alto e uma varanda que dava para uma pequena floresta privada. A casa estava sempre limpíssima. Ele cozinhava maravilhosamente bem. Eu estava simplesmente encantada.

Mas o maior impacto que ele causou em minha vida não tinha a ver com o amor que senti por ele, mas com a dor que senti com a sua partida. Começamos a namorar e tudo ia muito bem, até que um dia, sem muito aviso, ele terminou comigo. Sem nenhum motivo aparente. Eu fiquei sem entender, fiquei sem chão, arrasada. Ter o coração partido no exterior, quando você está sozinha, não é tarefa fácil.

Mas vejam só como nada é por acaso. Isso aconteceu há quase 12 anos e eu ainda me lembro com detalhes do dia em que saí para fazer compras, bem triste, e vi a capa de um jornal que estava disponível no estande na esquina da minha casa. A capa do jornal lia, em letras garrafais: *Don't burn yourself out*. Essa frase não tem uma tradução exata para o português, mas eu li aquela frase e assimilei: *não tenha medo, vai dar tudo certo, seja forte, não desista*. E essa mensagem que o jornal me passou até hoje me dá uma força incrível para continuar caminhando, mesmo quando tudo pareça perdido. Virou como um mantra para mim.

A partir de então, percebi e aceitei que eu tenho responsabilidade plena sobre minha vida, minhas escolhas e minha felicidade. Apesar de saber que posso contar com a minha família e amigos para o que precisar, eu tenho o poder de decidir como agir e reagir diante das dificuldades da vida. Estar sozinha no exterior e com o coração partido foi a minha salvação. Nos mais de 13 anos vivendo no Canadá, passei por muitas outras dificuldades emocionais e me lembro de sempre contar comigo mesma para vencer esses momentos. Afinal, sou sim dona da minha vida.

Eu cheguei ao Canadá com um inglês intermediário, ganhando salário mínimo, trabalhando num cubículo de loja. Nesses 13 anos aqui, eu me orgulho de olhar para trás e ver o que consegui construir. Trabalhei com comércio nos meus três primeiros anos, começando como vendedora, passando por subgerente e chegando à gerência. Depois dediquei um tempo a fazer uma transição de carreira - do *design* gráfico para o *marketing* - e consegui meu primeiro trabalho na área de *marketing* digital no Canadá, em 2011.

Nesse primeiro emprego em *marketing*, eu também cresci. Fui contratada como gerente de mídias sociais e saí três anos depois como gerente de *marketing*, tendo ajudado a empresa a dobrar as receitas por três anos consecutivos - o que levou a empresa à lista PROFIT 500, que seleciona as 500 empresas que mais cresceram no país naquele ano.

Em seguida, fui contratada para trabalhar como especialista em *marketing* digital em uma das maiores agências digitais do oeste do Canadá. Entrei como especialista e saí como diretora de *marketing*. Por fim, fui para uma empresa de tecnologia que oferece *software* de gerenciamento de eventos para algumas das maiores empresas do mundo, como a Adobe, Pepsi e NBC.

Todas essas conquistas me deram cada vez mais força, de saber que tudo é possível, que eu estava conseguindo conquistar o que eu queria pelo meu esforço e resiliência. Essa jornada tem sido de constante crescimento para mim, e me sinto muito orgulhosa de cada passo dado. E o mantra de que sou responsável pela minha felicidade prevalece.

**Uma transição**

Em 2015, eu comecei a fazer alguns trabalhos como consultora de *marketing* para pequenas empresas em Vancouver. Quatro anos depois, eu estava reavaliando o meu trabalho e pensando no meu propósito, que estava perdido. E foi daí que me veio, com clareza, qual seria o meu próximo passo, qual o novo modelo que eu usaria para o meu trabalho, e a palavra que me veio foi *business coach*.

Eu percebi que o que fazia meu coração pulsar era trabalhar com outras mulheres, a maioria brasileira e expatriada, e de ajudá-las a alcançar o sucesso que almejavam. Percebi que, com meu conhecimento em *marketing* e administração, eu poderia ajudá-las a se lançarem e crescerem em seus negócios, tirarem seus sonhos do papel, alcançarem a independência que desejavam.

Mas nem só de *marketing* vive o empreendedorismo. Essa jornada também é muitas vezes solitária. Muitas vezes a síndrome do impostor bate na porta, e duvidamos do nosso potencial ou das nossas ideias. Vivemos numa constante montanha-russa, onde dia sim, dia, não ganhamos e perdemos confiança e energia no que estamos fazendo. Não temos um time para amadurecer uma ideia que precisa de mais tempo, ou alguém para validar uma ótima ideia que tivemos, mas sobre qual estamos inseguras. Eu consegui criar uma prática de *coaching* holística que ajuda mulheres criando uma ponte entre o mundo dos negócios e o campo emocional.

Esse trabalho tem me dado muito propósito e faz meu coração pulsar mais forte. Quando olho para trás para entender como cheguei aqui, entendo por que foi necessário percorrer todas as dores da minha infância até o presente momento. Da dor, vem transformação e crescimento.

**Um final feliz**

Muitas vezes o nosso passado dita quem somos hoje, porém o passado não precisa ditar nosso futuro. Nada nos impede de começar a mudar hoje mesmo o rumo da nossa vida, a mudar a história que contamos de nós mesmas e criar uma nova narrativa.

Como disse Eckhart Tolle, no Livro *O Poder do Agora*, "nosso ego é tão disfuncional que está sempre preocupado em manter o passado vivo, porque, sem ele, quem é você? O ego continua projetando a si mesmo no futuro para garantir a própria sobrevivência". Nosso ego é o sistema de defesa que criamos e, com o tempo, passamos a nos identificar com ele. Ressignificar o passado é fundamental para o processo de desconstrução do ego. É preciso deixar os sonhos do passado no passado e criar novos sonhos para hoje e amanhã.

São muitas camadas de medo que criamos ao longo da vida, mas nunca é tarde para mudar. Eu vejo muitas mulheres paralisadas pelo medo por acharem que já estão velhas demais, ou que está tarde demais, mas pergunto: tarde para quem? Você ainda tem muita vida para ser vivida. Provavelmente mais de 20, 30, 40 anos de vida ativa pela frente. Como você quer viver as próximas décadas? O que você gostaria de estar fazendo?

Hoje, trabalhando como *Business Coach*, eu me sinto realizada e honrada de fazer parte da trajetória dessas mulheres que estão também passando por esse processo de transformação e usando de muita coragem para construírem seus sonhos. Deixo aqui o meu convite a você, seja por meio do empreendedorismo, da carreira corporativa, da maternidade ou do que o seu coração desejar: *não tenha medo, vai dar tudo certo, seja forte, não desista.*

# 22

# MULHERES PODEROSAS E SUAS DORES EMOCIONAIS

As dores emocionais em mulheres acima dos 30 anos são mais comuns do que pensamos. Mesmo que, aparentemente, seja uma profissional bem-sucedida, tenha um casamento estável, filhos e bens materiais, inexplicavelmente se sente deprimida, triste, insatisfeita com tudo ao seu redor, muitas vezes atraindo doenças que a levam a um isolamento social ou a uma dependência financeira ou emocional.

JULIANA PAULON

**Juliana Paulon**

Atuei como advogada na área de Direito de Família por 15 anos. Em 2017, fiz a minha transição de carreira. Atuo hoje como terapeuta sistêmica integrativa, *personal & professional Coach* formada pela Sociedade Brasileira de coaching – SBCOACHING; *master practitioner* em Programação Neurolinguística; e facilitadora em Constelação Familiar Individual e em Grupo formada pela Ápice Desenvolvimento Humano. Formação em Direito Sistêmico e as Constelações Familiares nas Resoluções de Conflitos com o Dr. Sami Storch, pelo Instituto Bem-te-vi. Estou cursando a Formação em Psicanálise com Linguagem do Corpo, no Instituto Cristina Cairo.

**Contatos**
julianapaulon.terapeuta@gmail.com
11 98205 0425

Quando fui convidada para fazer parte deste livro, fiquei muito lisonjeada e assustada ao mesmo tempo, pois é a primeira vez que me arrisco como escritora, e levar aos leitores um pouco do meu conhecimento dentro da terapia sistêmica é desafiador, uma vez que navegaremos em águas bem profundas.

Digo isso porque falar de nossas dores mais profundas, que muitas vezes estão ligadas à nossa infância, ao relacionamento com nossos pais e até mesmo à história de nossos antepassados é, para muitas pessoas, muito dolorido. Por isso escolhem viver suas dores emocionais caladas ou preferem não investigar de onde elas vêm.

Preciso lembrar que nem tudo que for escrito neste capítulo é uma verdade absoluta, pois cada ser humano é único e sua história é única. Assim sendo, não podemos dizer que as dores emocionais que você sofre, mesmo sendo semelhante a de outra pessoa, tem a mesma causa-raiz, por isso somente pela terapia que conseguimos verificar de onde vem essa dor.

Lembro-me que, quando comecei a estudar as dores emocionais e sua relação com a história de cada um, seja ela na infância ou até mesmo ligada aos nossos antepassados, muitas das coisas que eu ouvia e comportamentos que eu via dos meus clientes, nos vinte anos que atuei como advogada especialista em Direito de família, começavam a fazer sentido.

Mulheres dependentes emocionais de seus esposos, que não conseguiam aceitar um rompimento e passavam a usar os filhos em comum como "moeda de troca", buscando por justiça. Ou até mesmo esposos que aceitavam uma traição da esposa e imploravam para que o divórcio não ocorresse. Ou pais que eram impedidos de ver seus filhos ou sequer os procuravam, mulheres que sofriam violência doméstica e no momento de serem tomadas as medidas judiciais necessárias naquele momento, justificavam o comportamento do companheiro, marido ou namorado, evitando assim que o relacionamento chegasse ao fim.

Você deve estar se perguntando: o que tudo isso tem a ver com dores emocionais? Eu digo: tudo.

É claro que esses comportamentos que relatei acima não são os únicos, mas eles estão ligados às dores emocionais.

Quando falamos em dores emocionais, estamos nos referindo a um sentimento incômodo de origem psicológica que pode gerar tristezas, depressão, necessidade de dependência emocional e outras sensações negativas. Em muitos casos, a dor emocional é incitada por experiências emocionais danosas, como uma rejeição ou uma grande perda.

No entanto, nem sempre é necessário que algo ruim aconteça com a pessoa para desenvolver esses sentimentos. Muitas vezes esse sentimento já a acompanha desde a infância, sem que nenhum fator externo tenha contribuído para isso.

Hoje vivemos em uma sociedade onde a mulher busca, constantemente, por reconhecimento, seja profissional, emocional, estético, pessoal. E com isso vem uma cobrança interna ou até mesmo externa em ser boa mãe, boa esposa, ter sucesso profissional, organizar a casa, se cuidar, ir para academia. Com a pandemia que estamos vivendo, ainda foi acrescentado ao seu currículo ter que acompanhar e auxiliar nas aulas *on-line* dos filhos.

Muitas mulheres conseguem lidar com tudo isso de forma muito tranquila e organizada, contudo outras tantas se veem perdidas, sobrecarregadas, não reconhecidas, cobradas e acabam não se permitindo olhar para que está acontecendo dentro delas, o que pode vir a gerar doenças emocionais e físicas.

A grande questão é: por que algumas mulheres lidam tão bem com situações desafiadoras e outras não?

A explicação está na história de vida de cada uma, quais as necessidades internas que não foram atendidas na infância e as levaram a se tornarem adultas depressivas, dependentes emocional e financeiramente de terceiros, frustradas profissionalmente, ansiosas, obesas, solitárias, além de atraírem para si doenças que, de certa forma, fazem com que se sintam cuidadas ou até mesmo que as impeçam de ter contato com outras pessoas, preservando assim suas necessidades mais ocultas, como a de ficar sozinha, por exemplo, por não se sentirem pertencentes a lugar algum.

A melhor forma, a meu ver, para compreender esse olhar sistêmico nas dores emocionais é demonstrando por meio de uma situação concreta - escolhi a depressão, por atingir tantas mulheres modernas.

Quando uma cliente me procura e diz que quer tratar sua depressão, tento, num primeiro momento, entender se ela já foi diagnosticada por um profissional da área médica, se faz uso de algum medicamento ou se se intitula depressiva. Após essa verificação, procuro entender o que é especificamente depressão para ela, quais os sentimentos, sensações, comportamentos, pensamentos que ela fala serem depressivos e em que momentos ou situações aparecem. Essa pequena investigação é importante, pois cada pessoa pertence a um sistema diferente. Assim, a história de vida de cada uma é única e, consequentemente, a origens de suas dores emocionais, dentro da visão sistêmica, podem ter origem diferentes, mesmo sendo diagnosticadas como depressiva sou não. O importante é buscar a causa-raiz que gerou aquela dor emocional. Muitas pessoas se declaram depressivas por estarem se sentindo muito tristes e não saberem lidar com esse sentimento, pois, para elas, essa tristeza causa uma dor tão grande que as leva a acreditar que estão, realmente, dentro de um quadro depressivo. Ao contrário do que muitos pensam, isso é comum. A pessoa não é diagnosticada como depressiva, porém internamente ela sente uma tristeza constante, que nem mesmo ela sabe dizer de onde vem e por que está sentindo. Esse é o motivo pelo qual precisa se investigar cuidadosamente, pois medicamentos são apenas anestésicos que aliviam temporariamente a dor instalada na alma daquela pessoa.

Digamos que os sentimentos trazidos pela pessoa são de tristeza constante, uma vontade muito grande de não viver, que não se sente pertencente a lugar algum, como se suas forças estivessem sendo sugadas. Isso nos acende um alerta que devemos investigar algumas questões sistêmicas, como possíveis abortos antes do seu nascimento, mortes trágicas na família, perdas de entes muito queridos (entre a infância até a fase adulta). E dependendo do que a cliente trouxer, olhar a história dos seus antepassados. A pessoa pode estar trazendo uma dor sistêmica e uma conexão de amor muito grande com aqueles que não tiveram direito à vida.

Outra possibilidade que pode estar por trás da depressão é o sentimento de que a vida não flui, que por toda vida sempre se sentiu incapaz de ter um relacionamento saudável e que todos os seus companheiros são agressivos ou abusadores, que vive o tempo todo triste e não consegue se livrar da situação. Nesse caso, o olhar tem que ser mais direcionado ao pai, e tentar entender como era o seu relacionamento com ele. Num segundo momento, entender como é o padrão de comportamento das mulheres daquela família, pois ela pode estar buscando pelo amor do pai que lhe foi negado na infância ou repete um padrão das mulheres para que possa se sentir pertencente àquele sistema.

Interessante abrir um parêntese e discorrer, de forma bem resumida, sobre a questão dos relacionamentos tóxicos e como eles estão diretamente ligados às dores emocionais das mulheres.

Antes de entrarmos diretamente nas dores emocionais, precisamos entender o que seria um relacionamento tóxico, qualquer tipo de vínculo – seja ele familiar, social, profissional ou amoroso – que estabelecemos na vida e provoca desconforto, angústia ou sofrimento, geralmente para todos os envolvidos. São tóxicas aquelas relações que nos causam irritações, que nos aborrecem, estamos sempre em desacordo, gerando estresse e inúmeras discussões, mas que por algum motivo a pessoa não consegue romper esse vínculo danoso. Surgem sentimentos de raiva, culpa, desânimo, mágoa e até mesmo fracasso por se ver impotente diante de uma luta que parece inglória.

O sentimento é que não consegue simplesmente mudar sua atitude e repete comportamentos que a fazem sentir-se presa nesses padrões repetitivos que a aprisionam de forma tão intensa. E mesmo reconhecendo essas emoções infelizes, não conseguem enxergar uma saída e romper com esses laços nocivos. É como estar dirigindo em alta velocidade numa estrada em direção a um abismo e não conseguir frear.

Isso acontece porque nossos comportamentos, sentimentos e sensações estão diretamente ligados, de forma inconsciente ou consciente, a crenças instaladas na infância, ou durante a vida por meio de traumas ou falas que tomamos como verdades, e que ainda norteiam nossos pensamentos e atitudes. São experiências aprendidas que fizeram sentido em algum momento da vida, mas que agora podem não ser mais viáveis; ainda assim, continuamos utilizando as mesmas estratégias antigas. É como utilizar um aplicativo moderno de *smartphone* num aparelho de celular antigo: o sistema operacional antigo não comporta mais a "nova tecnologia". Resultado: não vai funcionar.

Por meio de uma abordagem sistêmica, que abrange uma visão integrada da pessoa com as questões culturais da sua dinâmica familiar, é possível verificar os elementos nocivos do sistema familiar do indivíduo para a compreensão do que é um obstáculo para o seu processo terapêutico.

É assim que identificamos dentro de um atendimento que aquela mulher vive um relacionamento tóxico na vida por queixas do tipo: me sinto sozinha o tempo todo, faço de tudo e não sou reconhecida, me sinto presa, parece que nada na minha vai para frente. Precisamos apenas identificar em qual setor da sua vida que esse relacionamento tóxico está acontecendo, mas, independentemente de qual seja, o que já conseguimos identificar é que essa pessoa busca por algo que nem mesmo ela sabe, uma dor cristalizada da sua infância ou na história de sua família. Muitas vezes quem busca por atenção e reconhecimento é a sua criança interior, que não foi suprida na infância e hoje, como adulta, projeta essa carência em seus relacionamentos.

Dentro da Terapia Sistêmica Integrativa, o uso do método desenvolvido por Bert Hellinger, denominado Constelação Familiar Sistêmica, pode facilitar a quebra de padrões repetitivos ou emoções cristalizadas que podem estar contribuindo para a estagnação de atitudes que subjugam as emoções dentro dos relacionamentos afetivos e viabilizam uma análise breve e focal do terapeuta para examinar padrões transgeracionais que se repetem de forma inconsciente. A utilização, de forma integrativa, da técnica de PNL – programação neurolinguística – às possíveis crenças instaladas, aliadas às questões sistêmicas, são rapidamente desativadas, trazendo a possibilidade de compreensão e aceitação dos fatos geradores daquela emoção, assim ressignificando, trazendo paz e mudanças significativas em seus comportamentos e relacionamentos.

# 23

# EMPREENDER É UMA DECISÃO

Neste capítulo, você ingressará na narrativa de empreendedorismo feminino sob a ótica de uma comunicadora. Estabelecer o propósito, definir as metas e ter atitude são diferenciais que podem alavancar seu negócio. A forma como elencamos o conteúdo torna-o um guia prático sobre a transformação do seu sonho em realidade. Embarque comigo nessa jornada.

## KELEN TURMINA

**Kelen Turmina**

Protagonista empresarial, graduada em Comunicação Social, habilitação em Relações Públicas (UCS-2007), com MBA em *Marketing* (FGV-2013). Tem experiência de mais de 20 anos na área de comunicação com atuação em *marketing*, comunicação empresarial e relações institucionais, comunicação interna/*endomarketing*, mídias sociais, gestão executiva, eventos e mestre de cerimônias. Na sua trajetória, acumula experiência tendo trabalhado em empresas nacionais e multinacionais de diversos segmentos. Kelen é apaixonada por comunicação e está sempre atenta a tudo o que é mais atual em estratégias, canais e ferramentas. Autodidata, gosta de ler, escrever e realiza pesquisas e aprimoramento constantes. Durante três anos, compôs a Diretoria Executiva do Conselho Regional dos Profissionais de Relações Públicas – CONRERP 4ª RS/SC, atua como voluntária na Comunicação do Instituto UniTEA, é conteudista no coletivo Fantástico Mundo RP e cofundadora do Podcast Criação. Em março de 2019, fundou a MAK Agência de Relações Públicas.

**Contatos**
www.makagenciarp.com.br
contato@makagenciarp.com.br
Instagram: @mak.agenciarp / @kelenturmina
LinkedIn: /mak-agenciarp
Facebook: /mak.agenciarp
54 9 9171 2799

*Se você consegue sonhar algo, consegue realizá-lo!*
WALT DISNEY

Essa é a frase que está na tela do meu *laptop* desde o dia em que coloquei em prática o sonho de empreender. Queria contar aqui uma linda e amorosa história, que é uma verdade, porque se trata de tanger o que até então parecia intangível. Mas escolho trazer reflexões sobre viver essa experiência de ser dona do próprio negócio.

Quando decidimos empreender, enfrentamos os medos e precisamos nos libertar de algumas certezas. Uma delas é a de estar numa "zona de conforto" em que você permanece desempenhando, dia após dia, as mesmas funções e gerando os mesmos resultados. Crescer dói, mas deixar a "vida te levar", sem tomar uma decisão sobre o caminho, pode doer ainda mais no futuro. Afinal, as ações do agora é que podem impulsionar a sua vida e torná-lo protagonista da própria história.

Neste capítulo, vou abordar percepções que vivenciei durante essa jornada na busca de concretizar meu sonho e os motivos que me levaram a percorrer esse caminho. Pode ser que você se identifique, pode ser que se inspire. Ou não. Longe de mim querer influenciar alguém, mas se estou relatando esses fatos, pode ter certeza de que os aprendizados foram maravilhosos e eles é que estão me tornando quem sou hoje, uma mulher empreendedora que segue o seu propósito de vida.

**Sobre o despertar**

Quando ingressei no curso de Relações Públicas na universidade, meu sonho era trabalhar na área de comunicação de grandes empresas. Busquei a qualificação necessária e, com muita dedicação e trabalho, conquistei a tão sonhada oportunidade. Atuei em empresas de pequeno, médio e grande porte, nacionais e multinacionais. Aí quis tentar concurso público. Isso mesmo, em determinado momento de inquietude, busquei a comodidade e o conforto de uma carreira pública. Afinal, teria mais garantias a longo prazo. Estudei, me dediquei e prestei prova escrita e prova oral (para a vaga que concorria tinha uma prova de entrevista gravada em vídeo com três jurados observadores e perguntas aleatórias). Incrível, nem eu acreditava, mas passei em primeiro lugar na classificação final. Ver meu nome no *ranking* da lista de aprovados foi uma sensação incrível. Nos primeiros meses de aguardo da convocação para a posse no cargo, estava emocionada e acompanhando diariamente os editais. Com o passar do tempo, fui refletindo sobre o fato de seguir fazendo as mesmas atividades durante anos e novas reflexões começaram a surgir.

Ser CLT ou profissional concursado tem seus desafios, mas, ao mesmo tempo, traz algumas certezas e "garantias" que acabam fazendo com que você fique na "zona de conforto", enquanto assim parecer. Remuneração garantida, horário de trabalho a ser cumprido. Caso precise realizar horas extras, são remuneradas ou compensadas. Garantia de direitos legais como férias, 13º salário, FGTS e benefícios como transporte, alimentação, plano de saúde, participação nos resultados, entre outros. Cada empresa tem sua cartela de benefícios e as obrigações legais que precisam ser cumpridas. Você, enquanto funcionário, tem uma legislação que protege e garante o cumprimento dos seus direitos. É claro que, ao integrar uma empresa, você responde por funções e é responsável por desempenhar atividades relacionadas ao seu cargo. Esses são os deveres. Muitas vezes pode ter passado pela experiência de querer "contribuir mais" com as empresas e suas motivações e ideias podem ter sido "podadas", até o ponto que faz "mais do mesmo", mas é confortável, então segue sua rotina. Mas caso tenha uma "mente inquieta", pode olhar ao seu entorno e perceber que suas contribuições podem ser aplicadas em outras frentes. Aí inicia o processo de transformação.

O trabalho onde estava na ocasião indicava que teria que mudar de cidade em um ano. O concurso que havia passado estava vencendo o primeiro ano (validade de 2 anos) e exigiria mudança de cidade. Em uma reflexão com profissional da mesma área de atuação, surgiu a primeira reflexão: e se empreendêssemos em Relações Públicas?

O pensamento inicial foi "por onde começar"? Nunca fiz isso. Combinamos que buscaríamos mais informações e, para o ano de 2020, iniciaríamos o negócio (estávamos em 2018). A semente foi lançada.

**Transformar ideia em ação**

Em janeiro de 2019, a inquietude começava a despertar em mim questionamentos como: e se eu pudesse ajudar outras empresas com meu conhecimento? E se eu pudesse contribuir de forma diferente com a sociedade? Estudei tanto, será que sei o suficiente para aplicar meu conhecimento em outros negócios? E se eu pudesse desenvolver projetos dentro da minha área de atuação para terceirizar os serviços para pequenas, médias empresas e profissionais liberais?

Esses são alguns questionamentos que me levaram à reflexão e ação, buscando um propósito. Em 5 de março de 2019 (terça-feira de carnaval), iniciei a construção da MAK Agência de Relações Públicas. O pedido de abertura da empresa foi encaminhado na Junta Comercial, Industrial e Serviços do estado do Rio Grande do Sul. Na mesma data, foram definidos a estrutura organizacional (inicial e projeção a longo prazo), os processos internos e o nicho de atuação. Nesse dia, tudo começou.

A MAK está há dois anos no mercado e passamos por muitos aprendizados desde aquele carnaval. Confesso que está, a cada dia, mais gratificante e estimulante. Isso porque tive contato com outras mulheres empreendedoras. E a troca de experiência, independentemente do segmento de atuação, proporciona aprendizados em gestão que vão além de erros e acertos. São experiências de vida.

Se você sonha em empreender, mas ainda tem dúvidas sobre como começar, relacionei a seguir alguns pontos importantes que podem apoiá-lo e proporcionar mais clareza para concretizar esse objetivo.

### Tenha um propósito claro

Identifique em você e no seu futuro projeto qual a diferença que fará na vida das pessoas (ou nos negócios que quer impactar). Se ele é inovador, se realmente tem uma demanda de mercado.
Aproveite e reflita: qual o seu propósito?

### Faça o que você ama

Empreender exige muita dedicação. Enquanto seu projeto estiver iniciando, você irá investirá muitas horas do seu dia para proporcionar que ele cresça de forma sustentável e que possa expandir. Como afirma o autor britânico Simon Sinek, "Trabalhar duro por algo que não acredita chama-se estresse, trabalhar duro por algo que ama chama-se paixão".
Reflita? O que você ama fazer? O que faria com brilho nos olhos?

### Olhe para o mercado

Qual a maior carência do mercado hoje em relação ao que você ama fazer? Estruture sua empresa alinhando o que ama e os diferenciais que podem gerar valor ao produto ou serviço que vai entregar.

### Acredite em você

Ouça a sua intuição. Você sabe sobre o seu sonho, seu propósito e o da empresa. Sabe aonde quer chegar. Muitas pessoas podem tentar ajudar, sob o ponto de vista delas, das próprias experiências. Ouça com atenção, avalie se é viável ou não, mas siga em frente com base no que acredita.

### Saiba que você é o decisor

Como ouvi em uma palestra de Jandaraci Araújo: "O topo é individual. Você constrói o seu topo". Para que a sua empresa chegue à posição que você almeja, terá que tomar decisões. Ter atitude diante dos fatos. Deu certo, vibre. Errou, identifique as possibilidades de melhoria e corrija. Você é o único responsável por suas escolhas e quem estará respondendo pelo resultado delas. Às vezes, pode se sentir sozinho nessa escalada. Siga firme, busque orientação, qualificação, mentoria, troca de experiências com quem já esteve na mesma posição e siga. Atualmente, existem vários projetos direcionados para o empreendedorismo feminino que gera aprendizado e troca de experiência.

### Seja humilde

A humildade permite que você ouça mais os outros e aprenda com eles. Também faz com que perceba que estamos sempre aprendendo, pois a mudança é uma constante. Aprenda com seus erros, mas também com a experiência.

### Mapeamento de processos

Mesmo sendo uma empresa pequena, faça o mapeamento de processos, desde a compra da matéria-prima até a entrega do produto ao consumidor e logística reversa. Ter processos claros permite que possa identificar melhorias, ganhar agilidade e, com isso, melhorar a *performance* da sua empresa.

### Desenhe o organograma

Somos só em duas pessoas. Mesmo assim, faça o organograma elencando os perfis e as responsabilidades. Com os processos e organograma definidos, você terá mais clareza nas possibilidades de expansão.

### Trate funcionários como funcionários

Quando empreendemos, estamos tão felizes com nosso projeto, com nossos sonhos e planejamento se tornando realidade que acreditamos que todas as pessoas pensam como a gente. O maior aprendizado que tive foi que, ao expandir, você precisará de pessoas. E essas pessoas pensam diferente, têm culturas, crenças e sonhos diferentes dos seus. Então, trate funcionários como funcionários. Precisa contratar? Vou relacionar alguns pontos importantes da minha experiência:

- Mesmo no início do negócio, utilize o serviço profissional para recrutamento e seleção. Faça testes de perfil e avalie se o propósito do candidato está alinhado ao propósito da empresa;
- Identifique caráter e ensine a técnica;
- Tenha um processo de trabalho claro, com descrição de cargos, responsabilidades e resultados;
- Siga a legislação. Mesmo que a pessoa esteja em estágio, faça os testes de seleção, siga os 90 dias de experiência, deixe claras as regras sobre ética, conduta e comportamento. Cobre o cumprimento da carga horária;
- Realize avaliação de *performance* e desempenho. Dê *feedback* e lembre-se de que toda a relação deve ser trabalhada no âmbito profissional.

Importante: caso precise promover um funcionário, sugiro que faça com o acompanhamento de profissional de RH. Muitas vezes um excelente funcionário executor pode precisar desenvolver habilidades para se tornar um líder. Como em um jogo de xadrez, entender a importância do papel de cada peça do tabuleiro é essencial para que o resultado seja positivo. Um movimento equivocado pode colocar o jogo a perder.

### Invista em treinamento

Além de valorizar o funcionário, um time capacitado gera melhores resultados.

### Determine um *pró-labore*

Seja justo consigo mesmo e defina o valor que precisa para as suas contas pessoais. Assim, sua vida financeira e da sua empresa mantêm o equilíbrio necessário para prosperarem. Contas da empresa, pague com o dinheiro da empresa; contas pessoais, com os valores pessoais. A separação é fundamental para que não confunda o capital. Pratique desde o começo.

### Controle seu fluxo de caixa, demonstrativo de resultados e balanço patrimonial

Inicialmente pode parecer desafiador, mas se estruturar o financeiro da empresa desde o começo, terá uma visão mais precisa dos resultados. Saberá o que realmente impacta no seu negócio, e as negociações e ações que precisam ser realizadas para garantir resultados financeiros positivos.

### Aprimoramento constante

Somos seres em evolução e estamos sempre buscando o melhor para nossas vidas. Implemente a cultura de inovação e seja disruptivo no seu negócio. Busque conhecimento constante, analise a concorrência e entenda a necessidade do seu cliente.

### Excelência no atendimento

Tenha um atendimento excelente, procure fazer o básico bem-feito, cumpra prazos, defina metas, mensure e controle os resultados, invista em transformação digital e treine seu time com frequência para que saiba "o que" e "como" fazer.

### Aposte em parcerias

Analise os investimentos e a cadeia de fornecedores. Você pode ser especialista em determinada área, produto ou serviço e construir parcerias para tornar seu leque de atendimento mais completo. Além de proporcionar que todos cresçam juntos, tem resultados melhorados e ganha em excelência. Busque parceiros e investidores que acreditem em você e no seu negócio.

### Analise os resultados

Esteja sempre alerta às suas insatisfações e de seu público. Analisar os resultados e buscar *feedback* constante são primordiais para promover melhorias necessárias. Ouvir o cliente é importante para você e para a sua empresa.

### Plano de contingência

A experiência que tivemos com a pandemia expõe a importância de termos um planejamento de riscos, com o objetivo de descrever as medidas a serem tomadas em situações adversas para que a sua empresa mantenha a operação. Dentro do possível, tenha uma reserva financeira que absorva os custos de operação por quatro meses.

**Ações comerciais**

Desenvolva o planejamento comercial com metas claras a curto, médio e longo prazo. O plano deve estar alinhado aos objetivos estratégicos do negócio. Estabeleça metas e indicadores para a análise de desempenho. Sugiro acompanhamento mensal dos indicadores e estabelecer comparativos trimestrais de resultados.

***Marketing* de relacionamento**

"Quem é visto é lembrado". Já ouviu essa expressão? Reserve um percentual do seu orçamento para investimento em ações de *marketing on* e *offline*. Crie uma identidade visual alinhada ao seu negócio e atrativa ao público que pretende envolver. Invista em mídias sociais, mas lembre-se de que o *site* é seu, as mídias são "moradias temporárias". Mantenha o *site* sempre atualizado. Cadastre sua empresa nos mecanismos de busca, como o Google. Têm opções gratuitas e opções pagas.

**Persista!**

Se você chegou até aqui é porque realmente acredita no seu sonho. Então, está esperando o que para colocar em prática? Apodere-se do que quer fazer hoje, para ter as rédeas do futuro. Reflita: o que você vai fazer por você agora?

Para encerrar, cito essa frase que não é minha, mas me representa: "Não fique esperando sentado que as oportunidades venham até você. Levante-se e crie suas próprias oportunidades." (WALKER,M. empreendedora americana).

A participação como coautora neste livro é uma homenagem às pessoas especiais na minha vida: Valdir José Turmina (*In memoriam*), Neide Marchetti Turmina, Rubens Turmina e Evandro Mendes Grazziotin, que compreenderam meus sonhos e estiveram comigo nessa jornada. Às amigas-irmãs de vida que me apoiam nesse sonho.

# 24

# A IMPORTÂNCIA DA AUTOESTIMA NO MUNDO DOS NEGÓCIOS

Neste capítulo, compreenderemos o impacto da autoestima em nossas vidas e no mundo dos negócios. Entenderemos que não importa o que você faça, o fato é que tem uma força de trabalho no mundo que necessita da sua postura como um ser total, completo e pleno, capaz de gerar equilíbrio e acolhimento em ser quem você é. Quando o seu coração está cheio de amor por si mesma, tem muito a compartilhar com os outros, gerando crescimento e fortalecimento no seu universo profissional.

LEYDIANE NASCIMENTO

**Leydiane Nascimento**

Administradora de Empresas, com pós-graduação em Docência do ensino superior. Especialista em Programação Neurolinguística Sistêmica atuando na educação como *Trainer's Training*. Formação em Hipnose Ericksoniana, pelo Dr. Stephen Paul Adler - Ph.D., sendo o curso licenciado pelos seguintes institutos internacionais: *American Board of Hypnotherapy (ABH), International Hypnosis Association (IHA), The American Society of Clinical Hypnosis (ASCH)* e *The International Society of Hypnosis* (ISH); Formação avançada em Hipnose Ericksoniana, voltada à Regressão a Vidas Passadas; *Coach* de Relacionamentos. O que eu faço? Sou terapeuta: transformo vidas por meio da saúde mental. Sou *coach* de relacionamento: desenvolvo sistemas familiares com foco em mulheres. Sou Educadora: ensino a aplicação da PNL em nossas vidas.

**Contatos**
leydi.sn@gmail.com
Instagram: @leydiane_sn
Facebook: Leydiane Nascimento

É provável que você já tenha uma ideia do que é autoestima. Amar a si mesma, reconhecer o próprio valor, confiar nas próprias capacidades. Todas essas coisas fazem parte da autoestima. Contudo, o que ninguém entende bem é que uma autoestima equilibrada tem o poder de atuar diretamente nos seus resultados, sejam eles "positivos ou negativos". Por esse motivo, é importante falar desde já que estimar a si mesma não é só uma questão de "amor-próprio".

A autoestima é construída ao longo da vida, resultado de como lidamos com nossas experiências positivas e negativas, como julgamos nosso desempenho e o grau de confiança em nós mesmas. Portanto, ela é influenciada por nosso conjunto de crenças e valores. A própria palavra tem muito a ensinar-nos: auto (relacionado a si mesmo) e estima (o ato de gostar/cuidar/desejar). Ou seja, o ato de desejar ou gostar de si mesma. A autoestima é uma prática e pode se manifestar de maneira possibilitadora ou limitante. Amar a si mesma significa ter um grande respeito por tudo que lhe diga respeito, por dentro e por fora. Pegue o amor do seu coração e deixe fluir, encher o corpo e transbordar. Com profunda gratidão pelo milagre do seu corpo, da sua mente e da sua alma. Amar a si mesma é se apreciar em um nível que preencha o seu coração até transbordar de alegria de ser VOCÊ.

Mas eu pergunto:

1. Você se repreende e se critica o tempo todo?
2. Você acredita que não é possível ser amada?
3. Você vive em meio ao caos e à desordem?
4. Sempre atrai companheiros que a depreciam?
5. Seus relacionamentos (família, amigos, vida social) estão fragilizados?
6. Você maltrata o seu corpo com escolhas alimentares pouco saudáveis e pensamentos limitantes?

*Se você negar o seu próprio bem de alguma forma, esse é um ato de não amor.*

A melhor maneira de amar a si mesma é libertar todas as mensagens negativas do passado e viver no presente. As suas palavras têm um grande poder. Então, comece a colocar atenção ao que diz. Se você se ouvir usando palavras negativas ou limitantes, poderá ressignificar.

Lembre-se: o poder está dentro de você.

À medida que compreendemos a importância de amar a si mesma com respeito, gratidão e sentir que nosso corpo, mente e alma são milagres que merecem ser apreciados, vamos liberando sinais que fortalecem a nossa estima.

Muitas das nossas emoções, conflitos e barreiras são, na verdade, um desequilíbrio na maneira em que enxergamos a nós mesmas. Isso se dá porque as crenças que você tem sobre si mesmo, como a avaliação de sua própria aparência, emoções e comportamentos, são influenciadas diretamente sobre o que escolhe, a maneira que age, os pensamentos que tem. Possuir uma autoestima equilibrada pode transformar totalmente sua vida. E essa é a verdadeira importância dela. Acredito que a maioria dos problemas nas nossas vidas seja causada por: crítica, medo, culpa e ressentimento.

Pense na influência que exercem na sua vida. Sempre criamos negatividade quando não sabemos lidar com determinada área da vida. Se for esse o caso, pergunte-se: O que eu sinto a respeito disso? De quem eu tenho raiva? o que estou buscando evitar? De que forma eu acredito que isso vai me ajudar?

## A construção da autoestima

Sabendo da importância da construção da autoestima, devemos então enxergar o autoconhecimento como a base da jornada. Estar aberta a identificar nossas afinidades, nossos traumas, necessidades, desejos, medos, sonhos, esperanças, é estar disposto a começar a traçar o caminho para se cuidar com amor.

Com o apoio do conhecimento de nós mesmas, temos a possibilidade de escolha. Por meio delas nos expressamos, nos empoderamos e, a partir disso, criamos. Nem todas as partes do caminho ao longo da vida nos provocam orgulho ou nos mostram o nosso máximo, mas todas elas são essenciais para a construção do todo. Se basearmos nossa autoestima em padrões externos a nós, ou a expectativas sociais e culturais, podemos ir na contramão de nós mesmas. Mas será que temos consciência do que é importante para nós e do que é importante para a maioria?

Praticar o autoconhecimento se torna a proteção necessária para que tomemos decisões de respeito e cuidado com nossa construção pessoal, nem sempre esperando ter necessariamente uma autoestima "alta" para se estar bem. Mas sim a consciência de que os passos para a construção dela estão em nossas mãos e, por menor que seja a ação praticada em direção a ela, devemos reconhecê-la.

## Baixa autoestima

Ter baixa autoestima reflete em uma série de comportamentos que podem, a longo prazo, ser prejudiciais para o desenvolvimento pessoal e profissional, como:

1. Medo de contribuir com sua opinião em uma conversa;
2. Confusão para tomar decisões simples;
3. Ausência de confiança;
4. Timidez em excesso;
5. Medo de ser rejeitado;
6. Procrastinação;
7. Não reconhecimento de vitórias e sucessos.

Na prática do nosso dia a dia, em prol de nos sentirmos amadas e reconhecidas dentro de um grupo social, aceitamos convites e abrimos permissões que, muitas vezes, são traições a nós mesmas. E tudo isso para não sentir rejeição e desvalorização. Além do desejo de agradar os outros, de ser amada ou de pertencer a um determinado grupo, a dificuldade de dizer "não" alimenta sentimentos negativos. Cada sim que você fala para o outro é um não que fala para si mesma. Se por um lado, o objetivo é evitar qualquer tipo de sentimento de rejeição, por outro lado a pessoa vai abalando ainda mais sua autoestima por ter que lidar com a triste realidade de não colocar os próprios limites.

**Autoestima elevada**

Quem tem uma autoestima elevada costuma apresentar os seguintes comportamentos:

1. Facilidade para mudança: não costuma conviver com pessoas ou ambientes negativos ou desfavoráveis;
2. Confia em si: absorve apenas o que pode render frutos positivos;
3. Cuida de si: em geral, busca bons hábitos alimentares, pratica atividades que favorecem a saúde e os cuidados com o corpo;
4. Toma atitude: a autoestima funciona como combustível para não ficar em cima do muro ou com dúvidas sobre qual caminho seguir;
5. Sabe dizer não: busca sempre ter uma atitude justa consigo e com os demais.

**Equilíbrio**

O ideal é procurar equilíbrio saudável entre alta e baixa autoestima. Busque seu equilíbrio e transforme sua realidade. Aprender a se valorizar ajuda você a se colocar no centro da própria vida e a não esperar que alguém considere você importante, mas você mesmo. A autoestima saudável servirá como uma maneira estratégica para encarar qualquer desafio. Todos nós passamos por desafios, problemas e decepções durante as nossas experiências pessoais e profissionais. O que nos diferencia é como enfrentamos cada um desses desafios. Então, seja a sua própria solução. Não espere ninguém dizer a você o que fazer. Aprenda a se conhecer melhor, busque desenvolver habilidades para repensar e rever seus comportamentos para aplicar a mudança necessária, de acordo com a sua necessidade e a sua dor.

**Os pilares da autoestima**

1. A prática de viver conscientemente – compreender quais valores são importantes para si.
2. A prática da autoaceitação – aceitar a si mesmo, no sentido de acolher os momentos da vida.
3. A prática da autorresponsabilidade – pelos seus relacionamentos, pelas suas ações e pelas suas decisões.

4. A prática da autoafirmação – honrar suas necessidades, valores e desejos para viver autenticamente e agir com integridade.
5. A prática da vida com propósito – que tanto podem ser material quanto espiritual.
6. A prática da integridade pessoal – é ter a certeza de que você sabe como fazer, como alcançar e como superar possíveis desafios.

**Autoestima nos negócios**

Um dos caminhos para autorrealização profissional é o autoconhecimento. Quando expandimos o nosso nível de consciência, nos sentimos mais encaixados e fortalecidos para manifestar externamente o que sabemos fazer bem, acionar nossos dons, talentos e comportamentos sempre para a direção da superação das metas pessoais e profissionais em prol do cumprimento da missão e da visão dos nossos negócios.

*Trabalhar é uma atividade que exige diariamente boa saúde emocional.*

Para garantir bons resultados, é fundamental manter o equilíbrio das emoções. Quando conseguimos manter uma dinâmica de vida que fortalece a nossa autoestima, conseguimos criar um ambiente saudável que expresse nossas fortalezas internas e, assim, desenvolvemos um clima de confiança e empoderamento em nosso trabalho. Pois se eu não me sinto capaz ou merecedora, quando surgir uma oportunidade de um projeto grande, um caminho de crescimento ou uma grande venda, vou me sentir incapaz e vou dar um jeito de me sabotar e não fazer o que tem que ser feito para o meu negócio crescer.

Seja sincera consigo mesma e responda sim ou não para as perguntas abaixo:

- Você tem dificuldade em aceitar as próprias limitações?
- Tem medo da rejeição, de levar não do cliente?
- Busca por elogios constantemente no trabalho?
- Fica se comparando com os concorrentes ou com outras pessoas, sempre achando que eles são melhores que você?
- Tem dificuldade para reconhecer as próprias vitórias?

Ao mudarmos a maneira como nos enxergamos e nos tratamos, tornamo-nos mais confiantes, geramos mais coragem e mudamos a relação que temos conosco, transformando assim nossas vidas e nossos negócios. Os profissionais com um alto nível de autoestima têm muito mais confiança em seus pensamentos e ideias e, portanto, são mais propensos a tomar boas decisões. Além disso, essas pessoas conseguem se relacionar melhor com os colegas de trabalho e líderes, o que é ótimo para a construção de um ambiente amigável, produtivo e de colaboração entre todos.

Ela é fundamental para a projeção na carreira, quem deseja desenvolver uma trajetória de impacto e se destacar deve buscar formas de ampliar sua autoestima positiva. O motivo é simples: quem aprendeu a confiar em si e nos demais, normalmente tem uma posição existencial de maior valorização de si e do outro. Respeita a si e aos outros, mostrando consideração, usando de tratamento franco, direto, sincero e respeitoso, independentemente da posição ou do estilo de pessoa com a qual se relaciona.

## Autoestima para o fortalecimento da identidade profissional

Algumas questões influenciam a formação da autoestima de uma pessoa na construção da sua identidade profissional: a forma como ela percebe a realidade, forma de representação de suas ideias e desejos, a qualidade da saúde física, a qualidade dos relacionamentos e a maneira como percebe o mundo à sua volta, o nível de autoconhecimento e o nível de esforço para superar os próprios limites.

Vamos entender melhor na prática:

**1. Autoconhecimento**: comece sabendo quem você é, do que você gosta, do que você não gosta, como você funciona, quais são seus pontos fortes, suas fraquezas, como age e reage às situações, o que te faz bem, com que tipo de pessoas se sente bem e o que te faz ter brilho nos olhos:
**2. Autoconcentração**: concentre-se em si, aceite quem você é, ame-se do jeito que é e tenha consciência de si e de seus atos.
**3. Autodesenvolvimento**: invista no seu crescimento, no seu desenvolvimento pessoal, fortaleça seus pontos fortes e desenvolva seus pontos de melhoria.

Como podemos promover a autoestima de forma sustentável no negócio?

### *1. Torne-se proativa e antecipe comportamentos realizadores*

Procure observar a realidade sob perspectivas positivas e pensando mais na solução do que nos problemas. Dedique-se a uma causa, procurando alinhar suas expectativas às reais possibilidades de crescimento.

### *2. Exercite para reduzir suas resistências a mudanças*

Perceba e aproveite oportunidades.

### *3. O poder da comunicação é dizer o que sente, respeitando o direito do outro construindo relacionamentos de forma assertiva*

Pela linguagem, promovemos a ação do outro. Assim, desenvolver habilidades de negociação, baseadas na relação ganha-ganha e respeitando os mais diferentes pontos de vista é uma forma positiva de construção da carreira. Cultive a firmeza com ternura e a decisão com flexibilidade.

### *4. Planeje e coloque em prática estratégias para alcançar seus objetivos*

Crie objetivos desafiadores e procure avaliar constantemente suas atitudes e como elas têm ajudado a atingir seus propósitos. É importante também que desenvolva competência na administração do seu tempo, conseguindo colocar-se como responsável por suas escolhas, priorizando as iniciativas de forma eficaz. Valorize-se e mantenha o foco.

Para sermos completas, devemos nos aceitar. Então, deixe o coração aberto e reserve bastante espaço nele para todas as suas partes: as partes das quais se orgulha, as que a envergonham, as que rejeita e as que ama. Todas elas são você. Você é linda. Nós todos somos. Quando o seu coração está cheio de amor por si mesma, você tem muito a compartilhar com os outros. Acredite: é certo experimentar a mudança. Faça o que puder para fortalecer seu coração, seu corpo e sua mente. Vamos afirmar: aqui estou eu, mundo: aberta e receptiva a todas as coisas maravilhosas que a autoestima pode me proporcionar.

# 25

# ESTEJA ATENTA!

Sabemos que não é uma tarefa fácil estar sempre alerta, informada, atualizada. E diante de tantos acontecimentos, estar atenta a si mesma é mais um item na lista de metas que temos. Porém, este se tornou um dos mais importantes: olhar para si, entender o que você faz e por que faz e, como desafio, saber aonde quer chegar.

## LILIANE ALEIXO

Mãe, economista, especialista em *marketing* e finanças, gestora pública, consultora em cidades inteligentes, empreendedora e, agora, escritora.

**Liliane Aleixo**

**Contatos**
Instagram: @Lilialeixo
81 98608 3635

Então vamos falar sobre ela. Ela é uma mulher meio cansada e meio perdida. Vamos considerar o termo como 50% para não dizer que a vida está toda de cabeça para baixo. Não está e também não é perfeita. Nem poderia ser.

Com algumas décadas de vida, ela estudou e ainda estuda, trabalhou e ainda trabalha, casou, teve filho, separou, se endividou, casou de novo, teve medo de ter mais filhos, teve cachorros, se endividou de novo porque não aprendeu na primeira, separou de novo porque achou que ser a esposa perfeita não era viável, mudou de ares, viveu coisas novas, começou a empreender, aprendeu a dizer não, se achou, se perdoou e seguiu em frente. Ela fez escolhas.

Mas que vida é essa? Normal? Aceitável? Tolerável?

Aquela grande pergunta continua: o que a faz feliz? Você é feliz? Você trabalha com o que ama? Quanta cobrança! Quantas perguntas! Precisamos mesmo responder a todas elas?

Espero que não. A graça, se podemos chamá-la assim, é não saber tudo. Ter sempre algo a aprender, algo novo que seja possível alcançar, algo para sonhar. Algo para desistir. Desistir e às vezes não reagir também é uma escolha.

Durante e diante de tantos fatos, acertos e erros, ter possibilidades é uma sorte. A possibilidade de fazer escolhas é uma bênção.

Então, vamos aos fatos e pensamentos que ela deseja que façam algum sentido, em algum momento, para alguém. Para ela, foram necessários em algumas fases, para fazer as escolhas dela.

Lá vem ela pelos anos 1980 criada por duas senhoras maravilhosas, intituladas de mãe e avó. Que dureza! Que tarefa difícil criar alguém. Educar pessoas, dar comida, fazer com que nada falte em casa. Caramba! Como é difícil! Perdoem a ela! Não foi possível romantizar a maternidade. Quanta responsabilidade! Quanto peso! É maravilhoso! Mas é aterrorizante.

E vamos às repetições da vida. Ela teve um filho e, nossa, é maravilhoso mesmo! É difícil mesmo! Compensa? Sim, é recompensador! Ponto. Mulheres, não se cobrem! Ela nunca se cobrou, mas os julgamentos que ela trouxe para sua vida foram um peso por muito tempo. Hoje ela sabe que foi a melhor coisa que já aconteceu na vida dela.

E vale um recado: não coloque nas mãos ou no bolso de qualquer homem o sonho de ser mãe.

Não confie apenas na sorte. Não acredite totalmente no conto de fadas. Nem se compare. Aquela família linda na foto das redes sociais não é tão feliz assim. Vivemos em tantas desarmonias e complicações que as redes sociais são capazes de nos adoecer.

Segue.

Filho, casamento, marido, estudos, trabalho. Algo aí não daria certo para ela. E assim foi. Ela desistiu rapidamente do casamento. Ser esposa não era o seu forte. Nunca foi. Nisso ela não se cobrou mesmo.

E ela confessa uma enorme dificuldade em servir ao homem. Servir mesmo. Aquele gesto bonito de colocar o prato, sabe? Pois é, perdoem novamente. Ela entendeu e achava muito elegante quando alguém fazia isso. Ela não conseguia. Não deu. Ela lembrava que, quando era pequena, via sempre sua avó colocando o prato do avô. E pensava: por que ele vai comer primeiro se foi ela que fez tudo? E depois, ainda tinha o *plim-plim* na cabeça: por que ela tá limpando tudo? Por que ele não faz nada?

Pois é, um dos primeiros choques de realidade que a mente dela lembra. Acredita que, inconscientemente, isso não a fez ser uma boa esposa e o casamento, dentre outros motivos, obviamente, se desmantelou.

Agora, ser mãe é massa! (massa = legal, muito bom, gostoso, perfeito).

Ser mãe de menino foi melhor ainda. Ok, a explicação: é prático!

Ela sempre dando explicações. Oh, vida!

Sim, homem se dá bem desde cedo. É mais prático para tudo, roupa, corte de cabelo, faz xixi ali em pé atrás da árvore do parque. Criança pode, né. Agora menina, pela fé! Tem que ter talento.

Tem que ter mais talento para ser mãe de menina. Tem que ter muito talento para ser mãe de adolescente. Tem que ser muito f*da para ser mãe de mulher. Tem que ser muito mais f*da ainda ser mulher. E ela sabe e agradece imensamente à sua mãe e avó. Os erros e acertos foram observados, percebidos, analisados, copiados e melhorados na medida do possível. Vale salientar que essa dupla feminina se formou na ausência quase não percebida da figura de pai. Típico! Viu como ser homem é mais fácil? Enfim, não justifica, mas a vida delas tinha que seguir.

E quem disse que ela seria perfeita? Uma versão melhorada de sua ancestralidade já estava de bom tamanho. Trabalhar, conquistar o que quer, ajudar alguém. Ninguém avisou a tempo sobre se apaixonar, mas a lição foi aprendida quando foi necessária.

A vida dela se tornou normal. Aceitável. Tolerável. Ela só não queria chegar ao nível de imperdoável. Ela não queria ter do que se arrepender, do que se envergonhar. E o principal, não ter algo ou alguém para bloquear ou limitar as escolhas dela.

Ela queria ter a vida dela nas suas mãos. Indiretamente foi o que ela sempre viu ao seu redor: as mulheres da sua vida fazendo tudo em casa.

Seria esse o segredo da felicidade? Ter o poder em suas mãos? Bom, ela foi fazendo mais escolhas.

E lá foi ela de novo se apaixonar. É bom, né, passar por isso na vida em algum momento? A paixão abre uma porta de possibilidades e coragem, ou falta de medo, que em condições normais não se observa. Por sorte, ela não perdeu a lucidez.

Depois de apaixonar por segundos e terceiros, ela se apaixonou por ela mesma. Ainda bem. E resolveu fazer mais algumas escolhas por ela.

Ah, vai... Não é libertador fazer algo por si mesmo? Seja uma bolsa, um sapato, uma comidinha diferente... ou uma viagem. Feito com responsabilidade, claro! Depois de pagar as contas, comprar o leite da criança.

Ah, as viagens... Ela viajou. Ela sempre prega: permitam-se viajar. Se não puder financeiramente, permita-se em sonho. Que seja um sonho que você possa realizar, porque vale a pena. Vale muito a pena.

Ela diz que mudou e melhorou muito depois de uma viagem que fez. Sozinha. Completamente sozinha, num lugar que nunca viu ou esteve, que não sabia de nada. Ela fez muita oração. Sim, Deus protege mesmo! Também é válido mandar sempre a localização para algum amigo ou parente. E para o amigo mais íntimo eu mando mais detalhes. Nunca se sabe, né?

Sabe! Sabemos! Temos que saber! Ela sabia!

O machismo é aquele monstro horroroso, bem feio, que aparece nos pesadelos. Lembra? E ele está em todo lugar. Não podemos nos livrar, mas vamos enfrentar com inteligência que é nossa melhor arma. O machismo não merece nossa falta de atenção.

Esteja atenta! Seja atenta! Aprenda a ser atenta!

Essa também foi uma grande descoberta na vida dela.

Estar atenta à carência, à necessidade de amar, de ser aceita, de ser escolhida. De ser amada, de ter alguém. Ah, como isso é forte, pesado e que conta alta nós, mulheres, pagamos por isso.

E ela passou a ser mais observadora. E julgadora. Sim, a gente julga. Não pode, mas a gente julga. Julgam. Não deveriam, mas acontece.

E já parou para pensar o quanto você faz e escolhe nessa vida por causa dos julgamentos?

O fato é que o julgamento é um ato inevitável. Mas o mais importante julgamento que você deve receber é o seu. E assim ela o fez. Observando as pessoas, coisas e fatos, ela julgou. E fez escolhas.

Olhou ao redor, observou e refletiu o que as mulheres fazem, como agem, de onde vieram suas escolhas, como lutam e absorvem suas consequências.

Olhou para mulheres vítimas de violência. Olhou para mulheres vítimas de tragédias. Olhou para mulheres acometidas por doenças. E para as vítimas de más escolhas.

E os pensamentos dela foram: não posso reclamar. O que eu faço para que isso não aconteça comigo? Como não cair nessa? Como me blindar? Como me proteger?

Quantas perguntas! Não deveríamos ter tantas questões.

Infelizmente nenhuma delas tem fórmula perfeita. Cada uma tem que aprender à sua maneira, no seu tempo, dentro das suas possibilidades, sem se cobrar demais. pelo amor de Deus!

Como se não bastasse tantos questionamentos, ela decidiu por mais uma escolha: empreender.

Empreender por gostar. Não apenas por dinheiro e necessidade. Sorte! Ela não pensa em ser grande, nem ser melhor. O que importa para ela é ver a felicidade de alguém, saber que foi capaz de fazer algo sozinha (isso é mérito!), e que seja bom útil e diferente. Escolheu um produto, dois, três. Então ela tem pequenos negócios, entre brindes e doces. Não é por ser pequeno que não dá trabalho.

Como é bom empreender. Planejar, programar, comprar, vender, atender, agradar. E receber. Dinheiro e reconhecimento é sempre bom. Vai como aprendizado, experiência e conquista de ver algo seu sendo bom para alguém.

Ela diz com todas as forças: empreenda! Se não um grande negócio, empreenda-se! Não se venda. Valorize-se. Seja desejada, mas não invejada (sem energias ruins, por favor!). Seja inspiração, seja exemplo. Entregue algo que você gosta de fazer. Não porque apenas precisa, muito menos porque outros estão fazendo.

Descobrir algo que a faz feliz. Descobrir algo que, além de felicidade, traga algum dinheiro é libertador. E descobrir entre trabalho, dinheiro, prazer e viagem, alguém que compartilhe isso com você. Primeiramente, você mesma. Vale lembrar.

Ah, as escolhas... escolha-se primeiramente e principalmente. Escolha-se mantendo seu coração bom, leve e em paz. A meta é dormir em paz, sem grandes problemas. Combinado?

E que você esteja atenta a todos esses itens. Julgue-os! Julgue-se em todos os sentidos. Questione se precisa mesmo disso. Se sim, faça!

Não faça algo para se arrepender muito. Arrependa-se sorrindo. Rir de si mesma é um êxito.

Não devíamos ter tantas questões. Escolha quais delas você quer responder.

Escolha por que você deve responder. Escolha dizer não.

Escolha calar. Escolha gritar e que não seja de dor ou pedido de socorro.

Escolha sorrir, ser feliz, mesmo que dure pouco. Poucas felicidades somadas ao longo da trajetória são válidas.

Escolha ser, ter e, se possível, que ninguém faça isso por você. Se fizer, que seja por amor e gratidão. Por lealdade ou amizade.

Sabemos que a vida não é fácil para muitos.

Que isso seja força para que sua vida seja escolha sua. E que seja boa.

Ela, eu ou você!

Ela me passou dicas. Para quem já quebrou a cara algumas vezes, sabe que isso é normal, aceitável, que passa e a vida continua. Porque tem que continuar. Segue.

Ore. Tem coisas que só rezando.

É muita oração, muita fé para entender, acalmar, tolerar, suportar. Escolha a fé, a crença, algo que a deixe forte, que lhe dê conforto.

Ouça. Escolha uma música, suas músicas.

Ah, aquela letra que foi feita para você! Não a música da moda. Aquela antiga ou ainda não conhecida. Aquela que lhe faz chorar e, depois de algum tempo, vai fazer você pensar 'minha nossa, eu chorava por isso'. Liberta, faz você se mexer e dançar.

Dance também. Quando puder, onde quiser. Sozinha ou acompanhada. Do seu jeito. Não vá se cobrar numa competição tipo Dança dos Famosos. Só dance conforme a música.

Escolha! Sempre se escolha! Sempre faça escolhas que sejam para sua felicidade e a dos seus filhos, caso os tenham. Porém, lembre-se de que eles terão as escolhas deles. Então as suas se referem às responsabilidades e prioridades.

Ela lhe deseja sorte, sucesso e paz! Cuide-se! E vá viver!

# 26

# O COMEÇO DE TUDO

Quase todas as histórias já mostram um caminho a seguir, exceto essa. Com a leitura deste livro, terão uma razão para compreender as fases da vida, através da fé que essa mulher teve para enfrentar o machismo da sociedade. Na solidão, amadureceu e mesmo acompanhada e com filhos, sentia que tinha apenas a si mesma. A caminhada é constante, mas **desistir** não está em seu vocabulário.

MARCIA POVOA

**Marcia Povoa**

Advogada. Conselheira e Procuradora regional de Prerrogativas OAB/GO, pós-graduada em Penal, Processo Penal, Civil e Processo Civil, Constitucional, Perícia Criminal - Grafotecnia e documentoscopia, Crimes e incêndios. MBA em Gestão Jurídica Aduaneira Internacional no Agronegócio. Especialista em Direito Médico. Palestrante na Conferência Internacional de Medicina – Direitos dos pacientes com diabetes no Brasil - Japão. Graduada em Secretariado Executivo Bilíngue pela PUC-GO e Espanha. Relações Internacionais pela Universidade de Kenesaw /EUA – Comércio Exterior. Palestrante do projeto do Salto ao Alto para mulheres vítimas de violência. Graduada em *Personal, Professional Life Coach* e *Master Coach*. Física quântica pelo Instituto Performance. Graduada em Inteligência Emocional pelo método CIS.

**Contatos**
marciafpovoa@gmail.com
Instagram: @marciafpovoa
62 98228 9850

**Como tudo começou**

Desde criança eu me sentia diferente, não entendia o comportamento da minha família e as expectativas que esta criava ao meu respeito; não me sentia à vontade para brincar com outras crianças, gostava de ficar perto dos adultos por achar a conversa deles mais interessante.

Com frequência, escutava como eu deveria me comportar: "Por que a Márcia não está brincando com outras crianças?", "O que a Márcia, 'menina mulher', está fazendo aqui?", "Por que a Márcia está jogando vôlei e não brincando de casinha com as outras meninas?". Então, a família me tinha como uma péssima influência para as minhas primas. Eu era a menina sem juízo, a dava trabalho aos pais, a namoradeira... ah coitados, mal sabiam eles que nem beijar eu sabia nessa época.

Recordo-me que todas as vezes que meu pai decidia comprar um carro, a solução sempre tinha de vir dos bens que minha mãe possuía. Tudo que estava no orçamento familiar para adquirir um bem, como uma casa, um terreno ou um carro, teria que sair do investimento da mulher primeiro.

Aos meus 14 anos, eu tinha amizade com uma menina chamada Ana Teresa, de apelido Tetê. Ela morava próximo a minha casa, tínhamos bastante convívio, saíamos para as festinhas de amigos, família e lembro que, nessa época, ela namorava e passava as férias em São Paulo. Era minha referência de mulher chique, linda, usava umas roupas diferentes. Percebi a distância da educação que tínhamos, Ana Teresa e eu. Eu a tinha como um mulherão e éramos praticamente da mesma idade, mas ela tinha a vida que eu desejava ter naquela época com a minha família, com respeito, liberdade e uma certa independência. Enfim, ela foi embora, perdemos o contato e fiquei como a menina "custosa", aquela que gostava de jogar vôlei, queimada, que não me adequava a brincar com as meninas da minha idade, a que respondia tudo com sinceridade e isso me causava sérios problemas. Era vista como brigona, barraqueira, a pessoa que aprontava confusão, que ninguém gostava, que só tinha amigos homens, que brigava demais com o pai, com os irmãos.

Quando eu tinha apenas dezoito anos, ingressei no curso de Secretariado Bilíngue Executivo e lembro que meu pai me acompanhava até a porta da faculdade. Ele achava aquilo o máximo porque fui a primeira filha a ingressar no ensino superior. Então, ali, fiz grandes amizades, a Fernanda Neves, o Fernando Coutinho, primo do Flávio, o Flávio Scatezine pai do meu filho mais velho e a Thieme Santana, minha grande amiga até os dias de hoje. Aos 18 anos, tive um breve relacionamento com o Flávio, que assumiu a paternidade do meu filho mais velho depois de 10 anos, quando a comprovei por meio de um teste de DNA. Nossa relação durou aproximadamente dois anos e depois fiz uma viagem para a Europa.

Minha mãe tem uma grande amiga chamada Marizé, que tinha duas filhas: Elba e e Túlia. Elas estavam para viajar aos Estados Unidos e fui com elas. Lá conheci o amor da minha vida, ficamos juntos e em nosso segundo encontro ele já disse que eu era a mulher da vida dele, tivemos uma afinidade muito grande, ele me respeitava e me admirava como pessoa. Um certo dia, ele fez a surpresa de levar o meu pai para lá e me pediu em casamento, ficamos juntos e alugamos um apartamento. Iniciamos nossa vida como casal e engravidei de gêmeos, que atualmente estão com dezoito anos.

Meu príncipe mudou do dia para noite. Diante disso, começaria o meu crescimento como pessoa e principalmente como mulher. Ele era uma pessoa que tentava adivinhar o que eu queria, me tratava como uma princesa no início de nosso relacionamento e depois ao contar que estava grávida, ele mudou da "água para o vinho", ficou frio, distante. Fiz quatro testes de gravidez para confirmar o resultado, porque eu não queria acreditar que aquilo estava acontecendo e foi naquele momento que senti um frio no meu peito e percebi que, minha vida mudaria completamente.

Minha sogra e minha mãe foram passar uns dias comigo, me ajudaram muito. Depois, as duas foram embora e me vi sozinha com meus filhos e com ele, o amor da minha vida, ex-príncipe encantado.

Aquela situação foi me incomodando. Estava sem dinheiro, sem trabalho e tinha que levar os meus filhos e sair para trabalhar de algum jeito. Na época, eu tinha uma caminhonete e colocava os meninos nela com todas aquelas bolsas e coisas que se carregam quando se tem crianças pequenas, ainda mais gêmeos. Nos Estados Unidos comprávamos galões de água e os carregava no carro. Eu aproveitava e utilizava essa água na banheira para dar banho nos meninos e assim era a minha rotina. Fui passando de casa em casa, oferecendo faxina. Consegui trabalho em cinco casas grandes, nas quais seus moradores passavam a maior parte do tempo fora e eu poderia levar os meus filhos. Geralmente, eu os deixava, no carrinho ou no bebê conforto, enquanto limpava a casa. Como eu já não os amamentava mais, amarrava a mamadeira na lateral do carrinho para que alcançassem e se alimentassem. A cada troca de casa, dava banho neles, depois os trocava. No trabalho, fazia de tudo, limpava, encerava e, enquanto isso, eles dormiam e assim seguia nessa rotina.

Durante todo o tempo, algo dentro de mim me dizia para voltar a estudar e recordo-me de duas pessoas que me inspiraram quando eu cursava a faculdade, uma foi a professora que eu admirava, Dra. Bárbara Cruvinel, que dizia sempre que independentemente de onde estejamos e do salto que estivermos usando, ainda que a ponta e o peito do pé estejam doloridos, não deveríamos tirar nosso salto até chegarmos no carro ou em nossa casa; isso fez sentido em minha vida e a outra pessoa era o Dr. Erlon Fernandes, um amigo de muita fé que sempre me dizia, para conversar com Deus, que Ele me mostraria o caminho a seguir.

Então, decidi me matricular no curso de Comércio Exterior e Inglês na faculdade. Levava as duas crianças comigo. Às vezes, durante a aula, elas acordavam e eu tinha de pegá-las no colo. Ao término da aula, a professora dizia: "Não é melhor você parar? Não é melhor você ir embora? Porque você não vai conseguir!". Eu respondia que iria conseguir e falava sempre com muita humildade porque estava em situação ilegal. Enfim, continuei o curso, me formei, porém não pude pegar meu diploma até o momento por estar em situação ilegal. Assim que meus filhos completarem 21 anos, cuidarei disso. Adoeci por passar por tantas coisas, estava com asma, diabetes, comecei a usar insulina e engordei 51kg.

Nesse período, lembro que, em uma madrugada, tive um sonho com minha avó. Ela gostava muito de rosa, sonhei que tinha uma rosa clara. Havia plantado umas roseiras no jardim e elas nunca floresciam, mas nessa madrugada, acordei em Atlanta, era uma noite fria, abri a porta da cozinha e me assustei. Vi uma rosa exatamente igual à que a minha avó cuidava, me lembro bem por ter passado um período na casa dela. Então, me aproximei da flor, cheirei e voltei para a cama. Foram uns 15 minutos de sonho, mas a sensação era como se tivesse sonhando há 4 horas. A minha avó, no sonho, se sentou à beira da minha cama e conversou comigo.

Acordei cedo, antes de todos, e fui à academia. Observei um cartaz que dizia *Weight Watchers* (Vigilantes do peso) e, assim que cheguei em casa, resolvi me inscrever. Daí para frente, abandonei a minha bombinha para asma, controlei a minha insulina, adquiri novos hábitos alimentares, eliminei 52kg e tomei gosto pela vida saudável. Fui campeã da alta de Atlanta em tênis, venci a corrida de rotação por minuto (RPM) em bike de montanhas e fui campeã nas corridas de rua em Atlanta em 2008.

Depois de tentar de tudo em meu casamento, com um corpo ótimo, percebi que nada adiantava, tudo que eu fazia não era suficiente para que meu marido me notasse, para que voltássemos a ficar como um casal apaixonado como no início. Então, cansei e resolvi então dar um basta nisso tudo e disse que estava indo embora para o Brasil. A pergunta dele era se eu deixaria tudo lá, apartamento, casa, carros? Respondi que sim. Deixei tudo, peguei meus filhos e fui ao Brasil. Chegando lá, teve uma festa e, uma semana depois, a vozinha, a mesma do sonho, se foi, quatorze dias após a minha chegada ao Brasil.

Meu filho mais velho, meu primogênito, Paulo César disse para mim: "Mãe, você não tem o sonho de fazer Direito? Por que você não faz?". Respondi a ele que estava 12 anos sem estudar e que não passaria nunca. Então ele disse: "Toma vergonha na sua cara, se você não estudar, não vou ser mais seu filho". Prestei vestibular para Direito, já Goiânia e passei em primeiro lugar na PUC. Seguindo em frente, sobrevivendo com a pensão das crianças, aumentando um preço daqui e dali para conseguir o dinheiro do meu ex-marido, que disse que não queria que eu estudasse, assim fui conseguindo pagar o curso.

Não retornei mais aos Estados Unidos. Um certo dia, estava na casa da minha sogra que morava em Goiânia, com meus filhos e, de repente, a campainha toca: era meu ex-marido, que apareceu sem ter avisado. O que era para ser um conto de fadas com a volta dele, foi a maior decepção da minha vida! Ele abraçou todo mundo, abraçou as crianças, abraçou a mãe, o avô, a irmã e eu na porta ainda embasbacada, sem acreditar que ele estava ali, emocionada, rindo e chorando de emoção, ele abaixou a cabeça, passou por mim, sentou ao lado do avô dele e lá ficou, sem conversar comigo, sem saber o que estava acontecendo. Peguei o carro e as crianças e fui para a casa e lá ele chegou e começou a rir da casa que aluguei e a colocar defeito em tudo, fiquei calada para evitar discussão. Em poucos dias, mudamos para uma outra casa e a vida juntos não durou muito porque as pessoas ficaram falando que eu gastava o dinheiro que ele mandava, que não cuidava da casa e então ele decidiu ir embora.

Dois anos depois, ele voltou e trouxe muito dinheiro. Depois, ele conseguiu um emprego em uma concessionária e não queria ficar com as crianças, então os levava comigo para assistir as aulas comigo na faculdade de Direito. Tínhamos um carro, ele esvaziava os pneus para que eu não fosse trabalhar, para desistir, foi um período bem difícil.

Para terminar logo a faculdade, me matriculava em 15 matérias por semestre, estudava o dia todo até à noite, tomando muito café, para aguentar estudar. Não queria voltar para casa. Adquiri um trauma que ao entrar no elevador, eu fazia xixi na calça por medo de voltar para casa. Comecei duas pós-graduações à noite para não ter que voltar, pois sabia que, ao chegar em casa, eu teria problemas.

Enquanto estávamos juntos, ele viajava a trabalho toda semana. Descobri uma suposta traição. E quando estava terminando o curso, de repente, ele teve um infarto com 39 anos e o plano de saúde que tínhamos negou o tratamento. Por ser advogada, entrei com um processo, consegui uma liminar e uma audiência. Esse homem me maltratou tanto, a ponto de o Juiz brigar com ele.. Nesse dia, saímos do fórum, estava uma chuva, ele foi embora e me deixou ali. Sorte que, naquele momento, passava uma amiga que me levou para casa. Liguei para ele e pedi que recolhesse suas coisas e fosse embora de casa e ele disse que não sairia. Falei que, se não saísse, chamaria a polícia. Ele então foi embora e desde esse dia não nos falamos mais. Nos divorciamos pelo WhatsApp e dei início a outra etapa de minha vida, na qual passei necessidade e, ao mesmo tempo, recebi muitas propostas de trabalho. Agarrei todas elas. Participei de um cargo de comissão da OAB e ao final da tarde, em todas as reuniões era servido um lanche e assim comecei a participar de todas. Na época eram dezoito comissões da OAB e todos os dias, tinha reuniões das 17h até às 22h. Então pegava meus filhos na escola e os levava comigo, pois lá eu poderia ficar despreocupada porque eles tinham a janta deles. Sim, precisei fazer isso.

O meu pai se aposentou e deixou um escritório comigo e, mesmo assim, fiz a minha carreira sozinha. Graças a Deus, nunca precisei usar o nome do meu pai para nada, mesmo passando por dificuldades financeiras em alguns momentos. Consegui trabalhar e ganhar meu dinheiro; assim o tempo foi passando. Sofri violência familiar, porque eles eram contra o divórcio. Para eles, eu deveria salvar meu casamento, diziam que meu foco era somente a minha carreira e não foquei minha família, marido e filhos, e me julgavam por irresponsável, por puta, mesmo não tendo motivos para esse tal julgamento. Resolvi, então, que daria esse motivo a eles. A minha vontade de me especializar era tanta que nem via o tempo passar. Meu irmão, Paulo Alexandre me pagou um curso com o coach Paulo Bento, dono do instituto Performance, que me ajudou muito a me descobrir como pessoa.

A reflexão que ficou depois de tudo, quando olho no espelho e me pergunto: Nossa, ela está triste? Os olhos dela estão tristes, mas em nenhum momento eu falo que não estava sorrindo, porque eu precisava sorrir com a gratidão que tenho por tudo que fizeram comigo e vocês vão saber de tudo isso em meu próximo livro, porque, para chegar até aqui, tivemos muitos outros percalços e tive que entender que quem manda em mim e escreve a minha história sou eu, e que preciso me amar primeiro nesta vida, antes dos filhos, de pai, de mãe, preciso me querer bem primeiro. A vida acontece e não são todos os dias que nos sentimos bem, mas me lembro uma vez que o aluguel do meu escritório venceria, estava sem dinheiro, sem clientes e, naquele dia, abaixei a cabeça e conversei com Deus e disse: "Isso aqui é meu, estudei para isso e vou conseguir pagar". Então apareceram clientes e voltei a ganhar dinheiro! Lembro de quantas vezes chorei sozinha e até hoje eu choro para dar conta dos meus dias, das minhas noites! Minha família ficou sem contato comigo por mais de três anos, pelo simples motivo de não concordar com minha vida e, apesar disso, eu estava feliz e sou feliz hoje.

Dedico, com imenso carinho, este capítulo a uma amiga que faz parte do início desta história e que tem um papel importante inclusive na transcrição deste texto: Ana Teresa Sawaia Acioli, muita gratidão por você.

# 27

# EMBAIXADORA DA ERITROMELALGIA E DA MINHA PRÓPRIA VIDA

Neste capitulo consigo apresentar um pouco dos desafios que tive que enfrentar e superar para chegar onde estou. Existem coisas que nos acontecem que, a principio, não conseguimos assimilar, porém, Deus tem planos lindos para nossas vidas e graças a ele estou aqui por superar e suportar tudo que foi designado a mim. Tornar-se empreendedora é desafiador e promissor, as portas estão abertas, porém, qualificação, empatia e foco são os principais pilares dessa jornada. Agradeço a minha mãe, meu esposo e minhas filhas por tudo que eles representam em minha vida. Vem comigo!

## MARILIA CARINI

**Marilia Carini**

Administradora de empresas formada pela Unicsul (2008), *Marketing* Digital pela Arena 51 (2019), especialista em Vendas Moda Online, *coach – Personal e Professional Coaching* pela Sociedade Brasileira de Coaching (SBCoaching), com certificação Internacional pelo *Association for Coaching* (AC) e *Institute of Coaching Research* (ICR) (2020), Inteligência Emocional - Instituto Gente Roberto Shinyashiki (2021), jornada da Prosperidade (SIM – Sociedade Internacional do Mindset, 2021), *Styling* – Escola São Paulo (2021),Vivendo de Moda, Consultora de Imagem e Estilo (Paula Martins). Empresária da Boutique *on-line* CARINI CLOSET.

**Contatos**
ma-carini@hotmail.com
Instagram: @mariliacarini
LinkedIn: linkedin.com/in/mariliacarini
11 99804 6907

**Agosto de 2020**

Enquanto o mundo se movia em função da pandemia do novo coronavírus com distanciamento físico, álcool em gel e controle da temperatura, eu era obrigada a passar por inúmeros exames com vários médicos, para descobrir se os sintomas que despontavam em mim eram dignos do *Doctor House* ou se seriam novos sinais da Covid-19: febre, dores fortes nos joelhos, nas articulações, orelhas e bochechas fervendo, pernas vermelhas como se tivesse passado o dia debaixo do sol com partes quentes e outras frias. Pés e dedos dos pés escuros, além de muita vermelhidão e sensibilidade em toda a pele, por todo o corpo.

Ninguém sabia o que eu tinha. Muito menos eu.

"Alguém chama o *Doctor House*, por gentileza?"

Quinze dias de internação numa ala especial para pacientes contaminados pelo Coronavírus. E lá estava eu, aos trinta e cinco anos de idade, separada das minhas filhas de sete e treze anos e de meu esposo. De um dia para o outro, me vi isolada, desolada e sem qualquer perspectiva de futuro.

Afinal, o que eu tinha? Estava prestes a morrer ali sozinha? E por que a vida estava me colocando diante dessa situação? Já não teria eu passado por dores suficientes com toda a depressão e síndrome do pânico de outrora? O que eu fiz para merecer isso?

Por mais que estivesse sendo bem tratada por médicos, enfermeiros e toda a equipe de um enorme hospital, eu estava só, longe daquilo que mais importava para mim, o meu tudo: a minha família.

E foi então, durante quinze dias, supostamente entre a vida e a morte, que eu iniciei um processo de reflexão. Por que eu estava ali? O que Deus estava querendo me dizer por meio daquela experiência? Deus ia me responder? Olharia Ele para a minha pessoa? Eu não tinha ideia. Mas estava decidida a encontrar uma resposta.

Eu sou a filha arco-íris de um casal nada convencional. Para quem não sabe, filha arco-íris é a primeira filha viva depois de um filho que faleceu ainda recém-nascido. Meu pai foi um mulherengo a vida inteira, e minha mãe foi uma mulher que se dedicou completamente aos seus filhos. Sua devoção em manter a família de seus sonhos e oferecer o melhor que podia aos filhos e marido acabou custando caro, inclusive sua saúde.

Tive dois irmãos de sangue e mais dois dos casos extraconjugais do meu pai. Tivemos uma vida razoável, com momentos de escassez, mas com expressiva melhora com o passar dos anos, porém a afetividade foi algo muito complexo para mim. Eu nunca compreendi o porquê de meu pai ser como era e do fato da minha mãe aceitar a relação que tinha.

Se as lições sobre afetividade vivenciadas na infância ficam para a vida toda como referência sobre o que é o amor, seria provável que eu ainda estivesse tentando me entender nesse sentido, mas felizmente não é o meu caso. As minhas dúvidas e a indignação sobre amorosidade distorcida ainda se referem ao que meus pais viveram entre eles. Felizmente o que vivo e o que ensino para minhas filhas é algo bem diferente disso, que tem a ver com cumplicidade, transparência e prioridade um na vida do outro.

Eu encontrei o amor em minha vida? Sim. Posso falar de boca cheia, em alto e bom tom.

Ainda assim, por algum motivo que desconheço, sinto que não me encontrei totalmente, mas estou a caminho, dia após dia me descobrindo, me encontrando, me conhecendo, me cuidando e dando o melhor de mim. Não estamos vivos para isso? Para nos tornamos o melhor possível como seres humanos? Pois bem, é isso que estou fazendo aqui neste planeta.

A minha infância certamente foi uma fase chave na minha trajetória. Não bastasse o desequilíbrio emocional e modelo familiar duvidoso a que eu e meus irmãos fomos submetidos, eu também fui, como a maioria das mulheres e crianças, vítima de assédio sexual. Não fui abusada, ninguém sequer me tocou, mas o desejo sexual de alguém que supostamente deveria me proteger em vez de me olhar com segundas intenções foi responsável por abrir um buraco negro em minha alma, que luto até hoje para fechar.

Não é normal uma criança, uma menina passar por isso. E se menciono esse fato, nem de longe é para me fazer de vítima, mas para abraçar a causa, como quem levanta uma bandeira neste mundo: não sou apenas eu. Mas eu e milhões de crianças e mulheres mundo afora que sofrem o abuso do desajuste sexual masculino.

Num momento da história em que o feminismo nunca foi tão expressivo, latente e poderoso, que se saiba: eu sou mais uma. Não apenas mais uma vítima, mas uma sobrevivente que agora se transforma e se posiciona contra tudo e contra todos que diminuem a posição da mulher neste mundo. Juntas, somos uma. E unidas, ainda transformaremos esta sociedade num lugar seguro para quem quer que seja, mas especialmente para aqueles que não podem se proteger porque ainda são vulneráveis. Como um dia eu fui.

Espero ser um fator transformador no planeta, para que minhas filhas não passem pelo que eu passei, para que elas não passem a vida tentando fechar uma ferida da mais inocente fase da vida. O que acomete o ser humano até os sete anos de idade e um pouco mais é o que fica para sempre em sua alma. Ali está o período mais importante e decisivo de toda uma existência.

Sabe aquela ferida aberta? O dedo queimado latejando ou o dente cariado que incomoda, ou até mesmo um cisco no olho? Este tipo de dor, trauma, fica assim no seu inconsciente: vai e volta, tentando aparecer o tempo todo, enquanto você luta para esquecer. É batalha para uma vida inteira.

Sim, eu estou a caminho da cura, porque iniciei a jornada mais importante da minha vida: a do autoconhecimento.

Se a infância foi essa confusão toda, devo dizer que ainda fui testemunha de uma amiga passar por algo parecido com o que eu passei. E depois disso, ela foi embora, perdi minha amiga e fiquei com a companhia da falta dela, todos os dias.

Eu nunca mais vi a minha amiga. Ela mudou de escola, de bairro, de cidade, de vida. Nem nas redes sociais a encontrei.

Assim como eu e milhares de crianças, a minha amiga foi mais uma vítima do que estamos cansados de ver na televisão e nos jornais. Homens que abusam, molestam, assediam, batem, fazem torturas psicológicas e usam de toda ordem para manipular e usar das mulheres como podem. Basta nascer. E ficamos sujeitas a esse tipo de joio da sociedade.

— Eu sinto muito, minha querida amiga, por você, por mim e por todas as mulheres que precisam fugir em algum momento de suas vidas para se protegerem. E passam a vida lutando para superar o trauma de uma dor e injustiça, quando não de uma violência.

Na juventude, fui uma jovem decidida a estudar e trabalhar. Minha mãe sempre me apoiou a ser uma mulher independente, visionária e esclarecida, desta forma jamais estaria em um relacionamento abusivo.

E então eu fui à luta!

Comecei a trabalhar logo cedo, aos dezesseis anos de idade. Formei-me aos vinte e três em Administração de Empresas. Comecei minha carreira em grandes multinacionais financeiras: nos bancos. Foi ali onde me sujeitei a todo ensinamento que o mundo corporativo pode dar. Ele a torna mais forte sim: safa, guerreira, produtiva, competidora, mas também abre algumas feridas lentamente. Machucados que dão sinais ao longo da vida: insônia, palpitação, falta de ar, irritação, ansiedade, confusão mental, raiva, tristeza, indignação, choros aparentemente sem motivo e por aí vai. Uma lista que não tem fim.

Fiquei nessa balança por quinze anos, pesando os prós e os contras, tentando me equilibrar. Afinal, se a minha carreira como gerente me tornou tão forte e profissional, não deveria eu suportar os desajustes do mundo corporativo e toda sua tóxica cultura organizacional?

Foi trabalhando que me casei, me tornei mãe, estudei um pouco mais, cuidei da casa, do meu marido e de mim mesma. Como toda mulher da minha geração, eu fui dando conta de tudo, um tanto por dia, mas tive e ainda tenho a sorte da graça de uma família que me sustenta, me apoia e me ama, compensando todo e qualquer esforço que eu faça.

Só Deus sabe o quanto eu ia precisar dela.

A vida profissional foi ficando pesada, foi me tirando o brilho, apagando o meu sorriso. Decidi finalmente empreender. A primeira vez não deu muito certo. E ainda que tenha valido a tentativa, acabei voltando ao mundo dos bancos. E mais tarde, novamente, escolhi empreender de vez. A primeira experiência serviu de lição para que a segunda empreitada desse certo. E deu.

Hoje sou dona do meu nariz, da porra toda! Tenho uma boutique *on-line*, a qual amo, me dignifica e me empodera, exatamente como eu sempre quis.

Tenho muito orgulho quando vejo cada detalhe que consegui construir, desde o mapeamento do ramo varejista até os detalhes mais amplos de construção de *site*, *marketing* digital, publicidade, vendas e atendimento. Sim, sou eu quem fez e faz tudo.

Estudei e continuo estudando o ramo, me formei como *Personal Stylist*, Consultora de Imagem e estilo, já que a pandemia não deu trela.

Além disso, sou eu que ajudo o meu marido, mesmo com o tempo escasso, cuidando de tudo, das filhas, da casa e de mim; nem pense que cuidar do meu marido tem a ver com afazeres domésticos, porque eu o ajudo com a sua empresa e com muito amor.

E não é que tudo o que vai um dia volta?

Parece que, no ano de 2019, eu tropecei no buraco negro da minha alma. Estava andando por ali, à toa, sem perceber e quando fui ver: *pá, puf!* Já tinha caído, sem saber como ou por quê. Fui acometida por uma depressão profunda, acompanhada de síndrome do pânico. Não queria comer, não me levantava da cama, não me movia. Era apenas uma alma presa num corpo.

O amor do meu marido e das minhas filhas era o que me fazia levantar de vez em quando para comer ou tomar um banho. Morrer parecia uma opção mais fácil. Foi o amor deles que me salvou, dia após dia, banho após banho, refeição após refeição, o carinho que me forçava a criar um sorriso, um lampejo de fé e esperança. A minha alma doía, chorava, gritava e esperneava, sem movimento algum que qualquer um pudesse ver.

Inúmeros foram nesse momento os médicos, psiquiatras e psicólogos. Remédios, terapias e nada. O mais plausível diagnóstico: um turbilhão de hormônios desequilibrados por conta de todos os anos que havia passado no mundo corporativo. A guerreira profissional que eu havia me tornado tinha antes de tudo brigado com ela mesma. As noites mal dormidas desequilibram a serotonina, bem como a angústia destruiu o hormônio da felicidade e a ansiedade desajustou tantos outros.

Cerca de 27 remédios e complementos é o que tomo hoje. Parece muito? Já foi mais do que isso.

A depressão, com a síndrome do pânico, não veio apenas para o café da manhã, mas para o almoço e jantar, e assim foi se estendendo por dias, semanas e meses. Uma luta para que fosse embora se travou, dia após dia. Mas como nada nessa vida é em vão, foi nessa fase que pude conhecer a força de minha mãe.

Compreendi que, se de um lado ela havia se dobrado aos maus modos do meu pai, por outro, tinha toda a doçura, paciência e apoio que eu precisava para sobreviver.

Foi minha mãe que ficou ao meu lado, me deu banho, cuidou das minhas filhas e nunca, jamais me tratou como se estivesse fazendo um drama qualquer, como infelizmente muitos imaginam ser esse estado dolorido da alma.

A depressão ainda me visita de vez em quando, mas minha mãe está sempre a postos, bem como meu marido e filhas. O amor que nunca sai de cena, de moda e se faz presente, na saúde e na doença e em todo o blá-blá-blá que a gente já conhece. Mas é o blá-blá-blá que faz toda a diferença na vida.

Meu pai faleceu há bom tempo, nos seus quarenta e cinco anos de idade, quando eu ainda tinha 25 anos. Coisas da vida não é mesmo? E durante a internação do meu pai, passei todos os dias visitando-o na UTI, mas o câncer foi muito severo e não deu a oportunidade de uma segunda chance a ele, para que pudesse valorizar a família que tinha. Filhos lindos, uma esposa companheira, e toda estrutura digna para ser bem-sucedido. Penso que ainda devo aprender o não julgamento em relação a ele e continuarei trabalhando nisso. Tem coisas na vida que são um processo, não acontecem da noite para o dia, mas se decidimos fazer algo, já é meio caminho andado.

Os dias no hospital passaram. Eu chorei e sofri todos os dias. Lamentei-me, pensei, refleti, pensei de novo e refleti mais uma vez. O tempo encarcerado numa cama me levou às mais profundas reflexões sobre a vida, para que eu pudesse me tornar dona de mim.

O *Doctor House* não deu o ar da graça, mas dois médicos brasileiros finalmente chegaram a um diagnóstico: não era covid, mas eritromelalgia. E eu fui me tratar com uma reumatologista. A síndrome rara a que fui acometida só sorteou cerca de trezentos e cinquenta pessoas em todo o mundo. Pense nisso em porcentagem. É algo como zero, vírgula, vários e vários zeros antes de chegar a um número quase que inexistente.

Querido Deus, por que eu não ganhei na loteria? Penso que teria sido bem mais fácil, não? Afinal, que resposta o Senhor tem para mim?

Com isso e com a ajuda do *Google* que mapeia pessoas acometidas por doenças e síndromes raras em todo o mundo, fui nomeada Embaixadora da Eritromelalgia no Brasil.

Se com toda a minha trajetória de vida, eu havia me tornado independente profissionalmente e realizada com a minha carreira de empreendedora e com a minha família, ainda me faltava algo, que tinha a ver com o propósito de vida. Como transformar a experiência das minhas dores em algo positivo?

Eu tinha acabado de concluir mais uma formação como *coach* reconhecido internacionalmente inclusive e já estava atuando profissionalmente na área prestando consultoria a novas empresárias. Mas foi então que ouvi o sussurro de Deus em meu ouvido: "Você vai ajudar outras pessoas que passaram por situações como você, minha filha!"

O arrepio na espinha não era covid e nem a eritromelalgia, mas a certeza do sopro divino em minha vida.

Se eu já era dona da porra toda, agora ensinaria outras mulheres a serem também.

Muito prazer! Eu sou a Marilia Carini, Embaixadora da Eritromelalgia e da minha própria vida!

> # 28

# O CAMINHO SE FAZ AO ANDAR

Olhar para o lado e ver outras possibilidades e trajetórias profissionais, mesmo com uma carreira consolidada, não é sinal de fraqueza ou indecisão. Pelo contrário. É sinal de que estamos abertos a novos caminhos. O destino pode ser o mesmo, mas há tantas ruas a seguir. Enfrente os desafios pronta para novos conhecimentos. Minha história é um exemplo disso e eu conto um pouco dela aqui. Vem comigo.

## MÔNICA MORAES VIALLE

**Mônica Moraes Vialle**

Diretora executiva da MVPAR Real Estate Investments em Portugal; sócia e diretora da MOOM Consultoria e *Coaching*, empresa binacional Brasil e Europa. Obteve sua formação nas mais importantes instituições nos EUA, Portugal e Brasil. Mestre em Arquitetura, arquiteta e urbanista, técnica em edificações, especialista em *Real Estate*, gestão de negócios imobiliários e da construção civil, escritora, palestrante, mentora e consultora em *Real Estate*, Arquitetura e *Coaching*. Seu histórico profissional passa por mais de 20 anos em posições de liderança em empresas importantes no Brasil e na Europa.

**Contatos**
www.moomconsultoria.com
www.mvpar.eu
consultoria@moomconsultoria.com
Instagram: moomconsultoria
Facebook: moomconsultoria
LinkedIn: MOOM Consultoria & Coaching

## O caminho se faz ao andar

Eu tinha um sonho. E sonhos não envelhecem. Eles se reinventam. Um dos meus desejos profissionais mais intensos era me destacar no mundo corporativo. Ser uma mulher de negócios em um ambiente empresarial era, na verdade, mais do que um sonho.

Era uma certeza que eu acharia que nunca mudaria. Seria meu destino, minha realização, meu caminho. A única possibilidade de satisfação. Não posso dizer que isso não aconteceu, mas a trajetória foi bem diferente do que imaginei. Ainda bem.

Quando nos abrimos para novas possibilidades, o mundo fica em nossas mãos. A mudança não nos atropela. Pelo contrário. Preparamo-nos gradativamente a novos cenários. E quantos mundos e possibilidades temos pela frente quando não nos encerramos em um sonho.

Eu me formei em Arquitetura e achava que o mundo corporativo era o único caminho do sucesso. Mas "o caminho se faz ao andar", como diz a máxima e o poema espanhol.

E sabe o que eu diria para aquela jovem recém-formada repleta de sonhos e certezas? Primeiro, certezas não existem. Segundo, nunca deixe de se abrir para novos caminhos.

Não insista em realizar as coisas apenas como você imaginou. Há terceiras, quartas, quintas e uma infinidade de coisas que eu gostaria de dizer para a jovem que eu era naquela época. Ainda bem que posso dizer agora para você, que está começando sua vida profissional ou está insatisfeita com os rumos da sua carreira.

Independentemente do momento profissional em que está, saiba que é possível mudar a partir do momento que se sente desconfortável ou infeliz.

Quando eu achava que a carreira corporativa era a minha única opção, não me dava conta que estava engolindo sapos e abandonando outros sonhos. Eu gastava muito tempo com minha aparência, acreditando que uma saia lápis e um blazer eram fundamentais para impor as minhas competências.

## Faça as pazes com você

Nós, mulheres, sabemos o quanto a aparência importa. E além de toda a busca pelas habilidades profissionais, precisamos manter o cabelo em dia, roupas comportadas, mãos feitas, maquiagem nem demais nem de menos e uma série de aportes que influenciam, infelizmente, a imagem que fazem de nós.

Sim, isso é desgastante. Para algumas, é natural; para outras, é um empenho de energia e tempo. E tudo bem as duas situações. Desde que em nenhuma delas você se sinta desconfortável.

Pois não é segredo que uma imagem negativa pode implodir nosso crescimento profissional. Você já pensou no tanto que nós, mulheres, temos que realizar para conquistar um espaço?

Não é só a qualificação, precisamos nos preocupar com questões internas e externas que vão além das aparências.

E eu não estou falando do século passado. Estou falando de um passado muito recente. Por isso, a segurança e o autoconhecimento são fundamentais no processo do reconhecimento profissional e evita muitas dores.

Infelizmente, o universo masculino ainda prevalece no mundo corporativo, mas a boa notícia é que isso está mudando. Grandes empresas já equiparam salários e já se preocupam mais com o assédio moral, o machismo e preconceito dentro das organizações.

É uma luta contínua que depende de mim, de você, dos nossos filhos, das nossas amigas, das nossas chefes e das nossas subordinadas. É uma luta que depende da união e da tão falada sororidade.

**Mudança de rota**

Não faltam exemplos de mulheres que conquistam o poder nas grandes empresas, na política e no mundo dos grandes e pequenos negócios. Porque somos, sim, as donas da p** toda.

No meu caso, eu não desisti do meu sonho. Eu corri atrás dele e vivi exatamente o que eu queria, mas percebi que não era exatamente onde eu queria estar. Levou tempo e foi um processo gradativo. Mas de nenhuma forma isso foi ou é uma frustração.

No mundo corporativo, percebi que me doava muito, mas que ainda faltava alcançar a felicidade. Foram duas décadas em posições de liderança e atendimento de demandas técnicas em empresas de Arquitetura, Engenhara Civil e Real Estate.

Eu era focada, dedicada e colocava toda a minha dedicação em cada projeto, mas percebi que isso não era o suficiente. Sabe por quê? Porque podemos fazer mais.

Cada pessoa deve descobrir os seus maiores desafios e qualidade, mas, no meu caso, descobri que sou uma pessoa multitarefa e que não há nada de errado nisso.

Aceitar-me e descobrir que poderia tanto estar em uma cadeira de escritório quanto buscando tendências pelo mundo ou auxiliando as pessoas a desenvolverem as próprias habilidades foi uma das maiores descobertas da minha vida.

Hoje consigo enxergar as coisas diferentes. Sim, é preciso ter foco. Mas é possível realizar bem várias coisas se você treina sua mente e tem disposição para gerenciar diversas tarefas. E não, nem sempre isso é algo negativo ou atrapalha a sua produtividade.

Tudo vai depender de quem você é, das suas habilidades e da sua disposição em realizar. E, claro, também do tempo que dispõe. Tenha em mente que cada realidade é diferente e nunca se culpe por não alcançar o que deseja, mas se cobre para não desistir dos seus sonhos, pois conquistá-los só depende de você.

## O que é multitarefa?

O termo multitarefa vem dos sistemas operacionais dos computadores. Trata-se da capacidade de executar mais de um programa ao mesmo tempo, ou seja, operar vários programas simultaneamente. Vamos dar uma pausa no tema para que você imagine uma cena. Uma mãe autônoma com um bebê recém-nascido e um filho de quatro anos, durante a pandemia do coronavírus, estava trabalhando em casa.

Ela acorda de noite entre amamentações e troca de fraldas, prepara o café da manhã para o filho mais velho, dá banho e troca o mais novo, enquanto coloca a roupa na máquina. Prepara a caixa de brinquedos, coloca um tapete ao lado do computador e prepara um ambiente seguro para criança brincar, faz o menor dormir, abre seus arquivos e começa a trabalhar.

Nesse meio tempo, já colocou o feijão de molho, descongelou a carne para o almoço e ainda consegue rever os seus arquivos de trabalho antes do filho mais novo acordar.

Imagine outra cena: uma executiva acorda às 5 da manhã. Faz uma hora de exercícios, toma seu banho, prepara sua maquiagem, se veste e dirige até a empresa enquanto escuta um *podcast* com a análise das últimas notícias.

Chega na empresa, abre sua agenda de reuniões, prepara os arquivos para cada uma delas, atende o telefonema dos Recursos Humanos informando que houve um imprevisto com alguém da equipe. O que faz com que ela mesma tenha que terminar a apresentação da próxima reunião.

O almoço, novamente, terá que ser um sanduíche enquanto estuda os materiais da concorrência. Tudo isso ignorando a dor de cabeça por não ter dormindo muito bem, já que discutiu com o namorado no dia anterior, mas a vida profissional não dá tempo para pensar na vida pessoal.

Você se identifica com alguma dessas situações ou algo semelhante em que não consegue dar conta de tudo, mas não tem alternativa? Isso é ser multitarefa.

E cada vez mais o mundo que vivemos exige que façamos diversas coisas ao mesmo tempo, assim como um programa de computador. A forma como lidamos com isso pode determinar nossa saúde mental e física.

Somos capazes de realizar coisas simultaneamente e isso pode ser tanto vantajoso e produtivo como um fardo. A escolha está em nossas mãos.

Descobri que sou uma pessoa multitarefa e que isso é uma qualidade na minha vida. Sinto-me mais feliz por poder fazer várias coisas ao mesmo tempo e aprender em vários campos de atuação. Por isso, deixei de me dedicar a grandes empresas para investir em negócios próprios.

Mas você não precisa sem como eu, como fulano ou como qualquer outra pessoa. Você precisa descobrir as habilidades que tem e este é um grande caminho para o autoconhecimento.

## Organização e planejamento

Não existe uma receita mágica, mas organização e o planejamento são fundamentais para quem quer empreender e trilhar o próprio caminho nos negócios, seja sozinho ou no mundo corporativo.

Identificar os afazeres do dia, criar prioridades, encontrar soluções tecnológicas, como aplicativos de tarefas e lembretes, podem ser ótimos aliados nessas tarefas.

Com minha experiência e qualificação, estou preparada para gerenciar e administrar grandes negócios e projetos expoentes, buscar as melhores soluções focadas em resultados efetivos e qualidade produtiva.

Mas para que isso fosse possível, trilhei um longo caminho até aqui. São anos de organização, planejamento e prática que me dão a segurança tanto para me posicionar no mercado como para auxiliar as pessoas a chegarem aonde elas querem chegar.

E não há nada mais satisfatório do que cumprir tarefas. Minha trajetória revela as habilidades profissionais que conquistei ao longo dos anos e o domínio sobre o mercado de trabalho foi conquistado com muita garra.

A paixão pelo ambiente corporativo e pelo trabalho sempre me impulsionaram a maximizar resultados de todos os projetos. Por isso cheguei até aqui.

E, claro, você também pode alcançar seus sonhos e realizar-se profissionalmente. E agora que falamos o quanto a organização e o planejamento podem ser nossos melhores amigos nesse caminho, vamos conversar um pouco sobre a própria caminhada?

### O que você quer ser quando crescer?

Quantas vezes já fizeram essa pergunta quando era criança ou você mesma se cobrou uma resposta. Será que conseguimos, desde a mais tenra idade, tomar uma decisão tão importante? E mais, será que queremos uma coisa só?

Vamos fazer uma matemática simples. Se, por cima e otimistas, temos uma idade produtiva de 80 anos, podemos ter, no mínimo, quatro profissões para nos dedicarmos muito bem a cada duas décadas.

Pode ser que não sejam seus planos, mas dou esse exemplo para que você saiba que tudo bem mudar de opinião sobre a profissão que desejou.

As coisas podem mudar no caminho. Seus desejos, suas ambições e suas expectativas vão depender do momento em que vive, das pessoas com quem convive, das suas decepções e das suas conquistas.

A todo momento você pode decidir o que quer ser quando crescer. Sabe por quê? Porque o ideal é que a gente não pare de crescer nunca. Nosso desenvolvimento pessoal e profissional deve ser constante.

Atualmente, eu me posiciono no mercado de Consultoria em Real Estate, Arquitetura, Construção Civil na MVPAR Real Estate, *Coaching*, Mentoria e Palestrante na empresa Moom Consultoria e *Coaching*. Parece muita coisa? Pois eu ainda vejo espaço para conquistar mais. Assim como você, em sua área de atuação, pode ter um desenvolvimento constante. Basta ter foco e persistência. Claro, algumas técnicas ajudam também.

### Faça dos tomates um delicioso molho

Você já ouviu falar da Técnica Pomodoro? Trata-se de um poderoso e eficiente método de gestão de tempo desenvolvido pelo italiano Francesco Cirillo, no final dos anos 1980. A técnica pode ser aplicada nos estudos, no trabalho e na vida pessoal.

Na prática, que tem esse nome justamente inspirado nos cronômetros italianos em forma de tomate, consiste em dividir o tempo de cada tarefa em 25 minutos por atividade. E trocar de tarefa a cada vez que o cronômetro apita a passagem de tempo – e depois de descansar por cinco minutos.

Ou seja, cada tarefa é dividida em 30 minutos, sendo que 25 é para atividade e o restante para o descanso. Você pode usar o celular para marcar o tempo. A intenção é que as pausas entre uma atividade ou outra aumentem sua agilidade mental e a produtividade.

Para o autor da técnica, o objetivo é utilizar o tempo como aliado e realizar processos que "treinem" a nossa mente a realizar mais coisas com mais qualidade e atenção. Você pode testar essa a Técnica Pomodoro, mas se não funcionar para você, tudo bem.

Algumas pessoas preferem esgotar o tempo até terminar uma atividade. O que vale é descobrir o que funciona para você e como consegue ser uma pessoa mais produtiva em seu próprio tempo.

A urgência sempre será definida por você. Apenas tenha em mente que é preciso uma comunicação transparente, tanto com suas expectativas como para os outros. Nunca prometa o que não possa cumprir e, principalmente, defina seus limites.

Só você pode fazer isso por você. Faça uma boa gestão do tempo. Defina seu caminho, mas lembre-se de que a trajetória é ainda mais importante que o destino final. Aproveite a caminhada.

# 29

# RECOMEÇOS

Convido o leitor para mergulhar em uma história recheada de altos e baixos, de sofrimentos e reconstrução, de amor e desamor, de vida e morte. Mas também de muita força, coragem e perseverança.

PATRÍCIA J. SANTANA

**Patrícia J. Santana**

Nasceu em Salvador (BA), em 1955. Chegou ao Rio de Janeiro com 10 anos de idade para dar seguimento à sua história de vida pessoal e profissional. Formada em Técnica de Enfermagem, graduada em Psicologia e pós-graduada em Geriatria e Gerontologia pela UERJ. Atualmente, atua como consultora empresarial no ramo de *home care* na cidade do Rio de Janeiro.

**Contato**
jonessantanapatricia@yahoo.com

Sabe essas histórias que a gente vê nos filmes que começam do fim para o início? Eu sempre achei trabalhoso esse tipo de leitura. Enfim, com mais de sessenta anos, decidi que deveria escrever um pouco da minha história dessa forma que eu achava uma leitura trabalhosa. Por quê? Descobri que, após os sessenta, convenhamos, tenho mais passado que futuro e vi também que tudo aquilo que me afligiu durante minha existência continua o mesmo, a não ser pelo agravante da perda da ingenuidade.

No início da pandemia, decidi que era hora de uma mudança radical. Sair do mesmo e ir a caminho do sempre. Só esqueci que o sempre para mim é o conflito, a angústia de existir e a luta que travo há sessenta anos contra essa angústia, contra essa mediocridade de não questionar o sentido da existência. O sentido de uma mente extremamente inquieta e turbulenta na qual eu vivi, morri, sofri, amei e odiei tudo aquilo que me parecia condicional e totalmente incoerente. Saí do Rio de Janeiro, fui para o interior do Nordeste, aluguei uma casa e pronto. Tudo parecia recomeço. E exatamente dois meses depois, tentei contra minha própria vida. Tomei centenas de comprimidos que já eram habituais depois de receber diagnóstico de transtorno borderline e transtorno bipolar. Resolvi que bastava. Passei trinta dias em coma, vinte dias entubada e finalmente traqueostomizada, sem contar que meu cérebro não parou um instante. Durante todo esse período, fiz viagens incríveis, surreais.

Hoje estou de volta à vida. E novamente de frente com minha inquietude mental, depois de uma infância totalmente distônica, de sucessivos abusos morais e sexuais somados com uma adolescência por pura conta própria na qual eu descobri o submundo da prostituição e das drogas, de maternidade precoce e, aos dezesseis anos, já atrelada a um homem quarenta e cinco anos mais velho que eu. Não fui a mãe esperada. Não paguei a dívida da expectativa, não decidi pelo mundo tradicional.

Hoje sou empresária, posso dizer que vivo uma vida "privilegiada". Estou em uma relação há vinte anos e, o mais incrível, com uma mulher.

Logo eu, que era a rainha da "heterossexualidade", a prepulsora da *pole dance* nas boates de Copacabana nos anos 80. Temo em dizer que minha história não é de superação porque não é acabada. Eu me crio e me recrio. Luto todos os dias contra o alcoolismo feroz, contra a dor da existência, contra ou a favor da vida. Mas estou nela e ela me recria, me vence, me molda e me corrói. O que me faz escrever? Talvez o fato de ter a esperança de que em algum lugar deva existir pessoas inquietas como eu e, vamos deixar a modéstia de lado, tão inteligentes e criativas como eu.

Vocês devem se perguntar por que uma mulher tão ativa se casou com outra. A resposta para mim é simples. Exatamente por ser uma mulher extremamente ativa e pensante, não consegui achar em nenhum homem a quietação para me receptivar.

Eles também, mesmo que não queiram reconhecer ou não sendo, parecem ativos e inquietos e, durante o longo de minha vida, jamais achei esse homem, pelo menos na figura masculina física. Pergunte de novo: você gosta de mulheres? Não. Eu gosto de seres humanos cuidadores de pessoas como eu.

Nasci sendo a quarta filha de uma família que já tinha três meninos. O casamento ia mal e quem sabe uma menininha mudaria tudo. Mesmo com a chegada do bebê, a relação dos meus pais não melhorou. Meu pai era carteiro, trabalhava duro para tentar manter a família. Tentava convencer minha mãe de que um lar seguro seria o seu ideal. Mas essa estabilidade era medíocre demais para ela, para os seus sonhos e desejos. Não bastava. E assim eu fui sendo cuidada pela minha madrinha, uma mulher extremamente católica, rígida, prendada e absolutamente inexpressiva emocionalmente. Na verdade, não lembro de ter sido abraçada ou beijada por ela a não ser pelo meu padrinho que era bem mais carinhoso. Assim, passei os nove primeiros anos de minha infância. Meus pais se mudaram para outro estado como mais uma tentativa frustrada de recomeço por meio de uma retirada geográfica. A única memória que me restou de minha tenra infância com meus pais foi uma mamadeira fria enfiada na grade do berço.

Meu pai retornou para a Bahia, me visitava todos os sábados. Eu me arrumava, sentava-me na escadaria de um sobrado velho onde morava com meus padrinhos e esperava impacientemente. Mal posso descrever o que eu sentia, ficava eufórica.

Um dia, em um desses sábados, ele não compareceu. Não explicou, não mandou recado. Essa foi a minha primeira grande desilusão. Dor, sofrimento e sentimento de menos valia. Passei toda a tarde sentada na escada à espera do último vínculo amoroso e incondicional para mim. A partir de então, comecei a me deprimir. Aos sete anos de idade, chorava sem saber por que exatamente. Essa seria a primeira desilusão depois da imagem do berço que dilacerou minha infância.

Aos dez anos, escrevi uma carta para minha mãe que já se encontrava casada com outro homem e ainda morando em outro estado, na qual eu rogava, nas entrelinhas, que gostaria de ter a experiência de ser filha, de possuir uma mãe. E mais uma vez, não foi o que eu esperava. Aliás, tudo aquilo que tentei fazer durante a vida, que não dependeu absolutamente de mim, foi uma grande frustração. Levei muito tempo para descobrir isso.

Ao chegar ao Rio de Janeiro, me deparei com uma realidade não esperada. Minha mãe estava vivendo com uma amiga em uma casa grande e bem confortável. A primeira coisa que ela fez foi me dar um cachorro, coisa que com minha madrinha era proibido. Ela não gostava de cachorro, embora eu sempre insistisse em ter um. Meu padrasto não estava. Havia sido internado há meses, fato que eu desconhecia. Ele sofria de diabetes e isso resultou em amputação de uma de suas pernas. Nessa época, estava entrando no primeiro grau. Tudo parecia no lugar. Eu tinha um cachorro que eu amava, tinha escola e tinha minha mãe. Mas havia algo estranho. Eu dormia em um quarto sozinha e ela dormia com a amiga em outro quarto. A amiga era uma figura estranha, de poucas palavras e aparência rara, mas isso não me preocupava.

Depois de alguns meses, meu padrasto finalmente teve alta do hospital e voltou para casa. Estranhamente as coisas foram arranjadas da seguinte forma: "você dorme no quarto com ele e eu e "I" continuamos no mesmo quarto juntas. Certa noite, despertei com meu cachorro rosnando e percebi que meu padrasto estava me tocando intimamente. Imediatamente chamei minha mãe e disse o que havia acabado de acontecer. Não sei por quanto tempo ele cometia esse ato, mas tinha que denunciar. Aquilo tinha de acabar. E a primeira pergunta que ela me fez foi: "você não sonhou com isso?" E pensei: "será que tudo não passa de um sonho? Será que existe permissão para este ato?" E insisti que não. A briga começou imediatamente. Minha mãe me concedeu o benefício da dúvida, embora o preço de ela ter de expulsar o meu padrasto seria alto para todos nós. Com ele se foi o sustento, a casa, os móveis e meu amado cachorro que foi doado por minha mãe e se suicidou de saudades. Parou de comer, de beber água, somente chorava. E se foi. Fiquei deprimida, me rebelei e decidi ir embora. Ir para o mundo. Já naquela época, misterioso, sombrio, mas cheio de "liberdade". Tentei fazer o certo. Busquei trabalho como babá, mas ouvi de uma suposta empregadora: "Eu tenho marido e não vou colocar uma menina bonita na minha casa". Após várias tentativas, recebi uma oferta que parecia que tinha encontrado meu lugar: as boates de Copacabana. E me rendi a ser *stripper*, ao álcool e à cocaína. Pela primeira vez me sentia livre. Eu me "bastava".

Conheci concomitantemente dois homens. Um americano que se apaixonou por mim, era viúvo, vivia em Baltimore e tinha a intenção de me levar e casar comigo. Lógico que havia uma grande diferença de idade entre nós. Mas aí conheci também o Sr. W. Minha mãe se encantou com ele, só não observou que eu tinha quinze anos e ele, cinquenta e cinco. Na verdade, ela queria me tirar daquela vida.

Recordo-me de quando conheci o Sr. W. Ele parecia um homem generoso, me tratava com carinho. Diante da escolha entre ir para os Estados Unidos, o que dependia da autorização de minha mãe e ela não estava disposta a dar, e o Sr. W, este passou a ser minha escolha principal.

Ele me tirou das vagas e das boates, me visitava todos os dias e pela primeira vez parecia que tinha um lugar só meu. Daí ele decidiu viver comigo e eu, imediatamente, decidi que queria ser mãe. Sem a menor noção de saber o quanto isso era sério, engravidei e minha primeira filhinha nasceu vinte dias antes que eu completasse dezessete anos. Era linda, perfeita, mas a relação entre mim e seu pai era exatamente o contrário.

No dia em que saí da maternidade, ele me deu um presente. Era um livro de Rinaldo Delamare. E disse: "tudo que você precisa saber está aí". Era como se eu houvesse feito uma produção independente. Nessa mesma época, ele teve vários problemas financeiros e faliu. Também como pai e marido. Porém, dois anos depois, tive a segunda filha. E em mais dois anos, o terceiro e único filho.

Pressionada pelo ciúme doentio e um comportamento totalmente machista de um homem que todos pensavam que era meu avô e que jamais trocou uma fralda nem colocou seus filhos no colo, entrei novamente em depressão. E, de novo, queria parar de sentir. Não comia, não saía, não tinha vida, só queria desaparecer daquela situação na qual me meti. Num cárcere privado com três crianças que o tempo todo me demandavam atenção e eu não tinha absolutamente nada para dar.

Pensamentos, gostos, prazeres e escolhas, tudo parecia perdido para mim. Todos estavam embutidos no mesmo cárcere.

Nessa época, minha mãe estava casada com um homem até certo ponto decente. Seu único pecado era o de não trabalhar por imposição dela, mas diante da representação de minha mãe e a minha vida não poderia ser diferente, ela era uma figuraça.

Por exemplo, um dia ela olhou para mim, suspirou e me disse: "Minha filha, eu tentei fazer você perfeita, mas errei. Você nasceu assim, cheia de problemas. Me desculpe."

A relação com o Sr. W tornou-se insustentável. Falei com ele sobre meus problemas e que queria a separação.

Sabendo disso, minha mãe me deu a opção de viver com as crianças em uma casa semiconstruída, com muito sacrifício, em Belford Roxo. Conversamos com o Sr. W sobre a manutenção das crianças e ele concordou em contribuir, mas isso não aconteceu. Busquei emprego, mas não tinha terminado nem o primeiro grau.

Nessa época, meu terceiro filho tinha seis meses. Tudo que seu pai fazia era tentar me mostrar que sem ele eu não tinha saída para nenhum lado. Certo dia, exatamente em 24 de dezembro, arrumei toda a casa e as crianças e fui à cozinha preparar um jantar de Natal. Estávamos sozinhos. Minha mãe cuidava da sua própria vida, embora tenha se comprometido a jantar conosco. Começou a chover muito e, quando eu vi, a água havia invadido a casa. Meu filho estava quase se afogando no berço. Coloquei os três em cima da pia da cozinha e não sabia o que fazer. O muro detrás da casa, devido ao acúmulo de água, se rompeu. E eu ali, em total desespero, tendo que me deparar com minha incapacidade de ação e reação. Minha mãe chegou horas depois e eu estava inerte, chorando e rezando para que tudo não passasse de um grande pesadelo. Mas não era. Era real.

Depois que a água baixou, escorpiões passeavam pelo piso. Decidimos pegar um táxi e ir até a casa do Sr. W, onde ele vivia com o filho de seu segundo casamento, que na época tinha dezesseis anos, e entregamos as crianças a ele. Eu era dona da imaturidade, de uma total falta de capacidade de ser responsável até por mim mesma.

Era dona de um corpo jovem, bonito e sem nenhuma noção de que para toda ação existiria uma reação. Era uma verdadeira tábula rasa. Então, a partir daí, na minha cabeça estava tudo resolvido. As crianças estavam com o pai, e eu não tinha para onde ir. Mas alimentava a sensação de que não precisava me preocupar com nada. Absolutamente nada. Minha sorte estava lançada. Voltei para os palcos de Copacabana e aí conheci várias figuras. Uma delas, um estrangeiro. E fui morar fora do Brasil. Em um ano nos casamos para que eu conseguisse a legalização no país, mas ele era um perfeito delirante. Ambos conseguimos emprego, vivíamos em uma espécie de hotel residencial de pessoas de baixíssima renda, banheiro e cozinha compartilhadas, no centro de Buenos Aires. Trabalhava muito numa loja de bolsas e cinturões, ganhava mal e sofria do banzo brasileiro. Tinha saudade de falar português, saudade da comida e do cheiro do Brasil. Certo dia, na loja, conheci um homem, seguramente o maior enigma da minha vida. Já havia visto ciganos em filmes, mas não na vida real. Quando o vi, eu estava com uma garrafa de Coca-Cola e ela escorregou das minhas mãos. Nunca havia sentido isso. Amor à primeira vista. Imediatamente começamos um relacionamento, a recíproca havia sido verdadeira. Uma semana depois, deixei um bilhete na pensão em que vivia com o meu marido, que dizia "Adeus!". Nada mais. E fui viver com este suposto amor à primeira vista. Ele era cigano lindo, perfeito, o melhor amante que já tive. Ali entrei no que Freud chama de estado doentio da alma: "Paixão". Foi um ano de muito sexo, brigas, orgias e pancadarias. E nada daquilo parecia me importar. Só existia um foco, e era ele. Até o dia em que descobrimos que existia uma eminência constante de nos matarmos, literalmente falando. Juntos, decidimos que eu voltaria para o Brasil, arrasada com a saudade e a dor na alma. E com a certeza de que jamais o esqueceria, e jamais o esqueci.

De volta ao Brasil, não tinha para onde ir e recorri ao pai de meus filhos, que me concedeu uma moradia provisória. Comecei a entender as consequências de minhas ações. Meus filhos tinham sido entregues aos cuidados do filho dele de 17 anos do seu primeiro casamento. Ele não contratou ninguém para cuidá-los, as crianças pareciam indigentes. Durante 7 meses, tentei consertar as coisas por lá, mas me deparei com a mente cristalizada de um homem com 70 anos que não me permitia mudar nada, que apenas me concedeu a posição de babá dos meus próprios filhos. Mais uma vez desisti e voltei a morar em vagas tentando me autossustentar, me reconstruir, voltar a estudar. Com o apoio da minha mãe, consegui terminar minha graduação, abri minha própria empresa, fiz pós-graduação.

Minhas conquistas acadêmicas foram alcançadas com esforços redobrados, pois eu não possuía a base educacional devida. Mas graças ao apoio após o reencontro também com meu irmão mais velho, estando eu já em idade adulta, consegui ser a primeira filha formada que finalmente deu um motivo de orgulho à minha mãe, que sempre me ajudou com tudo o que tinha para dar.

Nessa época, também tive que cuidar da minha saúde lutando contra antigos fantasmas: cocaína, álcool e depressão, passando por internações psiquiátricas e de recuperação.

Hoje me dedico a reparar algumas das consequências das minhas escolhas, acolher as minhas culpas e sobreviver a mim mesma. Minha mente sempre inquieta e meu corpo mostrando os sinais da idade, a saudade de minha mãe que faleceu há três anos, mas que permanece muito viva em minhas memórias.

Em busca do autoperdão, acredito que este seja o grande segredo. Leva tempo, demanda raiva, há sentimento de vitimização, mas também de acolhimento dessas dores e de tentar seguir em frente.

Agradeço a todos os que participaram da minha vida, em especial à minha companheira dos últimos 20 anos. Minha eterna companheira, que tenta todos os dias me ensinar que amor é calmo, estável e que tem cara de eternidade.

# OBSERVANDO O EMPODERAMENTO FEMININO CORPORATIVO

O empoderamento feminino está cada vez mais se destacando no mundo coorporativo. Não é uma ideologia a ser pregada e sim uma forma de criarmos consciência, com isso crescemos e fortalecemos nosso papel na sociedade e nesse meio. A partir disso, cada um pode mudar sua forma de agir diante de diversas situações sociais, apoiando causas, possibilitando igualdade de gêneros. Nós precisamos dar poder para outras mulheres. Promover a equidade de gêneros em todas as atividades sociais e nos negócios são garantias para o efetivo fortalecimento das economias. Apesar de nossas conjecturas até então, a respeito da ainda existente discriminação de gênero no meio corporativo, há de se salientar que o avanço, mesmo que gradativo e combatido, possui tendências de progressividade e continuidade. Evidenciamos que esse problema potencial na aquisição do empoderamento feminino nos interesses empreendedores é o que suplementa o artifício e a irrealidade dessas profissões de justiça social desprovidas de qualquer meio ou intenção de tomar atitudes ou tentar entregar aquilo que é prometido e enxergar uma renovação dos meios de ação nos diversos segmentos aos quais se cabe.

**PERLA TATIANY ROCHA SILVA**

**Perla Tatiany Rocha Silva**

Nutricionista e administradora graduada respectivamente pelas Universidades FAPAR e UNINTER, com MBA em Administração e Gestão do Conhecimento (UNINTER), pós-graduada em Psicologia Organizacional pela INTERVALE e pós-graduanda em Nutrição Clínica, Metabolismo, Prática e Terapia Nutricional pela FARESE, *Life Coach*, *Leader Coach* e *Self Coach* pela Act Coaching. Sócia diretora de experiência do cliente do Grupo Magicel. Seu diferencial é ser empática, humana, sensível e equilibrada.

**Contatos**
www.magicel.com.br
perla.tatiany@magicel.com.br
LinkedIn: Perla Tatiany
Instagram: @perlatatianynutri
41 3016 2626
41 99818 6195

Não é segredo que, atualmente, os debates a respeito da igualdade e desigualdade de gênero se encontram em maior visibilidade do que em tempos anteriores, sobretudo nas produções acadêmicas e culturais. Nesse sentido, é válido que entendamos esse processo e seus resultados como um evidente progresso em relação às fundamentações de onde partimos, sinais dessa positividade e reverberação podem ser encontrados na maior relevância alcançada pelos diversos coletivos pautados pelas propostas feministas.

Quando nos debruçamos no contexto do mundo corporativo, esses ecos também podem ser facilmente constatados, com a presença de inúmeros projetos em grandes empresas e corporações com o intuito de promover o empoderamento feminino também no mercado profissional, sobretudo no que tange à presença de mulheres em cargos corporativos e de liderança executiva. Entretanto, embora seja viável dar foco aos avanços, é importante frisar que o abismo socialmente estabelecido entre homens e mulheres continua sendo deveras abrangente.

Permanecendo no contexto do mundo corporativo, temática central deste artigo, as taxas percentuais de mulheres em cargos seniores e de poder executivo continuam abaixo do ideal, sobretudo no Brasil. Desse modo, ao analisarmos o contexto tanto em termos quantitativos quanto qualitativos, podemos notar que: 1) embora as pautas de empoderamento feminino venham experimentando um franco avanço cultural que impacta no mercado e nos planejamentos empresariais, ainda existe uma vasta distância entre a influência do gênero masculino em relação ao gênero feminino; 2) corroborando com o fato de que o mercado profissional e, por definição, o mundo corporativo ainda segue imbuído de diversos estereótipos de gênero.

**As barreiras do empoderamento**

Por barreiras, entendemos justamente os estereótipos prévia e preliminarmente mencionados, estes que se configuram como barreiras ou, melhor definindo, obstáculos primários entre as mulheres que desejam ascender no mundo corporativo e seus objetivos. Paralelamente, por empoderamento, determina-se uma ação, afinal, sem poder não há ação. Dessa forma, empoderar-se e usufruir do empoderamento consiste numa ação individual, assertiva. Diante disso, os meios para alcance se fazem necessários para, tal como salienta Fagundes (2017), ampliar e fortalecer os poderes individuais. Conforme o que, em geral, consente a literatura acadêmica, empoderar-se transcende a simples noção das forças que impedem e oprimem essa ação individual, mas é igualmente a pujança para, coletiva ou individualmente, trabalhar contra essa realidade, em vias de mudá-la.

Por estereótipos de gênero, podemos, resumidamente, definir como convenções preestabelecidas socialmente, isto é, uma idealização fixada no imaginário social, não permitindo, excluindo e maldizendo quaisquer espectros e modos de operação que, de alguma forma, fujam dos arquétipos formulados acerca de como este ou aquele gênero deve falar (ou não falar), pensar e agir.

Guimarães (2018) nos mostra que, diante desse determinado pensar, falar e agir, controla-se também a essência dos comportamentos. Sendo assim, impactando características de personalidade como agressividade, assertividade ou arrojamento sendo mais atribuídas a homens, enquanto outros traços de personalidade, tais como delicadeza, zelo e emotividade sejam melhor "encaixados" em arquétipos femininos. Reitero que, nessa dinâmica, qualquer uma dessas partes que, porventura (ou desventura), acesse, por inclinação individual e espontânea, quaisquer um dos aspectos referentes a este ou a outro gênero, essa pessoa é rapidamente discriminada no âmbito do convívio social, culpada por subverter expectativas.

Nas relações profissionais, os estereótipos de gênero também se encontram socialmente estabelecidos e, na medida em que agir fora das expectativas gera reações e julgamentos negativos, a resposta desgostosa à atitude de um indivíduo que seja considerada "fora de caráter", no que diz respeito ao seu gênero, resulta em consequências negativas para o decorrer de seus serviços como, por exemplo, tendo menos confiança dos colegas e superiores, sendo isolado socialmente, afastamento, demissões, dentre outras atitudes que podem ser classificadas como taxativas e vexatórias.

Sendo assim, esta dinâmica que podemos denominar como "milenar" impõe uma super-representação desses arquétipos de gênero. Tal conjuntura impacta dos meios imediatos como o convívio social, doméstico-matrimonial, parental e profissional, bem como reverbera no âmbito da política e da cultura, música, filmografias, literaturas, quanto mais.

Paralelamente à super-representação, há, obviamente, a sub-representação de qualquer direção contrária ao direcionamento vigente, ou seja, os dados nos mostram que existe um número ainda insatisfatório de percentuais de representatividade feminina em cargos de poder de diversas naturezas, do político ao empresarial. Analisando dados oferecidos pela literatura acadêmica, entende-se que o movimento não peca no quesito de presença de suas pautas na cultura e nas demandas sociais, indicando que há, de fato, grande importância dada à igualdade de gênero, faltando justamente um conjunto de ações definitivas.

Migrando para ambientes mais relacionados especificamente ao tema central, no que tange à desigualdade no mercado profissional, um dos aspectos mais destacados indicam a presença da dita "jornada dupla de trabalho", isto é, a jornada laboral da mulher em seu local de trabalho e, sequencialmente, em muitos casos antes, sua jornada de deveres maternais e domésticos. Dessa forma, numa dinâmica em que se exerce uma função complexa com precisão e responsabilidade, ao mesmo tempo em que deve se dedicar às obrigações da maternidade, obrigações das quais o outro gênero não compartilha a metade, torna-se indissoluvelmente demandador o crescimento profissional definitivo, até mesmo para aquelas que o almejam.

Além disso, evidencia-se que, além da presença ainda escassa das mulheres em cargos de comando no mundo corporativo, dados mostram que, em muitas realidades, a pouca presença já constatada se elenca em setores tidos como "inferiores" na realidade mercadológica. Em geral, exemplos que podem ser citados são setores ligados à provisão de cuidados, qualificados como setores com remuneração menor. Sendo assim, a dinâmica da desigualdade de gênero no mercado de trabalho e no mundo corporativo é o de que a mulher representa uma força de trabalho posta em segundo plano, ora por discriminação, ora por deveres domésticos socialmente estabelecidos. Ademais, quando há, de fato, uma liderança feminina no mundo corporativo/profissional, em muitos casos evidencia-se essa presença em setores tidos como "menos relevantes".

No que diz respeito à liderança, a questão só se agrava, pois, conforme nos aponta Guimarães (2018), frequentemente mulheres que alcançam cargos de liderança, devido ao contexto fomentado pela realidade patriarcal: 1) ela será tida como incapaz ou despreparada antes mesmo de tomar parte no cargo; 2) será substancialmente pior avaliada por determinado comportamento (à qual podem ser atribuídos diversos juízos de valores tais como incompetência, toxicidade, assediador, vexatório etc.) do que um homem que igualmente o apresente numa posição de liderança; 3) a mesma dinâmica se reverte quando o comportamento avaliado é positivo, isto é, uma mulher nunca se sai tão bem nos exercícios de liderança do que outro homem, mesmo que esse apresente um desempenho pior. Dessa forma, fundamenta-se uma noção de que, não importa o quanto se esforce, jamais será suficiente. Quando revisitamos o que até então já foi abordado neste aporte, este juízo negativo já se inicia em suspeição, pois já há a naturalidade em se avaliar negativamente uma quebra de paradigma, reforçando, paralelamente, a ideia errônea de que existem características prestabelecidas, bem como identidades de gênero preestabelecidas.

## O potencial no qual vale empreender

É nesse contexto deveras ruidoso que as pautas de empoderamento feminino emergem. Todavia, atento-me para as considerações que Duminelli, Topanotti e Yamaguchi (2017) apontam para a importância da mentalidade empreendedora diante da temática do empoderamento feminino. Segundo as autoras, a eminente possibilidade de crescimento se avizinha à medida em que as empresas reconhecem o valor de também fazer uso das lideranças personificadas numa personalidade feminina, visto que uma mulher empoderada frequentemente sabe o que quer, aonde pretende chegar e, principalmente, o que fazer para alcançar essas duas coisas.

De acordo com as revisões, a literatura relacionada ao mundo corporativo, nomeadamente referentes a revistas e demais periódicos referentes ao empreendedorismo, vem apresentando um avanço quanto à atenção dada à temática do empoderamento feminino. Isso se dá porque, tal como estabelecido nas fundamentações dadas pela academia, diante da dinâmica em que empoderamento consiste em ações individuais e assertivas em vias de uma finalidade, tal dinâmica pode ser facilmente traduzida ao ato de empreender em um projeto financeiro, corporativo etc. Sendo assim, a aliança entre empoderamento feminino e mundo corporativo enseja a possibilidade evidente de geração de renda, valor e emprego sustentável, tendo, portanto, eminência de resultados tanto socioculturais quanto socioeconômicos.

Apesar de nossas conjecturas até então, a respeito da ainda existente discriminação de gênero no meio corporativo, há de se salientar que o avanço, mesmo que gradativo e combatido, possui tendências de progressividade e continuidade. No que tange à literatura especializada, a presença do empoderamento e do empreendedorismo potencial nessa aliança vem ganhando um espaço mais amplo no debate, quanto mais ao avaliarmos as últimas décadas.

No que se definem como caminhos potenciais para o prosseguimento desse investimento sociocultural, Fagundes (2017) aponta para um dos principais caminhos destacados historicamente para a emancipação, que resulta, por sua vez, no empoderamento feminino. O caminho da educação, ou como denomina a autora, uma abordagem educativa, em diversos termos, sempre foi e sempre será um dos instrumentos mais viáveis para incutir mudanças culturais. Analisando historicamente, o próprio direito à educação alcançado mais recentemente do que alguns têm noção, é e deve ser considerado uma conquista valiosa e contínua, isto é, deve ser conservada e defendida a permanência a todo o custo, pois a partir da formação educacional, majoritariamente tida no ambiente escolar fundamental e médio, indicam os anos em que, por meio das experiências, boa parte das noções e valores de um indivíduo são formados.

Diante disso, a presença feminina na educação, tanto no posto docente quanto discente, indica a ferramenta cultural para começar a fomentar a mudança nas mentalidades, na medida em que o processo de ensino e aprendizagem, feito em moldes corretos, proporciona essa emancipação e, por consequência, o empoderamento.

Analisando o universo corporativo, as percentagens de desigualdade de gênero se tornam ainda mais acentuados. Para Rodrigues e Benevides (2018), faz-se importante salientar o potencial apresentado na juventude, pois, assim como na política, os jovens têm se mostrado cada vez mais presentes no ambiente de iniciação profissional, em que se constroem as fundamentações de uma carreira.

As autoras afirmam que o cultivo dessas pautas, sobretudo no âmbito acadêmico e cultural, provocará um efeito duradouro, promovendo progresso das corporações e suas estruturas de relações sociais e profissionais. O aspecto cultural de mentalidade já se faz presente nas entrevistadas de sua pesquisa, das quais cerca de 80% apresentam ambições quanto a uma futura carreira corporativa. Desse modo, já se empenhando na elaboração prévia de um plano de carreira, todavia, à época de sua pesquisa, as autoras constaram um déficit quanto a planejamentos de carreira de longo prazo, havendo uma prevalência pelos prazos médios e curtos. Constata-se, dessa forma, maior taxa de motivação, sobretudo na instituição avaliada pelo estudo, contudo a manifestação de tal motivação ainda se faz de modo tímido.

Outro potencial avaliado pelas autoras se encontra no âmbito das universidades, com as quais a instituição pesquisada realiza parcerias e convênios. Destaca-se o potencial evolutivo de tal estratégia por conta da presença considerável do, tal como denomina, cultivo das ideias de empoderamento feminino no qual mais se encontram presentes e em constante desenvolvimento.

**Problemas em potencial**

Todavia, é responsável que não nos limitemos em salientar e nos debruçar sobre os potenciais aspectos problemáticos presentes nessa alta progressiva da atenção ao empoderamento feminino, bem como sua presença progressivamente acentuada na academia e no planejamento corporativo materializado em ações afirmativas e projetos de representatividade. Cornwall (2018) nos indica a séria atenção que deve ser dada a este aparente paradoxo na aliança entre o empoderamento e o empreendedorismo.

Podemos entender que, em meio à finalidade válida desses movimentos, acarreta-se o perigo visível de que, uma vez postos no âmbito de empreendedorismo pautado numa sociedade materialista e capitalista, corre-se o risco do empoderamento feminino deixar de ser uma pauta, uma finalidade, uma bandeira ou uma possibilidade, tornando-se, paralelamente, um produto, uma propaganda que serve a funções das quais a realidade vigente sabe se aproveitar.

Essa reificação denunciada por Cornwall (2018) permite um entendimento que tenta estabelecer a ideia de que o empoderamento associado ao meio empreendedor, empresarial, capitalista e corporativo pode, na realidade, não combater as estruturas discriminatórias, mas, em efeito contrário, torná-la mais forte e mais rica, azeitando um maquinário estabelecido pela sociedade capitalista cujo berço consiste na sociedade patriarcal. Claramente, fica exposta uma séria contradição.

Nessa contradição, constata-se um conjunto de grandes projetos anunciados pelos figurões corporativos, grandes empresas, bancos internacionais, dentre outras organizações e personalidades que tomam para si os conceitos em voga e ressignificam essas noções, redirecionando seu potencial para os interesses capitalistas e neoliberais. Dessa forma, promovendo o desenvolvimento às custas delas e não PARA elas, reiterando o constante papel secundário atribuído à mulher no mundo corporativo quando, ironicamente, lhe é "concedido" mais espaço.

Nisso, Cornwall (2018) nos indica o problema do *Empoderamento Light* professado por essas grandes entidades do mundo corporativo, bem como também a inclusão de ONG's, de modo que, uma vez que "rezam uma cartilha" e confirmam certos "pré-requisitos" do mercado, essas entidades obtêm sucesso em melhorar sua imagem no mercado ao mesmo tempo em que não toma quaisquer atitudes claramente definitivas nos sentidos essenciais e teleológicos do conceito de empoderamento feminino, que é, justamente, a mudança da realidade vigente.

Evidenciamos que este problema potencial na aquisição do empoderamento feminino nos interesses empreendedores é o que suplementa o artifício e a irrealidade dessas profissões de justiça social desprovidas de qualquer meio ou intenção de tomar atitudes ou tentar entregar aquilo que é prometido. Um empoderamento não autêntico, de fachada, morto ao nascer na medida em que não passa de mais do que uma cena no teatro corporativo que não combate à exploração do gênero feminino, apenas a perpetrando enquanto reduz os conceitos e noções cultivadas no ambiente acadêmico e cultural ao nível vergonhoso de bravatas e chavões que não conversam com a realidade.

O *Empoderamento Light*, destacado pela autora, apenas denota uma remodelação do mercado que, percebendo o peso cultural das demandas, buscou inserir as mulheres no mundo corporativo em seus próprios termos, dando pouca importância ao caráter social e comportamental das estruturas reinantes sobre as noções quanto aos gêneros e seus papeis preestabelecidos. Tornando o empoderamento e o espaço no mundo corporativo bom para todos, menos para quem busca.

As constatações de Cornwall (2018), contudo, não devem ser encaradas de maneira estritamente negativa. É natural que, ainda hoje, não possamos identificar uma série de avanços contundentes e reais. De qualquer modo, é válido avaliar essa conjuntura em legendas que não se categorizam nem como positivamente ingênuas, tampouco de modo negativamente apocalíptico, recorrendo, por fim, a entender o universo diante da realidade que vem se apresentando. O surgimento de narrativas falsas quanto ao empoderamento feminino não deve ser compreendido como um sinal de que ele foi derrotado e subvertido. No mínimo, deve ser entendido como um sintoma de um organismo em processo, ruidoso, de mudança.

Ficaram bem postos os avanços gradativos no âmbito acadêmico, empresarial e cultural, aos quais cabe paciência e parcimônia ao avaliar. Esses avanços podem parecer insignificantes diante dos fatos expostos por Cornwall (2018), todavia é mais do que pertinente que seus avisos sejam levados em consideração, tal como enxergar uma renovação dos meios de ação nos diversos segmentos aos quais se cabe.

**Referências**

CORNWALL, A. *Além do Empoderamento Light": empoderamento feminino, desenvolvimento neoliberal e justiça global*, cadernos pagu (52), 2018:e185202 ISSN 1809-4449

DUMINELLI, M. V; TOPANOTTI, M. B; YAMAGUCHI, C. K. Análise dos estudos sobre o empreendedorismo e o empoderamento feminino. *Revista Contribuciones a las Ciencias Sociales.* (enero-marzo 2017)

FAGUNDES, T. C. P. C. *Empoderamento feminino: uma abordagem educativa*, SBRASH - Sociedade Brasileira de Estudos em Sexualidade Humana, RBSH 2017, 28(2); 87 - 94

GUIMARÃES, H. H. V. *Estereótipos de Gênero: Barreiras enfrentadas por mulheres no mundo corporativo*, Monografia – Insper, São Paulo, 2018.

RODRIGUES, A. L; BENEVIDES, T. M. *Empoderamento Feminino Corporativo: A análise do potencial das jovens da AIESEC para alcançar carreira executiva.* Investigação Qualitativa em Ciências Sociais//Investigación Cualitativa en Ciencias Sociais// Volume 3, Atas CIAIQ2018.

# 31

# MATERNIDADE EMPREENDEDORA

Neste capítulo, você encontrará a história de uma mãe, que excluída do mercado de trabalho tradicional, batalhou pela construção da sua independência financeira por meio do mercado de vendas diretas. Trocou sua carreira de sucesso como executiva para realização de um sonho como maquiadora profissional e revendedora de produtos de beleza.

PRISCILA SARMENTO GERMANO

**Priscila Sarmento Germano**

Fundadora da Minha Beleza Web; maquiadora profissional pelo Instituto Ana Hickmann e Embelleze, visagista por Philip Hallawell, mestre em gestão empresarial pela FGV-Ebape; administradora credenciada pelo CRA-RJ com MBA em gestão estratégica de pessoas pela FGV-RJ. Atua há 3 anos no mercado de vendas diretas, 5 anos como empreendedora e tem mais de 15 anos de experiência nas áreas comercial, planejamento, projetos, *marketing* e *marketing* digital. Empresária no ramo de cosmética e beleza.

**Contatos:**
minhabelezaweb.com
contato@minhabelezaweb.com
LinkedIn: prisarmento
Instagram: @prisarmento.br
61 99934 7195

Eu sempre tive a certeza de que teria uma carreira de sucesso. Investi absolutamente todas as fichas na minha formação para ter bons empregos e com isso a minha realização profissional seria consequência. Mas eu estava enganada.

Em 2014, engravidei do meu filho David. Era uma gravidez desejada, em que eu, com 35 anos, já tinha definido muito bem a hora de ter um filho. Vida profissional e pessoal estruturada, um filho chegava em boa hora e eu estava radiante.

Meu filho nasceu em 2015 com alguns problemas relacionados à alimentação. Ele tinha refluxo, alergia alimentar, dificuldade na deglutição e, com isso, meu plano de voltar ao trabalho e colocá-lo na creche tinha ido por água abaixo. Resolvemos então contratar uma babá para me auxiliar com a rotina dele, assim eu ficaria mais tranquila para voltar ao trabalho.

Mas a vida prega peças na gente. Eu tinha 15 anos de mercado na área comercial de telefonia móvel. Já havia passado por operadoras de telefonia, grandes distribuidores de tecnologia e varejo. A minha experiência vinha acompanhada de grandes resultados, mas nada disso importou. No dia do meu retorno da licença-maternidade, fui demitida com a justificativa esfarrapada de reestruturação, mesmo tendo anos de experiência.

Naquele momento, não dei tanta importância. Pensei logo que poderia voltar ao mercado de trabalho com facilidade, mas tiraria alguns meses para curtir mais a maternidade com meu bebê. Mais uma vez estava enganada, o mercado de trabalho para mães recentes é mais difícil. Eu que estava desempregada e com um filho pequeno, vi uma restrição absurda para um reposicionamento profissional.

Foi aí que resolvi empreender. Tinha força, garra, algum dinheiro recebido da rescisão de trabalho e poderia começar a montar meu negócio. Mas não era tão simples como achava que seria. Foi então que, buscando alternativas, me inscrevi no curso de confeitaria do Senac Rio.

Foram 6 meses de formação, e aprendi tudo na área de confeitaria. Decidi naquele momento que investiria no mercado de festas infantis. Fazer bolos decorados, doces e tudo relacionado à confeitaria, para atender a demanda desse mercado. Foi então que nasceu a Mamãe de Açúcar, uma microempresa voltada para festas infantis.

Óbvio que não deu certo. Não tinha experiência e, com filho pequeno alérgico, não conseguia produzir meus doces e bolos e esterilizar tudo para que meu filho não corresse o risco de ter uma crise alérgica devido a traços de leite de vaca nos seus utensílios.

Comecei a refletir sobre o que eu poderia trabalhar. Já tinha a certeza de que não queria voltar para o mercado de trabalho tradicional, mas construir uma nova carreira, algo que brilhasse meus olhos, e que não me impedisse de estar com meu filho. Definitivamente o trabalho tradicional não era mais viável para mim.

Comecei então a pesquisar o mercado de *coaching*. Um mercado em franca expansão. Com a minha experiência e formação profissional, era formada em Administração, com MBA em Gestão Estratégica de Pessoas pela FGV e ampla carreira em gestão comercial, poderia tirar de letra esse desafio e me destacar no segmento.

Investi arduamente em cursos de formação e especialização na área de *coaching*. Fiz MBTI[1], Birkman[2], cursos credenciados pelo ICF[3], toda a formação necessária para atuação nesse mercado que poderia ser uma nova possibilidade de trabalho.

Naquele mesmo momento em que buscava uma nova profissão, meu casamento acabava. Não tive cabeça para orientar pessoas pelo *coaching*, estava desestruturada e derrotada. Meu casamento era minha fortaleza para buscar uma nova profissão. Eu me sentia incapaz de orientar alguém em um direcionamento profissional, tão abalada que estava. E apesar de estar apta para desenvolver a profissão, com a quantidade de especializações e cursos que havia investido, meu psicológico e senso de responsabilidade me paralisaram para a atuação nesse novo mercado.

Dei um tempo. Resolvi fazer uma prova seletiva para o Mestrado na FGV-Ebape. Sempre foi meu sonho concluir meu mestrado e achava que encontraria respostas para minha atuação como empreendedora.

Naquele mesmo momento, uma amiga me convidou para conhecer um negócio que ela tinha acabado de iniciar e buscava pessoas com visão empreendedora para desenvolver o negócio com ela. Foi então que eu fui conhecer o mercado de *Marketing* de Relacionamento.

Inicialmente fiquei cética. Pessoas ganhando milhões, largando suas profissões para atuarem nesse mercado, me deixou bem assustada com o que vi. Respondi à minha amiga que pensaria e que depois retornaria.

Em casa, fui pesquisar sobre o mercado de *Marketing* de Relacionamento. Segui diversas pessoas, vi depoimentos, vi o lado bom e o lado ruim, pessoas que tiveram sucesso e as pessoas que tiveram fracassos. Fiz uma busca completa no *site* da ABVED[4] e me aprofundei sobre o tema por semanas.

Decidi, naquele momento, que saberia um pouco mais em como entrar no mercado de *Marketing* Multinível ou MMN. Avaliei o investimento inicial e era factível. Muito mais baixo do que abrir uma franquia ou uma loja. Todo o investimento era em produtos que, caso eu não vendesse, poderia consumir, pois a empresa escolhida tem produtos de altíssima tecnologia no mercado de antienvelhecimento. Além disso, contaria com apoio de uma equipe com mais de 200 pessoas, que me receberia de braços abertos pelo mecanismo de MMN, em que todos ganham juntos.

Nessa mesma época, fui admitida no mestrado e iniciei meus estudos em Gestão Empresarial pela FGV-Ebape no Rio de Janeiro.

---

1 A sigla MBTI significa Myers-Briggs Type Indicator, em português algo como Indicador Tipológico de Myers-Briggs, uma referência aos sobrenomes das criadoras e ao fato de ser um teste para identificar o tipo de personalidade de cada pessoa avaliada.

2 É uma avaliação comportamental multidimensional que integra dados comportamentais, motivacionais e ocupacionais.

3 *International Coaching Federation.*

4 Associação Brasileira de Empresas de Vendas Diretas

Os primeiros meses de MMN foram bem desafiadores. Era minha experiência comercial, unida a um novo mercado, que, como o *coaching*, também era cheio de estigmas. A maioria das pessoas não conhecia, mas criticava a atuação com informações distorcidas de outras pessoas que fracassaram nesse modelo de negócio.

Sempre escutava em pirâmide financeira, então fui estudar a fundo sobre esse tema. Com o tempo, fui adquirindo experiência, quebrando as objeções e trazendo novos distribuidores, mas também tinha meus questionamentos e passei a investir nas vendas.

Em poucos meses, me tornei uma das maiores revendedoras da equipe. O que eu tirava com as vendas de produtos era comparado ao salário que eu tinha nas grandes empresas de telefonia. Foi então que comecei a investir no mercado de vendas diretas. Ganhei uma viagem de premiação para Cancún e vários prêmios da empresa.

No final de 2019, finalizei a minha dissertação e fui aprovada como Mestre em Administração. E isso me trouxe grande satisfação pela realização de um sonho.

No início de 2020, me mudei para Brasília, estava preocupada em dar continuidade ao meu trabalho em vendas diretas. Era uma nova cidade e conhecia poucas pessoas.

Foi então que veio a pandemia do covid-19. *Lockdown* em toda cidade, todos perturbados com o número de infectados e mortes crescentes. Eu fiquei inerte. Não sabia o que fazer. Não vendia nenhum produto, não tinha contato com ninguém, entrei em pânico como a maioria das pessoas.

Decidi reagir. Comecei a vender *on-line*. Fazia divulgação pelas minhas redes sociais, anúncios, comecei a conhecer novas pessoas, me relacionar, tudo com todo o cuidado. As vendas não paravam, cresciam e eu comecei a ter um dos melhores ganhos financeiros em vendas diretas de toda empresa.

Mas tinha algo que não estava mais me satisfazendo. O modelo de negócio do MMN da empresa que eu representava era complicado. O produto era muito bom, mas o negócio era confuso e eu tentava construir em paralelo com as vendas dos produtos. Pensava sempre na renda residual que teria com o MMN.

Decidi conhecer outras empresas de MMN que, apesar de me interessar no modelo de negócios, os produtos normalmente não eram tão bons quanto os que eu revendia. Fiquei confusa. Tive incertezas, tive dificuldades, mas não desisti.

Foi quando conheci uma empresa de produtos de beleza, a qual me despertou para esse mercado. Envolvi-me completamente no ramo de cosméticos. Fiquei encantada com a possibilidade de transformar a vida de mulheres por meio da maquiagem.

Comecei a atuar com vendas de produtos de beleza, mas a empresa a qual representava não me possibilitava trabalhar *on-line*. Todo o sucesso que havia construído até então vinha dos meios digitais e das redes sociais. Logo, como eu poderia empreender?

Assim, pensei em uma estratégia de oferecer automaquiagem para as minhas clientes; se elas soubessem se maquiar, comprariam mais produtos comigo.

Sempre gostei de maquiagem. Quando mais nova, tinha um sonho de ser maquiadora, mas fui pressionada pela minha família para cursar uma faculdade. Agora tinha visto uma oportunidade de seguir meu sonho.

Cursei maquiagem profissional no Instituto Ana Hickmann e no Instituto Embelleze. Fiz duas especializações com a Yara Prado[5], a outra especialização em visagismo com

---

[5] Maquiadora extremamente conhecida em Brasília.

Philip Hallawell e iniciei uma graduação em Estética e Cosmetologia na Universidade Estácio. Como maquiadora profissional, comecei a atender minhas clientes.

No final de 2020, montei um *stand* em uma feira de moda com os produtos de beleza que revendia. No entanto, percebi que poderia ter melhor resultado se tivesse ali outras marcas de cosméticos. Por conta da alta do dólar, há pouco acesso a produtos importados, dando oportunidade de expansão de novas linhas de maquiagem no Brasil, viabilizando abrir meu negócio.

Com a maturidade do conhecimento do mercado de vendas diretas, unida ao *on-line* e redes sociais, mais a experiência adquirida na maquiagem, abri meu *próprio* espaço híbrido, com vendas *on-line* e na própria loja física. Nasceu então a Minha Beleza Web (minhabelezaweb.com), uma butique de produtos de beleza e cosméticos, oferecendo ao público feminino uma experiência personalizada de visagismo e vendas de produtos.

A maternidade é uma mudança radical na vida de uma mulher, principalmente quando envolve tanto planejamento e desejo. Quando somos definidas apenas como mães e destituídas da nossa profissão devido à nova condição, ficamos assustadas e inseguras. Muitas empresas adotam a postura de demissão para mulheres que retornam de licença-maternidade e muitas de nós não conseguimos voltar ao mercado de trabalho. Eu optei por empreender, mas sei que não é a realidade de muitas mulheres.

O empreendedorismo foi a construção de um caminho desenvolvido ao longo de cinco anos, que me possibilitou participar ativamente da criação do meu filho e dos tratamentos necessários para o seu desenvolvimento, além da minha formação profissional no ramo da beleza.

Eu não posso dizer que somente o mercado de vendas diretas e MMN me proporcionaram o resultado que obtive. Acredito que muito do resultado tenha se dado à minha experiência profissional e persistência, mas acredito que qualquer pessoa que tenha força de vontade e persistência poderá ter o mesmo sucesso que obtenho.

Se você sente vontade de iniciar um negócio próprio, pesquise o mercado, entre em contato com pessoas já do ramo, estruture-se. O sucesso depende somente de nós, mas ao menos esteja preparado para adversidades, pois qualquer negócio depende da nossa persistência e perseverança.

Sucesso a todos!

# 32

# UM SALTO PARA A VIDA

O que eu perderia se a corda não tivesse rompido? Qual vida eu não viveria? Neste capítulo, escrevo sobre um erro fatal, literalmente falando. Mas sobretudo uma nova vida. Cheia de possibilidades, de novas experiências, novos planos, novos horizontes, novos sonhos e novos voos. Voos para o sucesso que é viver a vida. Ciclos que se fecham para novos serem abertos.

## QUELEN JAQUELINE SILVA RODRIGUES

**Quelen Jaqueline Silva Rodrigues**

Analista de Recursos Humanos pelo Senac-DF (2012). Pós-graduada em Gestão de Pessoas e *Coaching* pelo UniCeub (2016). Pós-graduada em Gestão de Empresas Empreendedoras e Liderança pela UNIFCV (2017). Certificada como *life and personal coach* pela Sociedade Brasileira de Coaching (SBCoaching), instituto reconhecido pela International Coaching Council- ICC (2017). Analista de Perfil Comportamental pelo método DISC (2017). Certificada como *life and personal coach* pelo Método EVO (2017). Professora e palestrante na área de Gestão de Pessoas & *Business Coaching* para empresas. Colunista de jornal e radialista como *Coaching* Empresarial e Condominial. CEO e fundadora da empresa ATTIVARE Gestão de Pessoas, RH & *Coaching*. Apresentadora do programa Gestão Inteligente com Quelem Rodrigues da TVN Brasil. Servidora Pública da Educação do Distrito Federal.

**Contatos**
www.attivare.com.br
coachingquelem@gmail.com
Instagram: @quelemrodrigues_coaching
Facebook: @gestaopessoasquelemrodrigues
61 98305 4644

**Ciclos de vida: um salto para uma nova existência**

A vida é feita de ciclos, fases, etapas. E uma nova jornada de vida estava começando com o fim de um ciclo.

A corda que estava envolta no meu pescoço arrebentou. Ela rompeu. Partiu. Creio que pelo peso do meu corpo, solavanco do salto repentino ou pela própria qualidade da corda. Alguns dizem que foi ação de Deus. Foi um salto de uns 3 metros da escada da minha casa. Foi uma batida seca no chão. O som POWWW ecoou pela residência. Minha vida em fração de segundos passou pela minha cabeça. Foi um salto para a morte. Ou para a vida?

Meu primeiro pensamento ao cair no chão daquela altura e ver que ainda estava viva foi pedir perdão a Deus. Só pensava e falava "perdão, Senhor. Perdão, Senhor. Perdão, meu Deus". Inúmeras e várias vezes essa jaculatória foi proferida por mim. E meu segundo pensamento foi tentar mexer as pernas. Será que eu estaria paraplégica após a queda, digo, salto? Quando senti uma imensa dor nos meus pés, chorei copiosamente.

Era um choro com misto de dor física e ao mesmo tempo de louvor pelo dom da vida, ou pela segunda chance de vida concedida. Fisicamente fraturei os dois pés na região dos calcanhares, houve uma fissura na coluna e uma fratura exposta no dedo anelar esquerdo. Foram mais de 90 dias de cadeira de rodas. E de muleta por mais uns dois meses.

Sim, atentei contra minha própria vida. O autoextermínio é uma tentativa de exterminar, aniquilar, arrancar a dor que está impregnada na sua alma. Uma dor dilacerante que eu acreditava que duraria para sempre. Uma dor que me impedia de ver um futuro com novas possibilidades, uma dor que cega. Ela não é racional, pois se fosse, não teria cometido esse ato. Ela é emocional e impulsiva. Repentina.

Um "acidente" assim deixa máculas na sua alma. A busca incessante pelo autoperdão leva a descobertas, em especial de si mesma. Olhar para suas incapacidades humanas e emocionais, olhar para suas limitações, seus pecados, seus erros, reconhecer suas vulnerabilidades. O levantar-se, física e emocionalmente falando, olhar-se no espelho com acolhida, com olhar fraterno e com autoaceitação: eis um caminho que ensina.

Ao quase perder minha vida, encontrei vida. E vida em abundância. Ao perder meu amor, encontrei meu amor. Ao cair, me levantei. Ao despencar, me ergui. Chorei muito, mas eu sorri mais e várias vezes.

Não há motivos suficientes, razões, questões lógicas ou racionais que justifiquem tal medida. Pois nenhum argumento ou fato acontecido fundamenta minha decisão:

SUICÍDIO. Nada do que aconteceu comigo justifica a minha tentativa de não querer viver mais a vida. Para alguém, basta uma situação, um evento, um ocorrido. Para outro alguém, pode haver mil razões e dores e, ainda assim, não atentar contra a própria vida.

O receio e o medo de ser julgada é inevitável. Julgada. Questionada. Ou ainda ser tratada com desdém, até mesmo correndo o risco de ser depreciada profissionalmente. Mas nossas escolhas trazem consequências, temos que assumir o ônus e o bônus. E eu estou disposta a encarar, a assumir toda e qualquer situação melindrosa que isso possa acarretar em nível emocional, pessoal e profissional. Carl Jung já dizia: "não há despertar de consciência sem dor". Assim tem sido meu caminho de ressignificação para este evento. Se ainda estou aqui é porque a misericórdia de Deus é infinita. Sair dessa vida melhor do que entramos. Viver novos propósitos. Buscar novos sentidos de vida. Viver novos amores, a começar por mim mesma.

**Processo de metamorfose da borboleta x vida que se renova**

Metaforizando minhas novas etapas de vida, a metamorfose da borboleta faz muito sentido, pois ela esteve presente em três momentos marcantes. Sendo dois deles dentro da minha vivência cristã católica: Encontro de Casais com Cristo, o chamado E.C.C. O segundo, no movimento jovem cristão chamado SEGUE-ME. O terceiro teve sua relevância, pois surgiu uma crisálida na janela do local do meu "acidente". Sim, por vezes chamarei de acidente. E com os dois pés fraturados, por segurança, a descida da escada da minha residência era feita de bumbum e a subida, de joelhos. Acompanhar o processo de internalização e recolhimento da lagarta num casulo, para então alçar novos voos, me fez acreditar que aquilo era um recomeço. Dolorido e sofrido, mas suportável.

**O casulo**

Recolher-se. Perdoar-se. Refletir. Qual o sentido da vida? Por que ainda estou aqui? Por que a corda arrebentou? Eu posso viver uma vida de novas possibilidades? Que vergonha de mim! Que vergonha dos meus filhos! Que vergonha de ter desistido! Que sentimento tenebroso e assombroso de confessar para meus amados pais e irmãos! E meus amigos da igreja e de caminhada na fé cristã! O que vão pensar? Onde está a fé que eu tanto pregava nas palestras da igreja? Como ficarei estigmatizada? Que desonra! Há uma profunda miscelânea de sentimentos e pensamentos. Há uma avalanche de emoções.

Estava depressiva, chorosa, nervosa, angustiada, decepcionada, amargurada. Mas ao sair de casa, ninguém percebia, porque a máscara do sorriso fácil, da alegria e das brincadeiras escondiam o choro da madrugada interminável. As orações em grupo me mantinham firmes, bem como as atividades laborais consumiam uma energia demasiada de manter a máscara da alegria para tentar afugentar perguntas como: - o que você tem? Está tudo bem? Aconteceu alguma coisa? Fazia de tudo para disfarçar a dor que me consumia. Na Psicanálise de Freud, temos mais de dez mecanismos de defesa. Certamente usei a negação. Ela não se mostra nada eficaz na resolução de um conflito interno. Achava impossível uma mulher como eu, alegre, extrovertida, conversadeira, instruída, conhecedora da psiquê humana, uma mulher de fé prática, cristã, adepta aos bons costumes, ariana – quem entende de astrologia, ou é curiosa como eu, sabe que Áries é fogo nas ventas. E não me refiro ao horóscopo de jornal e sim à ciência – e a valores pessoais elevados que pudessem se render à depressão. E mais do que isso, num ato impulsivo saltar para a morte. Aliás, ser impulsiva é uma das minhas maiores características, diria até ponto limitante – *coach* não usa a palavra defeito e sim ponto de melhoria ou limitante.

O tempo passado dentro do casulo foi o tempo necessário para sarar feridas e seguir em frente com o processo. Por vezes, lembrava um filme. Era para ser comédia, com o ator Adam Sandler, chamada *"Click"*, em que o protagonista recebe de presente um controle remoto universal, com poderes para acelerar o tempo. Queria acelerar meu tempo de aprendizado dentro do casulo, talvez para evitar mais dor ao olhar para dentro de mim ou por querer enfrentá-la de outras formas. Contudo, se assim o fizesse, minhas asas não estariam prontas ou fortes o bastante para novos voos e rajadas de ventos. Ser quem nós somos custa caro. Custou o amor de meus pais, custou o amor de meus filhos, familiares e amigos. Creio que o pouco tempo que me permiti ficar no casulo foi pequeno, acho que eu devia isso a eles.

Há algo paradoxal nisso tudo. Minha vontade de viver, minha alegria, minha energia para a vida, meu jeito extravagante e extrovertido. Meus cabelos vermelhos. Ah, esses cabelos vermelhos irrequietos! Ninguém imaginaria algo assim. Temos algo de maravilhoso em cada um de nós. Somos seres vivos emocionais que pensam. E não apenas seres vivos racionais, somos mais que isso. Somos resiliência, amor, compaixão, abraço que acalma, colo que acalenta, força que sustenta, energia que move, somos fé. E no tempo certo, eu me esvaziei de mim, e me preenchi de mim. Eu vi a pupa, a crisálida, ou o casulo da borboleta se romper, bem na janela da escada do acidente. E assim como a borboleta abriu suas asas e voou, eu também rompi meu casulo.

**O voo da borboleta**

Abrir as asas é processo natural das borboletas. Assim como uma borboleta de asas abertas, com sua exuberância de cores e livre para voar, não volta mais para a pupa ou crisálida, visto que é algo irreversível, nós, seres humanos, quando nos permitimos viver a expansão da consciência, não voltamos mais para a velha casa, para o velho abrigo ou para o casulo que nos forjou para o voo da vida.

Abrir as minhas asas, viver as temporalidades da vida. Permitir que os ventos que ora sopram como brisa ensinassem tanto quanto um vendaval. Alguns ventos me levaram a voar sozinha; outros, na companhia de amigas; outros, de filhos. Um aprendizado que levo para vida: viajar sozinha tem seu valor, literalmente. Uma responsabilidade consigo mesma. Onde sua vontade é imperativa e unânime. Escolher para onde ir, onde ficar, o que fazer, onde comer, o que comer e que horas comer, que horas dormir e acordar. Um compromisso apenas com suas vontades. Foi tão desafiante quanto maravilhoso. Foi tão temeroso quanto prazeroso. Fazer amizades nunca foi meu problema. Isso deveria estar em *capslock*, juro! Se você gosta de gente e quer se conectar, viajar em sua própria companhia, é uma ótima opção. Um engraçado político diz: "aonde você vai, sua cabeça vai junto!" Viajar sozinha teve seu ônus e bônus. Se algo der errado, é só você para resolver. Isso amadurece!

Viajar sozinha (afinal, estava total e completamente só pela primeira vez em 42 anos) foi o primeiro marco de várias histórias que se sucederam ao longo dessa jornada de bater asas. Conhecer novas pessoas, me possibilitar, me permitir, vivenciar a vida. Assim tudo que era novidade ou diferente eu queria experimentar. Novos sabores em diferentes restaurantes, novas bebidas (só bebia água, suco e refrigerante), novos lugares para conhecer, novos olhares da mesma cidade. Novos aprendizados, cursos, livros, seminários, novos assuntos e horizontes. Tentei uma aula experimental de *pole dance* (para afagar minha autoestima), porém meu pé esquerdo tem sequela do "acidente" e ele não me dá o sustentáculo necessário na barra. Hora de tentar algo novo. Fui tocar um instrumento musical: surdo. Ele pesa uns 7 kg e tem 48cm de diâmetro. Mais que isso é tocar num grupo de percussão feminino, chamado Batala. Esse grupo toca músicas autorais de seu fundador Giba, um baiano que vive na França e já levou o *Afroreggae* para 17 países, formando 46 grupos de percussão, sendo o de Brasília um dos 4 que têm apenas integrantes femininos. Viajar com essas mulheres fabulosas, tocar em Copacabana e na Lapa, no Rio de Janeiro, foram experiências de tirar o fôlego, literalmente. Aprendi a tocar surdo, mas confesso que prefiro a resenha e a *vibe* das meninas.

E a borboleta continua a voar ora por chuvas, garoas e tempestades.

*Networking* e novas parcerias. Assim o *Coaching* foi criando mais forma. E surgindo convites como ser colunista de rádio no quadro de *Coaching* Condominial, colunista de jornais da área condominial com o foco de Gestão de Pessoas & *Coaching*, palestrante em cursos da mesma área. Afinal, se hoje eu entendo de negócios, é porque entendo de pessoas, de suas dores e de seus sonhos, numa paráfrase de Simon Sinec. E para selar, recebi o convite irrefutável de ser apresentadora da TVN Brasil com o programa que leva o meu nome: Gestão Inteligente com Quelem Rodrigues. Somado a isso, sou servidora pública da Educação do GDF, no qual trabalho com "crianças especiais", função que exerço com esmero de alma no turno matutino. Sim, amo pessoas! Não fico me questionando, mas sei que teria perdido grandes coisas na minha vida se a corda não tivesse arrebentado.

Recebido e aceito mais um convite: Cenáculo de Maria. Não nego, minha fé é um dos meus maiores baluartes. Basta dizer que pedi orientação espiritual de um sacerdote para a temática deste capítulo. Ouso, com orgulho, chamá-lo de amigo. E em suas palavras, encontrei a coragem para assumir minhas próprias mazelas para assim, quem sabe, conversar com um coração desesperançado, com um coração machucado, com uma alma desconsolada e dizer para ela que ainda há muitos voos a serem contemplados e apreciados. E que o dom da vida é um presente de várias camadas, vários embrulhos esperando serem abertos e descobertos.

**Um salto para a vida**

Para algo novo nascer é preciso fechar ciclos. A mãe natureza trabalha assim. O movimento de translação e rotação da Terra encerra novos anos e novas estações, ninguém viu uma só primavera ser igual a outra. As sementes são o fim e o começo. Para uma roupa nova entrar no armário, é preciso abrir espaço, deixar o velho ir. Soltar o pino. Assim somos nós. Que sejamos sementes boas para gerar bons frutos.

O que é sucesso? Qual o seu sucesso? O meu maior sucesso foi e é o dom da vida. Viver para conquistar meus sonhos na medida dos meus braços, com força, garra e determinação de prosperar. Quando nos permitirmos o que merecemos, atrairemos o que precisamos. Sucesso é o desabrochar, é o viver. Somos tão únicos, singulares, imperfeitos, particulares, ímpares, complexos, díspares, inconstantes, complicados, intensos. Somos vida que brota, vida que renasce, vida que encanta e, como diria o cantor, "somos uma metamorfose ambulante".

# 33

# COMO UMA MULHER EM DEPRESSÃO REVOLUCIONOU A VIDA

O presente artigo conta como uma mulher bem-sucedida profissionalmente, mas insatisfeita nas demais áreas da vida, passou a se reconectar consigo mesma e com os seus sonhos. Foi no universo da contação de histórias que conseguiu resgatar a sua autoestima, até se tornar uma *coach* profissional que se dedica a auxiliar outras mulheres a alcançarem a vida que desejam ter.

SIMONE S. SANTOS

**Simone S. Santos**

O que acontece quando se une o sangue do negro, do branco e do índio? Nasce uma mulher porreta, forte e determinada, capaz de conquistar tudo o que deseja. Meu sonho de infância era ser passista de escola de samba e a vida me conduziu por outras passarelas. Do sonho de ser passista, tornei-me mestre, Mestre em Educação (UFF), transitando pelas mais variadas alas da Educação Básica ao Ensino Superior. Amante das flores, dos frutos e do canto dos pássaros, adoro uma boa roda para palestrar e histórias contar. Profundamente comprometida com a causa de ajudar mulheres a crescer, idealizei o programa Histórias Que Curam, por meio do qual ajudo você, mulher, a transformar sua mentalidade, tornar-se mais confiante e descobrir todo o seu poder de criar um enredo campeão para a vida que deseja ter. Sigo sambando, inspirando e me destacando na vida que escolhi ter.

**Contatos**
www.simonessantos.com.br
sisantoscoach@gmail.com
Instagram: @simone_santoscoach
21 96432 2359

> *Seja aquela mulher que, ao se levantar, olha no espelho com alegria e gratidão, joga purpurina na alma, bate o cabelo e sai para o mundo espalhando prosperidade e felicidade.*
>
> RAFAELA GENEROSO

Você sabia que histórias podem ajudar a curar?

Primeiramente, vou me apresentar: eu sou Simone, mulher, negra, empreendedora, alto astral e amo ensinar. Também sou Mestre em Educação, escritora, contadora de histórias e mentora de Comunicação Criativa. Por meio das histórias, eu ajudo muitas mulheres a fortalecerem a autoestima e a conquistarem a vida dos sonhos.

Eu venci o racismo e conquistei a vida dos meus sonhos: um casamento feliz, dois filhos lindos, emprego público; apesar disso, eu entrei em depressão há alguns anos. Como eu cheguei a esse ponto? Trabalhando demais, cuidando de todo mundo e me esquecendo.

Assim que meu filho caçula nasceu, quase perdi a minha mãe. Foram dias muito difíceis, mas aguentei firme. Sorria e dizia que estava tudo bem. Quando voltei a trabalhar, tive uma crise de pânico. Tiveram que me dar um calmante de tanto que eu chorava. Sabe o que eu fiz depois disso? Nada. Que ajuda eu procurei? Nenhuma.

Anos mais tarde, vi-me em depressão e com um diagnóstico de fibromialgia. Foi aí que percebi que precisava olhar para mim. Comecei, então, a reavaliar a vida que levava: trabalho excessivo, sem tempo para cuidar da minha saúde e pouquíssimo tempo para ver os meus filhos crescerem.

Foi na psicoterapia que aprendi a reconhecer que estava doente e precisava de ajuda médica. Fiz tratamento medicamentoso durante um ano e meio, num ciclo completo da introdução ao desmame, conforme me foi prescrito. Com tratamento médico, terapia, atividade física, apoio familiar e muitas histórias, eu venci a depressão.

Quando eu me vi no fundo do poço, percebi que a minha vida não tinha sentido. Trabalhava dia e noite e não tinha tempo para me dedicar ao que tinha de mais precioso: a minha família. Vi que havia deixado sonhos para trás, não por falta de dinheiro, mas por falta de tempo.

Segundo T. Harv Eker (2006), "dinheiro é resultado, riqueza é resultado, saúde é resultado, doença é resultado, o seu peso é resultado" (p. 22). Então, se a minha doença era resultado da vida que eu levava, decidi que precisava mudar a minha forma de levar a vida. E uma frase ressoava na minha cabeça: "se a vida que eu levo me trouxe até aqui, eu não quero mais essa vida".

Decidi que dali em diante priorizaria a minha felicidade, aprenderia a dizer "não" e faria só o que desejasse. Nesse processo de me reconectar com o meu próprio eu, resgatei os sonhos que tinha abandonado.

Lembrei-me de que, quando fazia um curso de especialização em Literatura Infantojuvenil na Universidade Federal Fluminense, havia assistido a uma apresentação do "encantador de histórias" Francisco Gregório e ficado com muita vontade de fazer uma oficina com ele. Mesmo passados vários anos, procurei saber e lá fui eu participar. Foi o primeiro passo rumo à minha nova vida. "As histórias não só ensinam como também nos convidam a olhar para dentro, pois apresentam os percalços e deleites que a vida nos reserva", escreveu Laerte Vargas em seu *blog*[1]. Eu acredito que histórias curam.

Mergulhei fundo no oceano das histórias e, logo ao iniciar a oficina Ler e Contar, Contar e Ler, eu comecei a ressignificar a minha história de vida.

Oprah Winfrey escreveu em seu livro *O que eu sei de verdade*:

> Seja qual for o desafio que você esteja enfrentando, deve lembrar que, embora a tela da sua vida seja pintada com experiências cotidianas, atitudes, reações e emoções, é você quem controla o pincel.(WINFREY, 2014, p. 39).

Com as histórias, minha vida foi ganhando mais colorido, ficando mais completa e mais feliz. Foram dois anos de investimento em cursos de contação de histórias. Fiz a oficina da grande mestra Cecília Göpfert, participei do curso da Casa de Artes de Laranjeiras (CAL) com a atriz Priscila Camargo, fiz o curso de formação de voluntários da Associação Viva e Deixe Viver e comecei a trabalhar como voluntária no Hospital Pediátrico Getúlio Vargas Filho.

Outro sonho que havia guardado na gaveta era o de publicar um livro a partir da pesquisa que fiz durante o meu curso de mestrado em Educação, na linha Linguagem, Subjetividade e Cultura, pela Universidade Federal Fluminense. Reavivei o sonho e, em 2019, publiquei meu primeiro livro: *O pão nosso de cada dia nos dai hoje: alfabetização e trabalho de crianças catadoras de um lixão,* no qual apresento a história de vida de seis crianças, marcadas pela necessidade de conciliarem a vida escolar com o trabalho, a partir de três eixos-norteadores: linguagem, alfabetização e trabalho infantil. São histórias de infância e luta pela sobrevivência contadas pelas próprias crianças.

Ajudar o próximo a tornar a vida melhor sempre foi a minha paixão, independentemente de onde eu estivesse: na escola, no trabalho ou nos locais onde era convidada para palestrar, sempre aproveitava a oportunidade de ajudar as pessoas que cruzavam o meu caminho.

Eu sempre amei a área do Desenvolvimento Pessoal e, na última década, investi bastante em formações e eventos. Li bastante, fiz cursos de *coaching*, *coaching* financeiro e *coaching* de vendas. Estudei Programação Neurolinguística, Inteligência Emocional, Psicologia Positiva, Empreendedorismo, Finanças e Investimentos e me apaixonei por ajudar as mulheres a despertarem o grande poder que habita nelas.

Atualmente eu ajudo mulheres que, assim como aconteceu comigo, alcançaram sucesso na vida profissional, mas não estão satisfeitas com a vida que levam. Eu sei o quanto é

---

[1] VARGAS, Laerte. Contar histórias: uma linguagem de afeto. Blog Laerte Vargas Contador de Histórias. Rio de Janeiro, 14 ago. 2007. Disponível em: <https://laertevargascontadorhistorias.wordpress.com/2007/08/14/oficina-contadores-de-historias/>. Acesso em: 29 de dez. de 2020.

doloroso se sentir culpada por não ter tempo para cuidar de si, para curtir os filhos e ainda ouvir das pessoas que ama que precisa trabalhar menos ou que não é boa mãe.

Eu desenvolvo um trabalho para que as mulheres consigam criar um planejamento passo a passo para alcançarem a vida dos seus sonhos e se realizarem em todas as áreas da vida, porque tenho convicção de que não adianta obter sucesso apenas na vida profissional.

Meu maior desafio até o momento foi atender uma cliente que fumava há quarenta e dois anos e desejava parar de fumar. Lembro-me do nosso primeiro encontro. Saí de casa para fazer apenas duas perguntas: por que queria parar de fumar? E por que acreditava que eu poderia ajudar? Meu critério para aceitá-la como cliente seria seu desejo e comprometimento com o objetivo, ou seja, se ela dissesse que desejava parar de fumar, eu aceitaria trabalhar com ela. Caso contrário, não daria certo.

Como ela me contou que queria muito se livrar do cigarro e que havia lido que um bom *coach* poderia ajudá-la a parar de fumar, nós fechamos o contrato e agendamos a primeira sessão. Eu estudei muito sobre o vício, busquei a ajuda do meu mentor na época e montei uma estratégia que iria desde analisar o papel do cigarro na vida dela até alcançar o seu objetivo final.

Utilizando inúmeras ferramentas de autoconhecimento, fortalecimento da autoestima e estímulo à determinação e à persistência, ela diminuiu progressivamente o consumo diário de cigarros, envolveu-se em outras atividades e, em menos de três meses, ela não fumava mais. Livrou-se do cigarro, como queria, e escreveu-me um lindo depoimento:

> Existem missões que são extremamente sublimes, e você desempenha a sua com profissionalismo, amor e muita dedicação. Sem você, eu não teria conseguido me livrar do tabaco depois de tantos anos! Você promoveu minha autoestima, reduzindo os sintomas do vício e, em seguida, da abstinência. Por sua causa, aprendi a RESPIRAR melhor! Com a ajuda de um profissional com o seu know-how, a VITÓRIA é CERTA[2]! A vitória é nossa! Você é meu anjo! Te desejo SUCESSO para que outros possam usufruir do benefício a mim proporcionado pelo seu imenso profissionalismo.
>
> Léa Aquino[3]

Léa virou uma grande amiga e, depois de quatro meses sem fumar, ela me ligou para contar que descobrira um câncer muito agressivo no pulmão, me agradeceu por ter mudado a vida dela e disse que sabia que enfrentaria uma batalha muito difícil, mas que não tinha medo. Em outubro, nos despedimos e eu descobri que era a única pessoa que sabia do seu diagnóstico.

Depois disso, resolvi ajudar ainda mais mulheres e, com a ajuda da minha mentora Rafaela Generoso, criei um programa de *coaching* para mulheres que desejam conquistar a vida dos seus sonhos, a vida que merecem ter. Eu ajudo mulheres de sucesso a conquistarem o equilíbrio entre vida pessoal e profissional criando um planejamento com o passo a passo para alcançarem uma vida plena, próspera e feliz.

---

2 As letras maiúsculas foram usadas pela cliente. Apenas transcrevi a mensagem como recebi.

3 Utilizo o nome real da cliente porque ela me autorizou a contar sua história quando participei da seleção para palestrante do Super *Coach* 2019.

Napoleon Hill nos ensina que para alcançar o sucesso é preciso ter objetivos claros, um plano bem-estruturado, a mente fechada às influências negativas – inclusive de familiares – e "uma aliança cordial com uma ou mais pessoas que o estimulem a levar adiante o plano e o objetivo" (HILL, 2000, p.173). Ele nos fala da força que há no grupo e, foi por acreditar na força da união das mulheres, que criei o Histórias Que Curam (HQC), um programa de *coaching* que alia técnicas de desenvolvimento humano a histórias para ajudar mulheres que querem se livrar de pensamentos destrutivos, construir relacionamentos amorosos felizes, levar uma vida mais equilibrada e viver a sua melhor versão.

As mulheres que participaram do programa tiveram resultados incríveis. Um grande exemplo é a Bárbara Simões, que era Miss São Paulo Curves e, depois de um planejamento cuidadoso e uma preparação consistente, encontrou um novo amor e foi premiada com o título de Miss Brasil. Bárbara conta como foi seu processo no Histórias Que Curam:

> Quando eu entrei no Histórias Que Curam, estava desacreditada no amor, separada há dois anos, não tinha mais me envolvido em nenhum relacionamento duradouro. Eu não atraía as pessoas que gostaria de atrair. A partir da Ferramenta do Amor Ideal, eu identifiquei as características do meu parceiro dos sonhos e fui me abrindo à possibilidade de encontrar um novo amor. Depois de um tempo, esse amor veio e eu estou muito feliz. Só tenho a agradecer ao programa que me ajudou a abrir essa porta que estava fechada! Hoje eu acredito no amor e sei que é possível atraí-lo, desde que você vibre na frequência correta. Eu só tenho a agradecer pelo seu trabalho, Simone, e desejo que você continue ajudando cada vez mais mulheres.
>
> Bárbara Simões

Eu sigo acreditando que toda mulher é poderosa por natureza, nasceu para ser feliz e pode viver em fluxo de abundância. Por isso, eu as ajudo a desenvolver uma autoestima inabalável, a conquistar a independência e a viver uma vida extraordinária.

Ao terminar essa leitura, você pode ter constatado que a minha história nada tem a ver com a sua. Então, eu sugiro que liste as suas bênçãos diariamente. Faça o seu diário da gratidão e anote pelo menos três motivos que tem para agradecer todos os dias. Você pode anotar pela manhã ou antes de dormir. Pratique e prepare-se para ter boas surpresas, porque viverá o período mais abençoado da sua vida.

Mas se você se identificou com tudo o que contei aqui e quer mudar a sua vida, eu aconselho a parar e planejar a sua grande virada. Escreva tudo o que precisa ser mudado, sem se preocupar com o que fará. Depois imagine a sua vida ideal. Em seguida, escreva uma carta para você mesma daqui a dez anos, comemorando todas as suas conquistas e contando o que fez para alcançá-las.

As duas ações que acabei de descrever trarão muitos *insights*. Depois é só fazer um planejamento em etapas, desdobrando os seus objetivos maiores em metas menores para progressivamente alcançá-los. E se quiser ajuda nessa jornada para alcançar rapidamente a vida que nasceu para ter, entre em contato comigo e eu terei prazer em ajudar.

Olhe para dentro, veja o que precisa ser mudado e aja rapidamente. Lembre-se de que você também pode ser a "Dona da Porra Toda", porque você nasceu para brilhar e ser feliz.

**Referências**

EKER, T. H. *Os segredos da mente milionária*. Rio de Janeiro: Sextante, 2006.

GENEROSO, R. *O mapa da prosperidade: práticas milenares para vencer seus medos, alcançar seus objetivos e realizar seus sonhos*. Porto Alegre: CDG, 2019.

HILL, N. *Pense e enriqueça*. 5. ed. - Rio de Janeiro: Record, 2000.

SANTOS, S. de O. S. *O pão nosso de cada dia nos dai hoje": alfabetização e trabalho de crianças catadoras de um lixão*. Curitiba: Appris, 2019.

WINFREY, O. *O que eu sei de verdade*. Rio de Janeiro: Sextante, 2014.

# 34

# O SEGREDO DO SUCESSO ESTÁ DENTRO DE CADA UM DE NÓS

Falar de carreira, de sucesso, da vida propriamente dita reluz o primeiro e principal alicerce da existência de um ser humano: a figura materna, seja ela progenitora, como a minha, ou mãe de coração. Aprendemos que é ela a estar sempre do nosso lado quando tudo acontece como planejado e quando tropeçamos. Afinal, somos feitos de carne e osso e sermos infalíveis está fora da nossa alçada. Mãe, meu agradecimento por tudo o que você fez por mim e por meus irmãos, sobretudo quando nossa família encolheu com a perda de nosso pai. Errando ou acertando, chorando ou sorrindo, brigando ou acalmando, você abriu mão de tudo por nós, e isso merece nosso respeito e gratidão, no verdadeiro sentido dessas palavras.

## VANESSA GIANNELLINI

**Vanessa Giannellini**

Professora, jornalista e leonina. Formada pela Universidade São Judas Tadeu – Jornalismo (1995). Sou tia de três sobrinhos que completam a minha felicidade: Bruno, Eduardo e Rafaella. Sou irmã da Andrea, do Luiz Fernando e do Felipe; cunhada da Ana Maria e da Silvia; filha da Maria Alice e do Carlos José, a quem agradeço por tudo. Afilhada dos tios Ana Maria e Walter João Caprio.

**Contatos**
vgiannellini@gmail.com
11 99875 7353

*Liderança não é sobre títulos, cargos ou hierarquias.
Trata-se de uma vida que influencia outra.*

John C. Maxwell

"As donas da p**** toda." Pensa em um livro que vai causar e, sendo este o objetivo, cá estou para contribuir. Obrigada, *team Literare Books,* pelo convite e oportunidade de realizar meu sonho literário no ano em que completei 50 anos.

Pegue seu assento, abasteça-se de sua bebida favorita — no meu caso, seria uma saborosa xícara de café expresso — e mergulhe comigo nesta breve, porém profunda viagem inspiradora.

Nossa carreira é tomada por inúmeros desafios e, com eles, deparamo-nos com pessoas que nos ajudam a superá-los. Elas são essenciais ao crescimento profissional, pois nos trazem aprendizado, valorização e, acima de tudo, ajudam-nos a resolver e vencer cada um deles.

Minha avó materna, Anna Marchione Salles, foi uma pessoa incrível e com qualidades infindáveis. Em muitos momentos, ela fez diferença em minha vida, como na inspiração para eu chegar ao jornalismo. Por meio do incentivo dela, como "treino", prestei vestibular com minha irmã Andrea e passamos. Foi uma surpresa para mim, pois mesmo sem ter me preparado, começava uma jornada que mudaria minha vida.

São 26 anos árduos, caminhos tortuosos e outros nem tanto assim. No entanto, uma certeza trago comigo: eu sempre quis ser o que sou, assessora de imprensa.

Toda trajetória tem um começo, correto? E a minha começou na metade da década de 90.

## 1995, o divisor de águas

Em 1992, dois anos após a morte do meu pai aos 44 anos, de professora primária — ensino fundamental — passei a trabalhar em sua antiga empregadora na área de engenharia, a KHS, onde permaneci até agosto de 1995. Lá conheci meu primeiro gestor, Judaci Neves da Silva. Foi quem abriu as portas para meu contato inicial com o mundo corporativo, onde cresci como pessoa e pude amadurecer meu lado profissional, mas queria mudar meu repertório de vida.

A decisão de deixar o emprego foi tomada em prol do jornalismo, uma vez que, em poucos meses, eu teria meu diploma em mãos. Inusitada foi a maneira como comecei minha trajetória profissional. Quando somos predestinados a algo, tudo contribui para que estejamos no lugar certo, e hora certa, mesmo sem usar a roupa adequada.

Calça jeans, camiseta e tênis. Lá estava eu, sem currículo, para preencher a vaga. Até porque eu estava ali para acompanhar minha amiga publicitária, Renata. Descobrimos no local que a vaga na Yamaha, na verdade, era para assessoria de imprensa e não para publicidade. Fatos como este levam-nos a pensar que nada acontece ao acaso. Predestinação.

Nunca em minha vida eu estaria desprovida do meu currículo e sem traje formal em busca de trabalho, o que me rendeu um solene pedido de desculpas ao meu entrevistador Sidney Levy, que logo se tornou meu mentor e responsável pela base da fórmula do meu sucesso.

Em novembro de 1995, começou meu desafio. Levy teve um papel fundamental nesse início. Foi com ele que aprendi, da forma certa e na prática, o "ser" assessora de imprensa, a ter jogo de cintura. Segui à risca seu ensinamento. Levei muitos puxões de orelha e sou grata por ter um gestor ao meu lado para fazê-lo.

## 1998, a carreira solo

Deixei a Yamaha em 1998 e decidi escrever um novo capítulo em minha trajetória: empreender. Acredito que a chamada transição seja o maior desafio na vida profissional.

Foi um período de elevado crescimento. Passei a tomar decisões, traçar as melhores estratégias para os clientes e até mesmo a gerenciar crises. Dava os primeiros passos como gestora e colocava minha cara para bater, o que nem sempre agrada as pessoas, mas faz parte do ofício e deve ser lidado com bom senso, profissionalismo e ética.

Realizei alguns trabalhos pontuais no Megacycle[1] (1998) sob a gestão de Alberto Pellegrini, parceria que se repetiu por dezenas de vezes ao longo dos anos. O Megacycle foi a oportunidade de colocar em prática meu aprendizado com Levy. Missão dada, missão cumprida!

Entre 1998 e 1999, aceitei novos desafios e dividia meu tempo entre a assessoria de imprensa e a organização de eventos. No final de 1999, voltei ao mercado e atendia seis contas em uma agência de imprensa especializada em decoração. Era mais bagagem.

Em seguida, migrei para o *telemarketing* em uma cooperativa de dados onde descobri um talento que eu desconhecia: a comunicação propriamente dita no atendimento, suporte ao cliente e vendas. O setor reforçou em mim técnicas importantes e essenciais para o meu cotidiano, como desenvolver argumentos, aprimorar a verbalização e a empatia, aprendizados estes que trago comigo no meu dia a dia.

## 2000, o ano em que meu nome foi para o espaço

Conheci Marcelo Nomura na Megacycle quando ele estava focado na captação de patrocínios e na gestão de *marketing*. Foi quando foi quando fui apresentada ao outro lado da comunicação, a união de forças. Ele é a pessoa que me ensina, me motiva, me inspira, a quem devo meu amadurecimento em abrir horizontes da comunicação, principalmente como empreendedora.

---

[1] Maior evento motociclístico do Brasil.

Nomura é o professor com quem posso contar quando tenho um projeto desafiador em mãos, e é com ele que eu falo, troco ideias e busco equilíbrio nas decisões. Dúvidas surgem a todo tempo e é preciso discernimento para sabermos qual caminho tomar. Ouvir opiniões e pedir ajuda, seja ela pessoal ou profissional, não é sinal de fraqueza, mas sim de amadurecimento.

Foi ele quem me apresentou à Larissa Sanches. Por meio dela cheguei à JR Diesel, daquele cara sorridente conhecido por sua impressionante lição de vida: Geraldo Rufino. Este é um *case* que trago com carinho em minha trajetória, pois foi gratificante fazer parte daquela história ao lado também de Arthur e Marlene Rufino.

Em 2000, Nomura me deu um desafio para atender um cliente dele durante a UD2[2]. Na época ele fazia um trabalho com o SEBRAE com micro e pequenos empresários. Assinei um contrato de risco com o cliente porque, com poucos anos de carreira, eu não me sentia confiante em garantir o retorno aguardado por parte da imprensa.

Certamente minha insegurança renderia mais um puxão de orelha de meu "mentor" e referência, Marcus Lemonis,[3] afinal, é dele a frase: "Se você acreditar no processo e agir, sua empresa com certeza alcançará o próximo nível". Tudo bem, Lemonis, lição aprendida de qualquer maneira, pois, no final, tudo deu certo, obtivemos resultado positivo e pude observar outro fator importante no processo: confiança.

E os desafios foram surgindo. Nesse mesmo ano, fui convidada por Henri Kobata e Rosana Tsibana para um trabalho voluntário com os astronautas da NASA, a Semana Espacial 2000. Foi um evento beneficente em São Paulo e ao qual só tenho que expressar minha gratidão. Este é um dos exemplos gratificantes do voluntariado e é um *case* do qual muito me orgulho de ter realizado. Pensa em uma pessoa que vive no Brasil envolvida literalmente com o espaço sideral.

Reforço aqui o pensamento de que, se algo estiver predestinado, cedo ou tarde irá se concretizar. Você só precisa acreditar, confiar e realizar. E foi assim que o Centro Espacial Americano fincou sua tradicional bandeira[4] na minha trajetória profissional.

## De 2000 a 2007, *showbiz*

Novo milênio, novos capítulos. A partir de 2000, de volta à carreira solo, as cortinas do entretenimento se abriram para mim. Núbia Boito foi uma gestora incrível nos eventos corporativos e foi sob a coordenação dela que despertou em mim o gosto pelo segmento. Na ocasião, a assessoria de imprensa atendia clientes nacionais e internacionais, grandes congressos e feiras de negócios em diversos nichos de mercado, e a rotina era #action total.

Por intermédio da Núbia, conheci duas pessoas que marcaram meus sete anos no *showbiz*, minha gestora Mara Pinheiro e o seu pai, Sr. Nelson, "nosso editor-chefe".

---

2 A UD — Feira de Utilidades Domésticas era considerado um dos maiores eventos do segmento entre as décadas de 70 a 90. Acontecia no Palácio de Convenções do Anhembi, na capital paulista, normalmente no mês de abril.

3 Empresário, filantropo e apresentador do programa "The Profit" (O sócio — no ar pelo History Channel). De origem libanesa, seu talento empresarial inspira empreendedores de diversos países. Vanessa Giannellini é uma das profissionais que aplicam suas técnicas nos negócios, como os "3 P's": pessoa, processo e produto.

4 Referência àquela bandeira utilizada pelos astronautas para marcar presença no território, como a que foi deixada na Lua.

Por intermédio da Núbia, conheci duas pessoas importantes e que marcaram meus sete anos no showbiz, Mara Pinheiro e seu pai, Sr. Nelson, "nosso editor-chefe". Ao longo desses sete anos, atuei como assessora de imprensa de shows nacionais e internacionais que foram importantíssimos para que eu ganhasse um novo espaço no mercado de trabalho com a VGCOM.

Minha bagagem ficou ainda mais pesada no quesito aprendizado, em especial no que diz respeito a lidar com pessoas. Não eram poucas as questões a serem solucionadas, até porque sempre havia um grande número de profissionais envolvidos.

Infelizmente (ou não), por realizar meu trabalho sempre de forma profissional e, acima de tudo, com ética, e diante de decisões que precisaram ser tomadas, ganhei alguns inimigos temporários e outros permanentes, o que não poderia ser diferente, já que nem sempre as decisões agradam a todos.

Nesse meio tempo, novos gestores surgiram e com eles os novos desafios, Marcelo Leite, da Piaf, e Marcos Roberto Santos, conhecido como "Marquinhos da AVM". Dois empresários que merecem aparecer neste capítulo e que possuem um papel determinante na minha jornada. Acreditaram no meu trabalho, no meu potencial e me ajudaram a crescer profissionalmente do "jeito certo".

Cada êxito obtido ao longo da minha carreira só foi possível pela confiança que todos os gestores tiveram em mim e em todos os profissionais que atuaram em cada trabalho ao meu lado. E quantas experiências foram sendo conquistadas ao longo desses 26 anos no agronegócio, decoração, economia e negócios, educação, empreendedorismo, entretenimento, esporte, gastronomia, *lifestyle*, saúde e beleza, tecnologia, terceiro setor, turismo e veículos.

Abrir-me ao conhecimento, estar disposta a ouvir, ser grata, ser perseverante e ter a certeza de onde ainda quero chegar é, com certeza, a fórmula de sucesso com a VGCOM – e bem antes dela surgir também.

Para fechar este tema, gostaria de expressar minha gratidão a duas pessoas que não estão mais aqui, mas que deixaram suas marcas ao longo de toda essa jornada, meus braços direito e esquerdo que foram levados pelo câncer. Marco Atílio e Paulo Silas, minha eterna gratidão a vocês.

*Liderança e aprendizagem são indispensáveis um ao outro.*

John F. Kennedy

Desde que voltei ao mundo corporativo, sinto que tudo permanece em constante movimento. Novos capítulos continuam sendo escritos e a busca é constante por novos desafios, novos aprendizados e, acima de tudo, pela minha evolução como pessoa e/ou profissional.

Ao olhar para trás, eu sei que, se me fosse dada uma nova oportunidade, certamente faria tudo da mesma maneira, inclusive cometeria os mesmos erros, pois se não fosse por eles ou pelas pessoas erradas que cruzaram meu caminho ao longo de pouco mais de duas décadas e meia, talvez hoje eu não estivesse por aqui escrevendo este capítulo.

Ética, confiança e profissionalismo são características que caminham juntas. Fazem parte do caráter de cada um, mas tornam-se cada vez mais acentuadas se tivermos a oportunidade de observá-las ao lado de todas as pessoas que fizeram ou fazem parte de nossa trajetória, e que com toda a certeza nos inspiram.

Nada se compara à prática e a presença de bons líderes, gestores no caminho da aprendizagem. Tudo o que sei e tudo o que conquistei tem a tem a participação e a presença de bons líderes, bons gestores e, acima de tudo, bons profissionais que sempre estiveram ao meu lado para me ensinar, corrigir e aplaudir cada uma das minhas conquistas. Como diria Sidnei Levy, "o discípulo superou o mestre", e eu só posso agradecer a todos que fizeram e fazem parte desta trajetória.

Meu conselho? Vou adaptar algumas palavrinhas que li recentemente em um post no Instagram do Carlos Wizard, relacionadas ao sucesso: aceitar, acreditar, buscar, batalhar, realizar, comemorar e compartilhar. Todas estas palavrinhas juntas determinam um pouco do que sou e do que faço, seja pessoalmente ou profissionalmente.

Ah! E agora que peguei gosto pela literatura, já começo a desenhar o conteúdo para o próximo livro... Aguardem!

Antes de finalizar, quero dizer que estou muito feliz por chegar até aqui. E não poderia deixar de registrar meu carinho e meus sentimentos para todos que perderam entes queridos neste período de pandemia. Em especial para a família de dois amigos queridos que infelizmente não poderão compartilhar desta alegria comigo: Moises Rocha e Marcelo Neves.

Agradeço a cada um de vocês que fizeram, fazem e farão parte desta trajetória. Sem vocês, eu seria apenas mais uma Vanessa, mas... sou Vanessa Giannellini, a dona da p**** toda! #urra!